ÉCOLE DE LEVERS

(POUR LES SOUS-OFFICIERS)

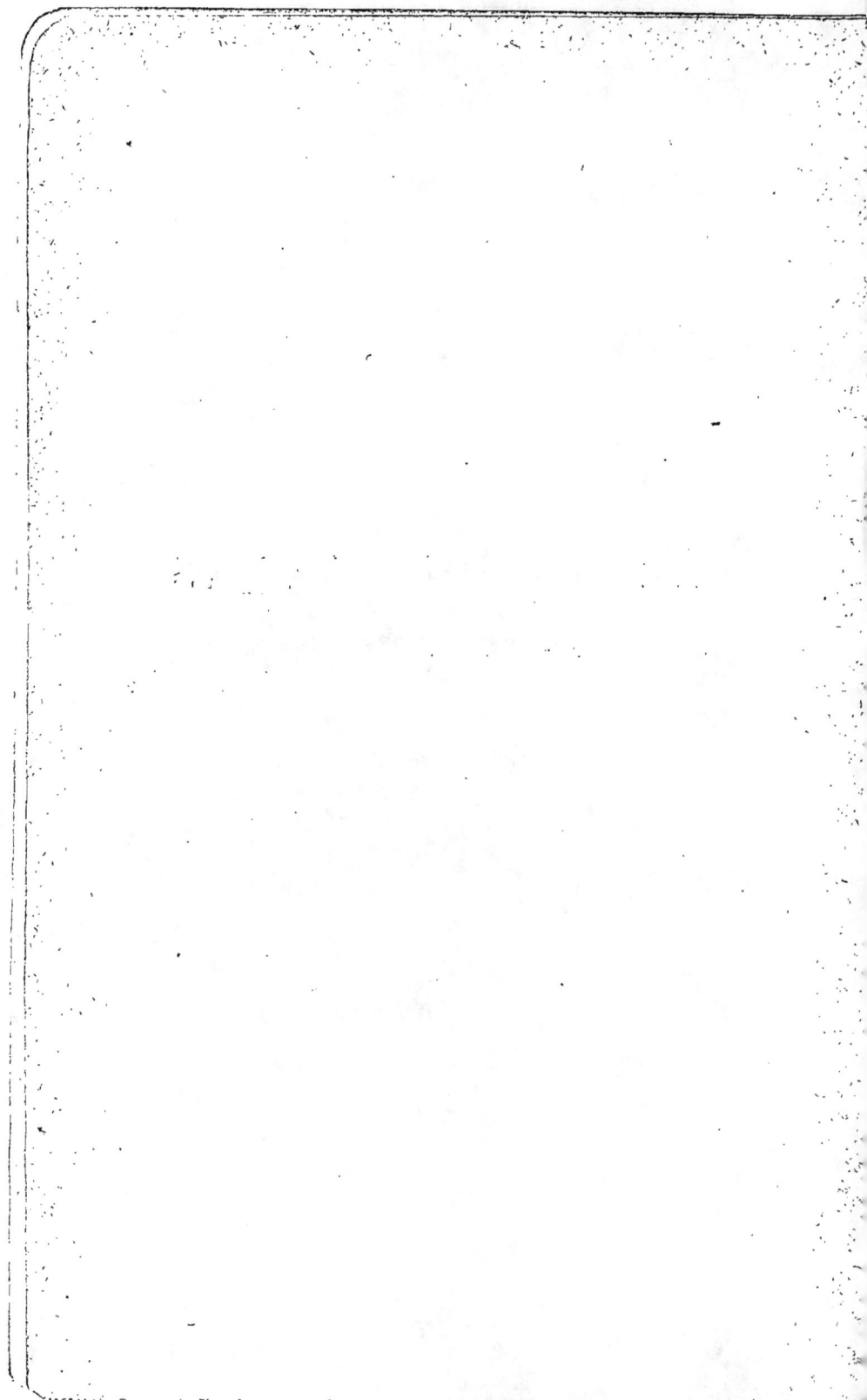

ECOLES RÉGIMENTAIRES DU GÉNIE

INSTRUCTION PRATIQUE

ÉCOLE DE LEVERS

(POUR LES SOUS-OFFICIERS)

APPROBATION MINISTÉRIELLE DU 31 JANVIER 1883

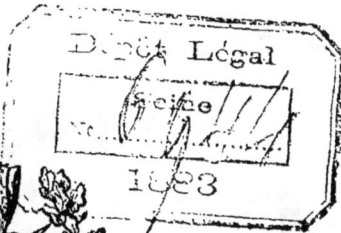

Dépôt Légal
Seine
1883

PARIS

A. QUANTIN, IMPRIMEUR-ÉDITEUR

7, RUE SAINT-BENOIT

1883

TABLE DES MATIÈRES

INTRODUCTION

PREMIÈRE PARTIE

PLANIMÉTRIE

CHAPITRE I

ÉCHELLES

CHAPITRE II

MÉTHODES GÉNÉRALES EMPLOYÉES POUR L'EXÉCUTION DE LA PLANIMÉTRIE

CHAPITRE III

INSTRUMENTS EN USAGE POUR L'EXÉCUTION DE LA PLANIMÉTRIE

DEUXIÈME PARTIE

ALTIMÉTRIE

CHAPITRE I

PROCÉDÉS DE NIVELLEMENT

CHAPITRE II

INSTRUMENTS DE NIVELLEMENT DIRECT

CHAPITRE III

INSTRUMENTS DE NIVELLEMENT INDIRECT

TROISIÈME PARTIE

CHAPITRE I

REPRÉSENTATION GÉOMÉTRIQUE DU RELIEF DU TERRAIN

CHAPITRE II

LEVERS NIVELÉS

ÉCOLE DE LEVERS

INTRODUCTION

1. — But de la topographie. — La *topographie* a pour objet de représenter, sur un dessin appelé *carte topographique,* la configuration d'un terrain de peu d'étendue, avec tous les détails qui se trouvent à sa surface.

2. — Les opérations qui ont pour but de déterminer les éléments de cette représentation, constituent le *lever* du terrain. Elles sont de deux sortes :

1º La *planimétrie,* qui a pour objet la construction sur le papier d'une figure semblable à la projection horizontale des lignes les plus apparentes et des principaux objets que l'on remarque à la surface du sol. Cette figure porte le nom de *plan.*

2º L'*altimétrie* ou *nivellement,* qui a pour but de déterminer les distances verticales des différents points du terrain au-dessus d'un même plan horizontal de comparaison [1].

1. La surface de comparaison à laquelle on rapporte le nivellement et la surface sur laquelle on projette les objets du terrain pour l'établissement de la planimétrie ne sont pas des plans, mais des surfaces sphériques concentriques à la terre. On peut toutefois, dans les limites de la pratique, considérer ces surfaces comme planes, sans erreur sensible.

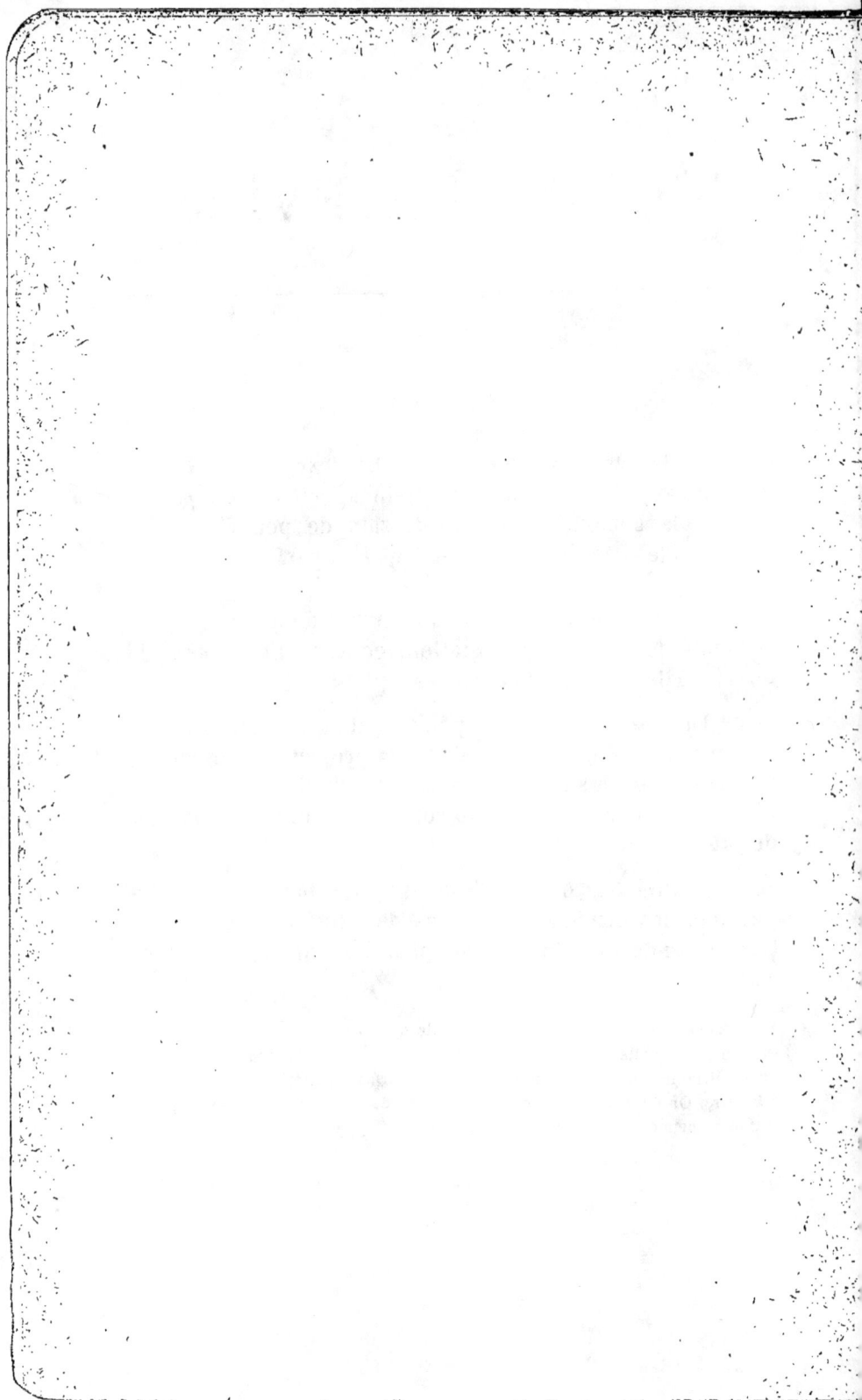

PREMIÈRE PARTIE

PLANIMÉTRIE

CHAPITRE PREMIER

ÉCHELLES

3. — **Principe fondamental de la planimétrie.** — Le plan topographique étant une figure semblable à la projection horizontale du terrain, les angles formés par les lignes qui joignent les différents points de cette projection sont rapportés sur le plan en vraie grandeur; mais les longueurs de ces lignes sont réduites sur le dessin dans une proportion déterminée.

4. — **Échelle.** — Le rapport entre les longueurs des lignes du plan et celles des lignes correspondantes du terrain contitue l'*échelle* du plan. Avant de construire un plan, on doit donc faire choix d'une échelle convenable, dont la grandeur dépend de la précision que l'on veut donner au plan, de l'étendue du terrain à lever et de la quantité de détails à représenter.

5. — En général, une échelle doit être *simple,* c'est-à-dire exprimée par une fraction dont le numérateur est l'unité et le dénominateur une puissance de 10 ou un multiple de cette puissance par 2 ou par 5. Cette simplicité du rapport de l'échelle présente l'avantage de permettre le re-

port immédiat sur le papier, au moyen d'un double décimètre
bien divisé, des longueurs mesurées sur le terrain, ou inversement, le mesurage direct sur le plan des distances ou
des longueurs du terrain.

6. — Les échelles généralement usitées sont :

1° *Pour le dessin de la fortification :*

$\frac{1}{500}$, ou 2 millimètres pour 1 mètre, lorsque la fortification est peu étendue et que la surface doit être parfaitement définie ;

$\frac{1}{1000}$, ou 1 millimètre pour 1 mètre, lorsque le dessin
comprend plusieurs fronts de fortification et un espace de
terrain intérieur ou extérieur assez considérable ;

$\frac{1}{2000}$, ou 1 millimètre pour 2 mètres, lorsque l'étendue
du terrain représenté est considérable et que les détails
sont figurés à part à une échelle plus grande ;

$\frac{1}{5000}$, ou 1 millimètre pour 5 mètres, lorsque le plan
comprend une grande étendue de terrain et qu'il n'a pour
objet que d'exprimer sans détails la disposition générale de
la fortification.

2° *Pour les levers de terrain :*

Suivant les circonstances,

$$\frac{1}{500}, \frac{1}{1000}, \frac{1}{2000}, \frac{1}{5000}, \frac{1}{10000}, \frac{1}{20000}, \frac{1}{50000}.$$

La carte de France du dépôt de la guerre, dite d'état-major, fait exception
à la règle relative à la simplicité de l'échelle ; cette carte a été levée à l'échelle
de $\frac{1}{40000}$, puis réduite par la gravure au $\frac{1}{80000}$ et au $\frac{1}{320000}$.

3° *Pour les dessins de bâtiments :*

$\frac{1}{5000}$ ou $\frac{1}{1000}$, pour les plans d'ensemble indiquant la disposition générale de plusieurs bâtiments ;

$\frac{1}{200}$ et $\frac{1}{100}$, pour les plans, coupes et élévations destinés
à faire connaître les différentes parties de la construction ;

$\frac{1}{20}, \frac{1}{10}, \frac{1}{5}, \frac{1}{2}$ et même $\frac{1}{1}$ pour les détails d'architecture, de
menuiserie, de serrurerie, etc.

7. — Pour permettre de porter rapidement sur le dessin

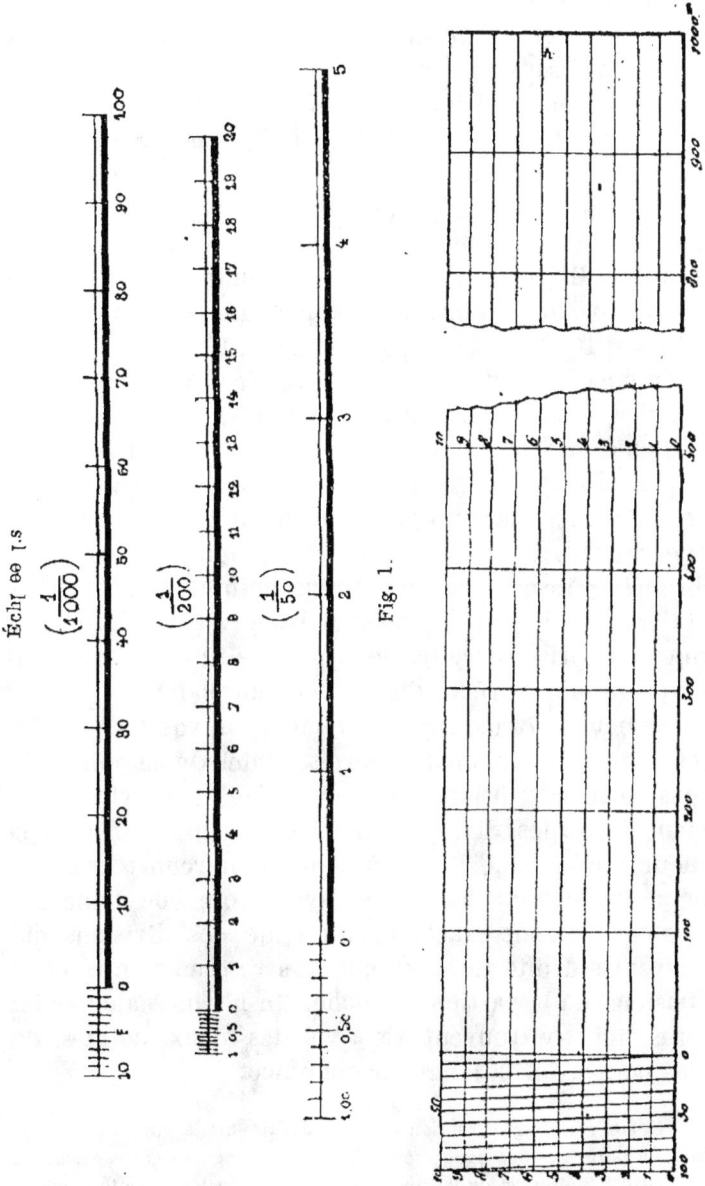

Échr ee ι.s

$\left(\dfrac{1}{1000}\right)$

$\left(\dfrac{1}{200}\right)$

$\left(\dfrac{1}{50}\right)$

Fig. 1.

Fig. 2.

les longueurs mesurées sur le terrain, ou inversement, pour

faciliter le mesurage des distances d'après le plan, on construit sur la feuille du lever une figure qui porte aussi le nom d'*échelle*, et qui consiste en une ligne droite, divisée en parties qui représentent, à l'échelle du dessin, les divers multiples et sous-multiples de l'unité de longueur.

8. — Pour tracer une échelle simple, on porte sur une ligne droite, à la suite l'une de l'autre et à droite d'un point de départ marqué 0 (fig. 1), une série de longueurs égales de 5, 10 ou 20 millimètres, qui représentent, suivant les cas, des distances de 1, 10, 100... mètres; vis-à-vis des points de division, on inscrit les longueurs correspondantes 1, 2, 3... 10; 10, 20, 30... 100; ou 100, 200... 1000, etc. A gauche du 0, on porte, en outre, une longueur égale à l'une des divisions qui se trouvent à droite, et on la subdivise en 10 parties égales, qu'on numérote de droite à gauche à partir du 0.

Supposons qu'on veuille prendre, sur une échelle de $\frac{1}{1000}$ ainsi construite, une longueur de 73 mètres : on pose une des pointes d'un compas sur la division 70 et on ouvre les branches jusqu'à ce que l'autre pointe vienne tomber sur le trait de la troisième subdivision, à gauche du 0. La distance comprise entre les deux pointes représente la longueur de 73 mètres réduite à l'échelle du plan.

Si, au lieu de 73 mètres, exactement, on voulait prendre 73^m,60, par exemple, on amènerait la deuxième pointe du compas entre la troisième et la quatrième subdivision, en estimant à vue les dixièmes. Inversement, pour trouver la longueur réelle d'une ligne du plan, on la reporte sur l'échelle à l'aide d'un compas, en ayant soin que l'une des pointes corresponde exactement à l'une des divisions qui se trouvent à droite du 0 et que l'autre tombe entre deux subdivisions de la partie de gauche. On n'a qu'à ajouter les nombres qui se trouvent vis-à-vis des deux pointes du compas pour avoir la longueur cherchée.

9. — Si l'on est obligé exceptionnellement de faire usage d'une échelle non décimale, on porte sur une ligne droite (fig. 2) une longueur correspondant à 10, 100 ou 1,000 mètres. et on la divise en dix parties égales; à cette première ligne on mène 10 parallèles également espacées, qu'on divise comme la première au moyen de perpendiculaires passant par les points de division, et on numérote ces 11 lignes de 0 à 10, de bas en haut. A gauche du 0 des première et dernière lignes, on porte une longueur égale à une division et on la subdivise en dix parties, comme précédemment (n° 8). On joint enfin, par des transversales, les points de subdivision n°s 0, 1, 2, 3....... 9 de la ligne inférieure respectivement aux points de subdivision n°s 1, 2. ..... 10 de la ligne supérieure.

Il est aisé de voir, d'après cette construction, que les longueurs interceptées sur les parallèles, entre la perpendiculaire 0 et la transversale qui passe par la division 0 de la ligne inférieure, sont égales à $\frac{1}{10}$, $\frac{2}{10}$, $\frac{3}{10}$.... de chacune des subdivisions qui se trouvent à gauche du 0 sur la 1re parallèle. Quant aux autres transversales, elles ajoutent sur chaque parallèle un nombre entier de subdivisions indiqué par le rang de leur point de départ sur la ligne inférieure.

Cette disposition a pour but de permettre d'évaluer les dixièmes de subdivision. Ainsi, pour prendre une distance de 346 mètres sur l'échelle représentée figure 2, on applique l'une des pointes du compas sur la sixième parallèle au point où elle croise la perpendiculaire 300 et on ouvre les branches jusqu'à ce que l'autre pointe rencontre la transversale qui part de la quatrième subdivision.

Cette disposition d'échelle pourrait être appliquée aux échelles décimales; mais, pour celles-ci, il est au moins aussi exact de se servir simplement du double décimètre.

CHAPITRE II

MÉTHODES GÉNÉRALES EMPLOYÉES POUR L'EXÉCUTION DE LA PLANIMÉTRIE

---

§ 1. — DIVISION DES OPÉRATIONS. — CANEVAS POLYGONAL.

10. — Pour faire le lever d'un terrain, on détermine d'abord, avec grand soin, sur le plan, la position d'un certain nombre de points remarquables de ce terrain, convenablement espacés et choisis de manière à former les sommets d'un ou de plusieurs polygones contigus, aux côtés desquels il soit facile de rapporter tous les détails qu'on veut représenter sur le plan.

L'ensemble de ces polygones constitue le canevas *polygonal,* dont le but est d'éviter l'accumulation des erreurs que l'on peut commettre dans le lever des détails. Les opérations de la planimétrie sont ainsi divisées en deux parties : le lever du canevas et le lever des détails.

§ 2. — LEVER DU CANEVAS.

Les différents procédés usités pour lever le canevas correspondent aux divers moyens géométriques qui permettent de fixer la position d'un point par rapport à deux points donnés. Ces procédés sont les suivants :

I. — MÉTHODE DE LA DÉCOMPOSITION EN TRIANGLES.

11. — Cette méthode consiste à décomposer le polygone à lever A B C D E F (fig. 3) en triangles B C D, A B D..., en menant les diagonales B D, A D, F D..., et à mesurer horizontalement les trois côtés de chacun d'eux. Il est facile de

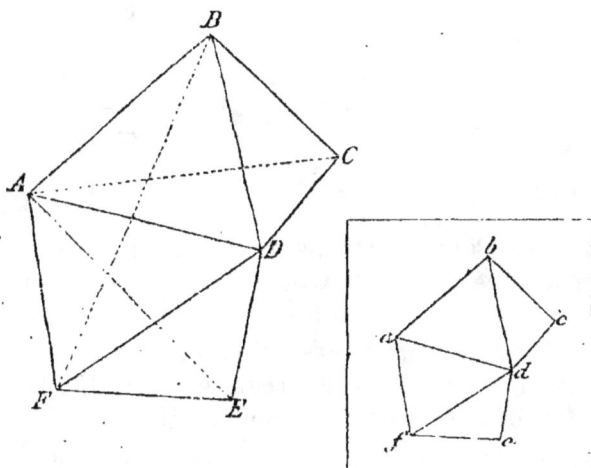

Fig. 3.

construire ensuite, à une échelle déterminée, des figures semblables *b c d, a b d....*, à ces triangles et, par suite, un polygone *a b c d e f* semblable au polygone A B C D E F.

12. — **Vérification.** — La vérification de ce procédé consiste à mesurer des diagonales telles que A C, B F, A E, autres que celles qui forment les côtés des triangles ; les longueurs de ces lignes, réduites à l'échelle, doivent être égales aux lignes homologues *a c, b f, a e,* du plan.

13. — Cette méthode est simple et n'exige que des mesures de longueur ; mais elle est rarement applicable aux levers d'une certaine étendue, car il n'arrive pas souvent que l'on puisse parcourir toutes les diagonales des polygones du canevas.

II. — MÉTHODE DE CHEMINEMENT.

14. — Le procédé de cheminement consiste à se trans-
porter successivement d'un sommet à l'autre du polygone à
lever A B C D E F (fig. 4), en en mesurant tous les angles et

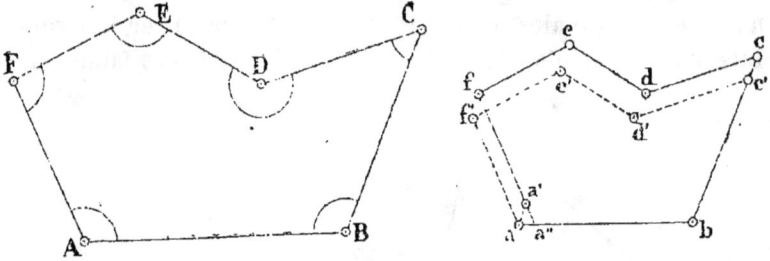

Fig. 4.

tous les côtés. Pour construire le plan, on porte, sur une
direction donnée ou choisie arbitrairement, une longueur ab
égale à la distance A B réduite à l'échelle; au point b, on
trace bc, faisant avec ab un angle abc égal à A B C, et on
porte sur cette ligne $bc =$ BC réduite à l'échelle. Les sommets def se déterminent de la même manière.

15. — Vérifications diverses. — 1° La somme des angles
intérieurs du polygone doit être égale à autant de fois
deux angles droits qu'il y a de côtés moins 2. Si la différence
trouvée est compatible avec la précision des instruments
employés, on la répartit également entre tous les angles
et on fait la construction avec les angles ainsi *compensés*.

Si l'erreur est trop considérable, il y a eu une ou plusieurs fautes commises, et il faut recommencer la mesure
des angles.

16. — 2° Le polygone doit se fermer, c'est-à-dire qu'après
avoir construit le dernier angle $efa' =$ E F A et porté sur
le dernier côté la longueur $fa' =$ F A réduite à l'échelle,
on doit retomber sur le point de départ a. Si cela n'a pas
lieu, il y a une erreur de fermeture aa'. Quelle que soit la
valeur de cette erreur, on doit recommencer la construction du polygone en sens inverse, en comparant deux à

deux, comme longueur et comme direction, les côtés obtenus dans les deux opérations. Si l'on ne constate pas de
grosse faute et si, d'un autre côté, l'erreur de fermeture
est compatible avec le degré de perfection des instruments
employés, on force légèrement les longueurs et les angles
pour que le polygone se ferme.

Si l'erreur de fermeture n'est pas admissible, et si la
construction est trouvée exacte, c'est qu'une ou plusieurs
fautes ont été commises dans les mesures sur le terrain ; il
faut, dans ce cas, vérifier les longueurs des côtés, en com-
mençant par ceux qui sont à peu près parallèles à l'erreur
de fermeture.

17. — La méthode des cheminements est très générale,
puisqu'il suffit, pour l'appliquer, de pouvoir mesurer les
côtés du polygone et stationner aux sommets, opérations
qui seront presque toujours possibles avec un canevas convenablement choisi. C'est d'ailleurs le seul procédé qu'on
puisse employer pour lever les terrains couverts sur lesquels la vue est bornée.

III. — MÉTHODE DES INTERSECTIONS

18. — Ce procédé consiste à mesurer une *base* A B (fig. 5),
et, à l'aide de stations faites en A et en B, à déterminer les

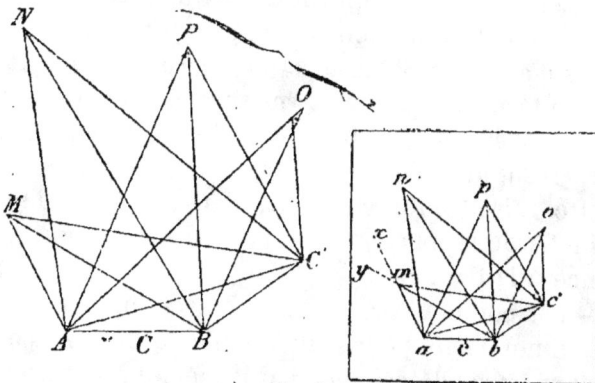

Fig. 5.

angles que font avec cette base les directions telles que A M,

A N, A P..., B M, B N, B P..., aboutissant aux sommets du canevas. Ces sommets seront facilement reportés sur le plan au
moyen de la base ab et des angles mab, nab, pab..., mba,
nba, pba..., ainsi mesurés.

19. — Vérifications. — On fait une troisième station en
un point C de la base, dont la distance au point de départ A
est connue, et on opère en C comme en A et en B. On peut
aussi choisir pour troisième station un point extérieur C′,
obtenu par l'intersection des lignes AC′ et BC′, et dont on
vérifie la position en mesurant directement la distance BC′.
Dans ce cas, on prend les angles que font avec la ligne AC′,
aboutissant au point de départ, les directions qui passent
par la station et les divers sommets du canevas. Chacun de
ceux-ci est donc déterminé sur le plan par l'intersection de
trois lignes qui doivent concourir au même point.

Ces trois lignes ne se coupent pas, en général, en un
même point, mais forment un triangle par leurs intersections
deux à deux. Si le triangle est très petit, on prend, pour le
point dont on cherche la position, le centre du cercle inscrit
dans ce triangle, en déterminant ce centre à l'œil. Dans le
cas, au contraire, où l'erreur ne serait pas admissible, il
faudrait recommencer les opérations.

Pour que la position d'un point obtenu par intersections
soit bien assurée, il faut que les trois directions qui concourent à sa détermination se coupent deux à deux sous
des angles d'au moins 33 grades (30 degrés).

Il y a intérêt à appuyer la mesure des angles sur des
lignes aussi longues que possible, afin d'atténuer l'erreur
angulaire résultant d'un défaut de mise en station. C'est
pour cette raison qu'il convient, dans le cas d'une *base
brisée* A B C′, de rapporter les angles en *c′* à la ligne A C′ de
préférence à la ligne A B.

20. — Les points obtenus par intersection, en partant de
la base, se nomment points du premier ordre; ils peuvent
servir eux-mêmes à déterminer, par le même procédé, d'autres
sommets du canevas; mais il faut avoir soin, dans ce cas, de
rapporter les angles à des lignes très longues passant, au-

tant que possible, par la première station, pour éviter l'accumulation des erreurs. Les points ainsi obtenus sont dits
du deuxième ordre et peuvent servir à la détermination de
points du troisième ordre. Pour éviter les accumulations
d'erreurs, il convient, en général, de ne pas recourir à des
stations d'un ordre supérieur au troisième.

Cette limitation dans l'ordre des stations exige l'emploi
de lignes assez longues pour la détermination des points;
il faut donc faire usage d'instruments assez précis pour la
mesure et la construction des angles.

21. — La méthode des intersections convient parfaitement à la détermination de points inaccessibles ou trop
éloignés, mais visibles; elle n'est pas applicable à des terrains couverts qui ne permettraient pas de découvrir beaucoup de sommets des mêmes stations.

22. — Comme les divers points sont déterminés indépendamment les uns des autres, il peut se produire une
certaine déformation de la figure formée par quelques sommets très rapprochés, même lorsque l'erreur commise sur
chacun d'eux est admissible. Il ne faudra donc pas employer
ce procédé pour lever les points très rapprochés qui doivent

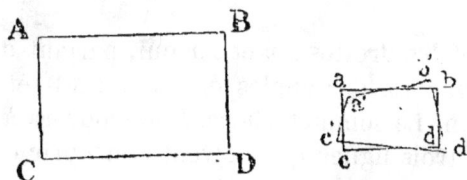

Fig. 6.

former entre eux une figure géométrique déterminée, les
quatre angles d'une maison A B C D, par exemple, qui pourraient se trouver représentés sur le plan en a' b' c' d'
(fig. 6) au lieu de $a\,b\,c\,d$.

IV. — MÉTHODE DE RECOUPEMENT.

23. — Ce procédé consiste à déterminer la position d'un point X (fig. 7) situé sur une direction connue B X (prise de la station B), en recoupant cette ligne par deux direc-tions E X et D X prises du point à déterminer sur deux autres points connus E et D.

En d'autres termes, pour reporter le point *x* sur le plan, on trace la ligne *b x,* déterminée par l'angle qu'elle fait avec

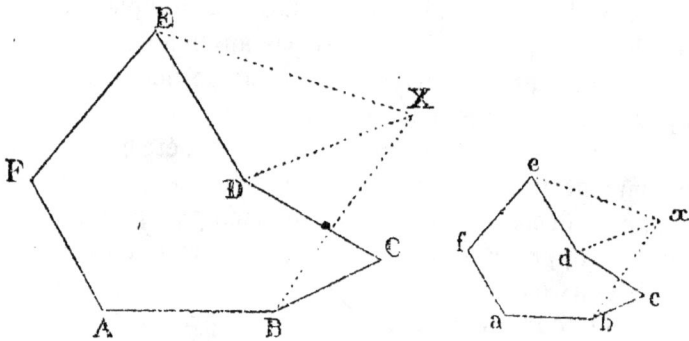

Fig. 7.

la base *a b* et les droites *e x* et *d x* qui, partant des points *e* et *d,* font avec *b x* des angles égaux à EXB et DXB pris sur le terrain. Le sommet cherché se trouvera à l'intersec-tion de ces trois lignes qui doivent concourir en un même point.

Dans le cas où cette dernière condition ne serait pas remplie, on prendrait, comme précédemment, le centre du cercle inscrit dans le triangle formé par les trois lignes, ou, si l'erreur n'était pas admissible, on recommencerait les opérations. Il faut, bien entendu, comme pour les inter-sections, que les trois directions qui doivent concourir au point X se coupent deux à deux sous des angles d'au moins 33 grades.

24. — Cette méthode a l'avantage de n'exiger que deux

stations, B et X, pour la détermination complète, avec vérification, de la position d'un point X ; mais elle est moins précise que le procédé d'intersection, puisque l'erreur existant
sur la direction B X se reporte sur les lignes D X et E X.
Elle ne doit, par suite, être employée qu'accidentellement,
par exemple : pour déterminer un point qui ne serait vu
que des sommets E et D, où l'on ne peut pas stationner ;
pour vérifier un point auquel on est arrivé par un cheminement partant d'un point connu ou déterminé par l'intersection de deux lignes partant de points connus, etc.

V. — MÉTHODE DE RELÈVEMENT.

25. — Ce procédé consiste à déterminer la position d'un
point X au moyen des angles que font entre elles les lignes

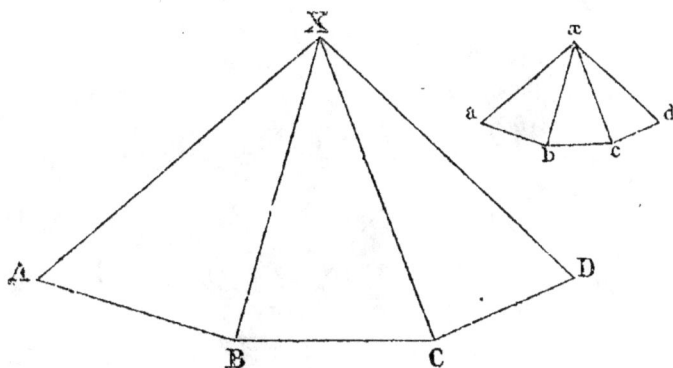

Fig. 8.

qui, partant de ce point, aboutissent à trois sommets connus A B C (fig. 8).

Le point x sera obtenu sur le plan par l'intersection des
segments capables des angles observés, construits sur les
lignes $a b$ et $b c$.

Comme vérification, on mesure, en outre, l'angle que fait,
avec une des directions précédentes, la ligne qui joint le

point X à un quatrième sommet connu D; les trois segments capables doivent se couper en un même point.

Dans ce procédé, comme dans les précédents, un point ne peut être considéré comme bien déterminé que si les trois circonférences prises deux à deux se coupent sous des angles plus grands que 33^c.

26. — Cette méthode est encore moins précise que la précédente ; aussi ne doit-on l'employer qu'exceptionnellement, par exemple pour déterminer un point qu'on a oublié de viser des stations d'où il est visible. Au lieu de trois stations, il suffit alors d'en faire une.

27. — **Traverses**. — Lorsque les détails à lever sont multipliés et qu'ils s'éloignent des périmètres du canevas polygonal, on a soin, afin d'en rendre le lever plus simple et plus exact à la fois, de subdiviser les espaces circonscrits

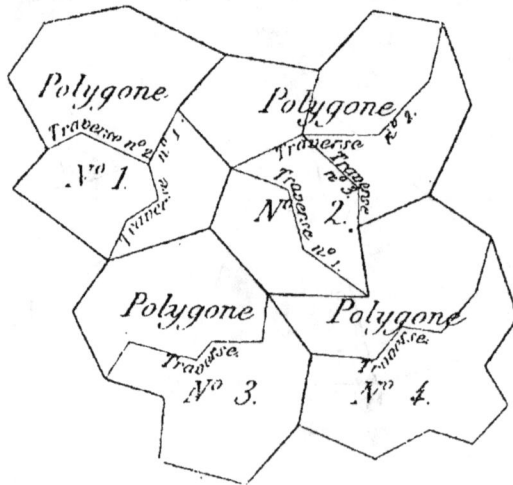

Fig. 9.

par les polygones, au moyen de traverses ou lignes brisées, reliant deux sommets convenablement choisis (fig. 9). On lève ces traverses comme les autres parties du canevas et on soumet leurs côtés aux mêmes vérifications.

§ 3. — LEVER DES DÉTAILS.

28. — Les détails peuvent se rattacher aux sommets et aux côtés du canevas par des méthodes analogues à celles que l'on emploie pour lever le canevas lui-même. On peut encore employer les procédés indiqués ci-après et combiner ces diverses méthodes suivant les besoins ou la commodité des opérations.

I. — MÉTHODE DES ABSCISSES ET DES ORDONNÉES.

29. — Ce procédé consiste à abaisser, de tous les points de détail, des perpendiculaires (ordonnées) sur les différents côtés du canevas, et à mesurer les longueurs de ces ordon-

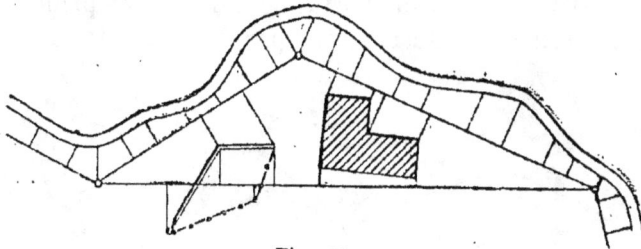

Fig. 10.

nées, ainsi que les segments (abscisses) que leurs pieds intterceptent sur les côtés du canevas (fig. 10).

Les perpendiculaires sont abaissées au moyen de l'équerre d'arpenteur (voir n° 75); mais, lorsqu'elles sont courtes, on détermine aisément leur pied à vue.

30. — Le mesurage des abscisses se fait ordinairement en chaînant (voir n°ˢ 49 et 50) les côtés du canevas d'un bout à l'autre et en lisant successivement les longueurs qui correspondent aux pieds des diverses ordonnées. Les abscisses abaissées sur un côté se trouvent alors toutes comptées à partir du même sommet et, comme vérification, on doit retrouver, pour la longueur totale du côté, celle qui est donnée par le plan.

2

31. — Le report des détails sur le plan se fait en portant sur les divers côtés du canevas des longueurs égales aux abscisses mesurées, réduites à l'échelle du dessin, et en élevant aux points ainsi déterminés des perpendiculaires égales aux ordonnées correspondantes, également réduites à l'échelle.

Outre les côtés du canevas, on peut aussi prendre pour axes des abscisses des lignes auxiliaires, diagonales ou transversales, que l'on obtient en joignant deux points connus du canevas, de manière à avoir des lignes rasant de plus près les détails à lever (fig. 10).

II. — MÉTHODE DE LA DÉCOMPOSITION EN TRIANGLES.

32. — Dans ce procédé, on rattache les points principaux du détail aux côtés du canevas, par des triangles dont on

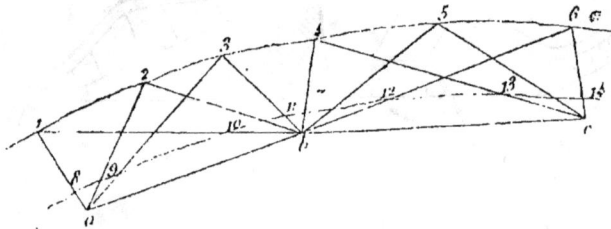

Fig. 11.

mesure les côtés. Ainsi les points 1, 2, 3, peuvent être construits sur le plan, à l'aide des côtés des triangles *a* 1 *b, a* 2 *b, a* 3 *b,* etc. (fig. 11).

III. — MÉTHODE DE RAYONNEMENT.

33. — Ce procédé consiste à déterminer la position d'un certain nombre de points A, B, C..., au moyen des angles que font, avec une direction connue MD (fig. 12), les lignes qui joignent ces points à une station centrale M, rattachée au canevas, et de la longueur de ces rayons MA, MB, MC, MD....

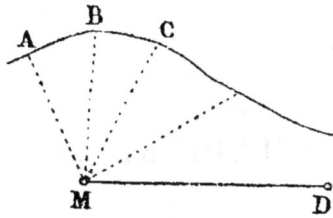

Fig. 12.

Ce procédé est assez long et ne convient, par suite, que pour le lever des petites surfaces.

IV. — MÉTHODE DU DEMI-CHEMINEMENT.

34. — Ce procédé consiste à déterminer les sommets d'une ligne brisée ABCDEF, dont les extrêmes A et F appartiennent au canevas, au moyen des angles DAF, CAF, etc.,

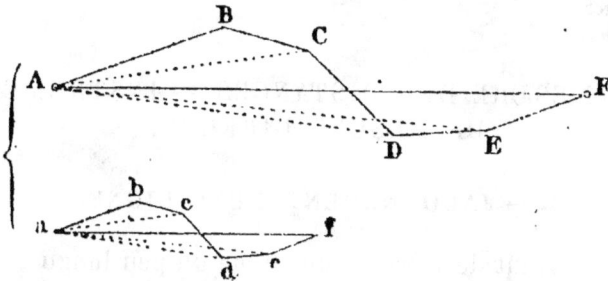

Fig. 13.

que font avec AF les directions qui joignent ces sommets à la station A, et des longueurs des côtés AB, BC (fig. 13).

On reporte les directions *ab, ac, ad* sur le plan, et on coupe ces lignes par des arcs de cercle menés des points *a, b, c, d,* comme centres, avec des rayons *ab, bc, cd,* etc., égaux aux longueurs mesurées AB, BC, CD, réduites à l'échelle.

Comme vérification, on doit retomber sur le sommet F.

CHAPITRE III

INSTRUMENTS EN USAGE POUR L'EXÉCUTION DE LA PLANIMÉTRIE

On a vu, dans les chapitres précédents, que le lever de la planimétrie d'un terrain comprend le mesurage de distances et d'angles réduits à l'horizon, c'est-à-dire projetés sur un plan horizontal. Ce mesurage s'opère comme il est dit ci-après.

§ 1. — MESURE DES DISTANCES. — INSTRUMENTS DE MESURE DIRECTE.

I. — JALONNEMENT D'UNE LIGNE.

35. — Avant de mesurer une ligne un peu longue, il est souvent nécessaire de la tracer sur le terrain au moyen de *jalons* plantés de distance en distance, afin de pouvoir se maintenir plus facilement dans sa direction pendant le mesurage.

36. — Le *jalon* est un bâton de 2 mètres environ de longueur (fig. 14), bien droit, appointé par le bas, que l'on enfonce *verticalement* dans le sol, au point du terrain que l'on veut marquer. Sa pointe est généralement garnie d'un sabot en fer qui en facilite l'enfoncement.

Dans le jalonnement d'une ligne A B, il peut se présenter deux cas :

37. — 1° Les extrémités A et B sont accessibles et visibles l'une de l'autre (fig. 15).

On plante des jalons en A et B, puis l'opérateur, posté à quelques pas en arrière du jalon A, fait pla-

Fig. 15.

cer un jalon en C par un aide qu'il guide avec des signes de la main. Le jalon A doit masquer à la fois les jalons B et C.

38. — 2° Les extrémités A et B ne sont pas accessibles ou ne sont pas visibles l'une de l'autre (fig. 16).

L'opérateur, muni d'un jalon, se poste dans le voisinage de la ligne AB en un point D, d'où il puisse voir le point A. Il fait placer par un aide un

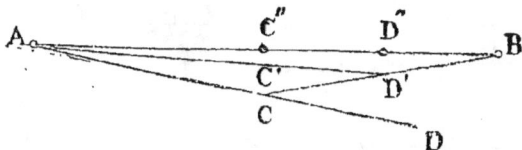

Fig. 16.

2° jalon, dans la direction AD, en un point C d'où l'on puisse distinguer le point B; puis, sur les indications de cet aide, il plante son jalon en D' sur la ligne CB. De ce point, il aligne l'aide sur D'A, en C', et ainsi de suite, jusqu'à ce que les deux jalons intermédiaires masquent à la fois les points A et B.

II. — MESURES LÉGALES DE LONGUEUR.

39. — Les seules mesures légales de longueur sont : le mètre, le décamètre et le décimètre, ainsi que les moitiés et les doubles de ces trois longueurs.

Les instruments de mesure usités en topographie sont :

Le double décimètre pour les dessins;

Fig. 14.
Jalon.

Le mètre, le double mètre et le quintuple mètre pour la mesure des faibles longueurs sur le terrain ;

Le décamètre et le double décamètre pour la mesure des grandes longueurs.

Au lieu du quintuple mètre, qui est embarrassant et incommode, on emploie souvent, dans les levers, le quadruple mètre, quoique cet instrument ne soit pas compris dans la série des mesures légales.

III. — RÈGLES DIVISÉES.

Mètre, double mètre, quadruple mètre, quintuple mètre

40. — Le mètre (fig. 17) et le double mètre (fig. 18) sont des règles méplates en bois, divisées en décimètres et en centimètres.

Fig. 17. — Mètre.

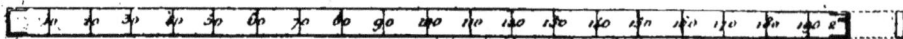

Fig. 18. — Double mètre.

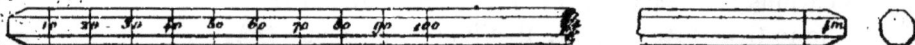

Fig. 19. — Quadruple mètre.

Le quadruple (fig. 19) et le quintuple mètre, plus exposés à fléchir, ont une section octogonale et portent des divisions de mètre en mètre ; le premier mètre est, en outre, subdivisé en décimètres. Ces instruments sont garnis aux deux bouts de talons en fer.

En général, les instruments de mesure que l'on trouve dans le commerce sont construits avec assez de soin pour que l'on puisse compter sur leur exactitude ; cependant, si l'on croyait devoir les vérifier, il faudrait les comparer à un mètre étalon [1].

41. — Mesurage en terrain horizontal. — On emploie ordinairement deux règles (n° 40) que l'on porte successivement l'une au bout de l'autre, en les disposant le long d'un cordeau tendu suivant la ligne à mesurer. En opérant le contact bout à bout de ces règles, il faut éviter avec soin les chocs qui pourraient déplacer la règle d'arrière et, par suite, occasionner des erreurs; dans ce but, il est bon de juxtaposer d'abord les deux règles sur une petite partie de leur longueur, et d'amener ensuite les bouts au contact en faisant glisser doucement la règle d'avant sur celle d'arrière.

42. — Mesurage en terrain incliné. — On se sert pour ce mesurage de deux règles divisées, d'un niveau de maçon (n° 194) ou d'un niveau à bulle d'air (n° 197), d'un fil à plomb et d'un jalon ou d'une règle.

43. — Le fil à plomb est un cordeau ou un fil assez fort, à l'une des extrémités duquel est suspendue une masse en métal, terminée à sa partie inférieure par une pointe qui doit se trouver dans le prolongement du fil, lorsque celui-ci est tendu sous l'action du poids (fig. 20). La direction du fil ainsi tendu est celle de la verticale.

44. — Pour mesurer une distance en terrain incliné, on opère, autant que possible, en descendant (fig. 21). On place l'extrémité d'arrière de la première règle au point de départ A; on rend cette règle horizontale au moyen du niveau, ou même à vue, en l'appuyant contre un jalon ou une règle tenue verticalement, pour éviter les oscillations; puis on projette son extrémité d'avant sur le sol,

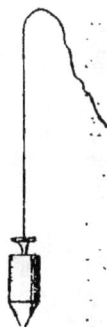

Fig. 20.
Fil à plomb

1. Le mètre étalon est une règle en cuivre dont la longueur est exactement 1 mètre à la température de la glace fondante. Il existe des mètres étalons dans les mairies des principales villes de France. Il faut tenir compte, dans l'étalonnage des règles, de la dilatation de l'étalon, qui est de $0^m,0019$ pour une élévation de température de 100°. La dilatation des règles en bois est négligeable.

à l'aide du fil à plomb. Cette projection sert de point de départ pour la deuxième règle qu'on dispose comme la première, et ainsi de suite jusqu'à ce que la dernière portée dépasse le point d'arrivée. On détermine alors sur la dernière règle, à l'aide du fil à plomb, la division qui correspond à la verticale de ce point B, et on obtient ainsi la fraction qu'il faut ajouter à la somme des portées dont on a dû tenir note.

45. — Si l'on veut mesurer en montant, on met l'un des bouts de chaque règle à l'aplomb du point de départ, l'autre extrémité posant sur le sol et la règle étant tenue horizontalement. Cette manière d'opérer exige quelques tâtonnements et donne, par suite, moins de précision que la précédente.

46. — Précision de la mesure. — En terrain horizontal, on peut obtenir, avec le quadruple ou le quintuple mètre, une approximation de près de $\frac{1}{5000}$ dans les mesures. Il est difficile de déterminer le degré d'exactitude qu'on peut obtenir avec ces instruments dans les mesures en terrain

Fig. 21. — Mesurage d'une longueur en terrain incliné, au moyen de règles divisées.

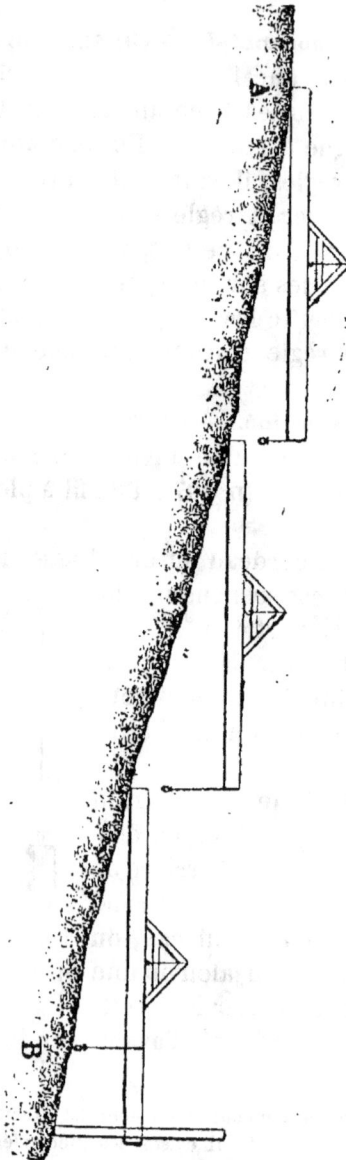

incliné, la précision dépendant beaucoup, dans ce cas, de l'adresse, de la patience et du soin des opérateurs.

IV. — CHAINE.

47. — La chaîne (fig. 22), qui est l'instrument le plus fréquemment employé pour la mesure des distances, a une longueur de 10 mètres. Elle se compose de chaînons en fil de fer réunis par des anneaux. Ces anneaux sont

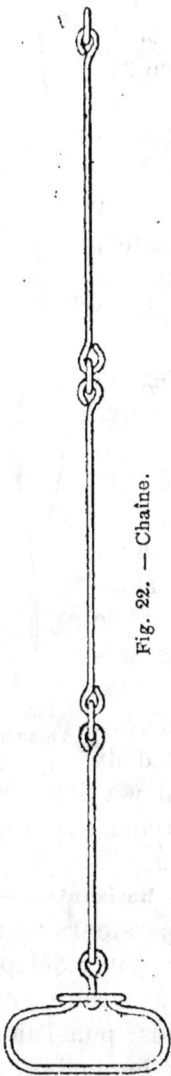

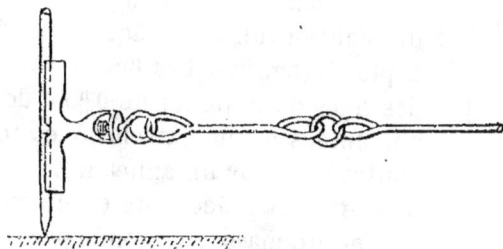

Fig. 23.

Fig. 22. — Chaîne.

distants de 0^m,20 ou 0^m,50, de milieu à milieu ; ceux qui marquent les mètres sont en cuivre, les autres sont en fer. Le milieu de la chaîne est indiqué par un anneau en

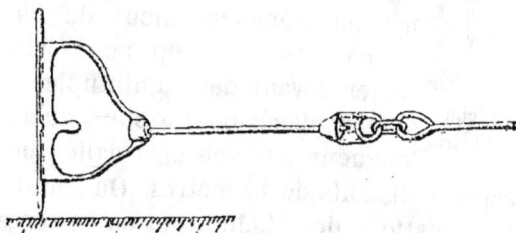

Fig. 24.

cuivre de plus grande dimension, ou mieux par une petite fiche en fer suspendue à un anneau ordinaire en cuivre. La chaîne est terminée par deux poignées comprises dans la longueur de dix mètres. Dans les chaînes communes, ces poignées sont en fil de fer (fig. 22); mais, dans les chaînes soignées, elles sont en cuivre et présentent deux rainures perpendiculaires dans lesquelles on engage les *fiches* pendant le chaînage (fig. 23 et 24). Cette disposition a pour objet d'obliger, pour ainsi dire, l'opérateur à placer les fiches perpendiculairement à la direction de la chaîne. La poignée, attenant à un chaînon rigide, qui est représentée dans la figure 24, est surtout à recommander dans ce but.

La chaîne est accompagnée d'un jeu de dix fiches ordinaires (fig. 25) et d'une fiche à plomb (fig. 26). Les fiches ordinaires sont des tiges en fil de fer de 0^m,40 de longueur, appointées à une extrémité et terminées à l'autre bout par un anneau. La fiche à plomb diffère de la précédente en ce qu'elle porte une petite masse de plomb près de l'extrémité inférieure; elle est munie, en outre, à l'autre bout, d'une petite tige mobile autour de l'anneau ou d'un bout de fil qui permet de la suspendre verticalement.

48. — Étalonnage. — La chaîne, étant sujette à des déformations, doit être étalonnée au commencement de chaque série d'opérations. Il suffit pour cela de la présenter devant deux quintuples mètres étalonnés, placés bout à bout, ou de vérifier sa longueur sur une aire dallée portant deux repères distants de 10 mètres. On rectifie, s'il y a lieu, les déformations des chaînons et on resserre les anneaux trop ouverts à l'aide de quelques coups de marteau.

Fig. 25.
Fiche
ordinaire.

Fig. 26
Fiche
à plomb.

49. — Mesurage d'une distance en terrain horizontal. — Le mesurage d'une distance exige deux opérateurs : un chaîneur et un aide. Ces hommes commencent par développer la chaîne dans la direction de la ligne à mesurer, en ayant soin qu'elle ne présente pas de nœuds; puis l'aide prend les dix fiches, et, après en avoir vérifié le nombre, il saisit la poignée d'avant de la chaîne. Le chaîneur prend la poignée d'arrière, l'amène exactement contre le piquet qui marque le point de départ et aligne l'aide sur le jalon de direction [1]. L'aide tend modérément la chaîne et, dès qu'il est aligné, il plante une de ses fiches dans le sol, contre la poignée et perpendiculairement à la direction de la chaîne [2] (fig. 23, 24). Les deux opérateurs se portent ensuite en avant, en conservant la chaîne tendue, et, lorsque le chaîneur arrive près de la fiche qui vient d'être posée, il y applique sa poignée et aligne l'aide, qui plante une nouvelle fiche à l'extrémité de la chaîne. Le chaîneur retire la fiche précédente, et l'opération continue de la sorte jusqu'à ce que la chaîne ait été portée en avant de la dixième fiche. L'aide-chaîneur, abandonnant sa poignée sur le sol, vient alors chercher les dix fiches auprès du chaîneur, qui les lui remet après en avoir vérifié le nombre et noté l'opération sur un carnet. L'aide compte les fiches à son tour, puis le chaînage reprend comme précédemment.

Les opérateurs doivent avoir soin, pendant tout le mesurage, de ne jamais replier la chaîne, afin d'éviter la formation des nœuds.

Lorsqu'ils sont arrivés suffisamment près du point d'arrivée pour qu'il y ait moins de dix mètres entre ce point et la dernière fiche posée, l'aide appuie sa poignée contre le piquet d'arrivée et le chaîneur, après avoir tendu la chaîne, lit le nombre de mètres et apprécie les fractions de mètre qui doivent compléter la mesure. Avec un peu d'habitude, il arrive à lire l'appoint à un centimètre près. L'opération terminée, le chaîneur calcule la longueur totale, qui comprend autant de centaines de mètres qu'il a rendu de fois les fiches à son aide, de dizaines qu'il a de fiches en main, y compris la dernière posée, et de fractions qu'il en a lu sur la chaîne entre le point d'arrivée et la dernière

1. Lorsque la longueur à mesurer n'est pas très considérable, il suffit d'un jalon au point d'arrivée, si celui-ci est visible du point de départ.

2. Lorsque la chaîne n'a pas de poignées à rainures, l'aide a soin de planter les fiches alternativement à l'intérieur et à l'extérieur de l'anneau qui sert de poignée, afin de compenser l'erreur provenant de l'épaisseur des fiches.

fiche. Comme vérification, en ajoutant le nombre des fiches du chaîneur à celui des fiches qui restent entre les mains de l'aide, on doit trouver le total 10.

En prenant toutes les précautions qui viennent d'être indiquées, on peut arriver à mesurer une distance avec une approximation de $\frac{1}{1000}$.

50. — Chaînage d'une distance sur un terrain en pente. — Pour mesurer les distances réduites à l'horizon, sur un terrain fortement en pente, il faut, autant que possible, opérer en descendant et procéder par ressauts successifs (fig. 27).

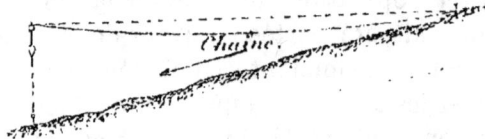

Fig. 27.

Le chaîneur place sa poignée au point de départ et l'aide tend fortement la chaîne dans la direction voulue, en la maintenant horizontale à vue; puis il projette son extrémité sur le sol en laissant tomber la fiche à plomb. Il plante à l'emplacement ainsi marqué une fiche ordinaire qui sert de point de départ pour une nouvelle portée de dix mètres et ainsi de suite.

51. — Lorsqu'on opère en montant, le chaîneur pose un jalon au point de départ et le maintient à vue dans une direction verticale[1] (fig. 28); il fait glisser la poignée de la

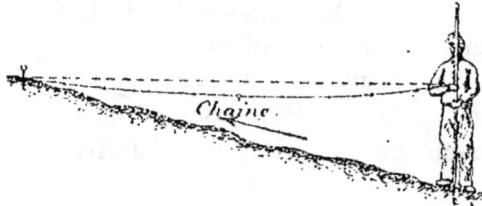

Fig. 28.

1. Il le tient, à cet effet, vis-à-vis le milieu de son corps, ses épaules étant dans la direction de la ligne à mesurer.

chaîne le long de ce jalon jusqu'à ce que l'autre poignée pose
à terre, la chaîne étant aussi tendue que possible et sensiblement horizontale. L'aide plante une fiche ordinaire à l'extrémité d'avant de la chaîne, et le point ainsi déterminé sert
de point de départ pour une nouvelle portée de dix mètres.

52. — Les mesurages en terrain incliné sont sujets à de
nombreuses causes d'erreur, dont les principales sont dues
à la courbure que prend la chaîne et à l'inexactitude des
projections de celle de ses extrémités qui ne repose pas
sur le sol. Il en résulte qu'on ne peut guère compter sur
une approximation supérieure à $\frac{1}{250}$.

V. — DÉCAMÈTRE EN RESSORT.

53. — La chaîne peut être remplacée avantageusement,
dans bien des cas, par le décamètre en ressort. Cet instrument, dont la longueur totale est de dix mètres, est formé
d'un ruban d'acier de quinze à seize millimètres de largeur,
muni à ses extrémités de poignées à rainures comme la
chaîne. Il est divisé en mètres et décimètres par des clous
en cuivre.

On opère, avec le décamètre à ressort, absolument de la
même manière qu'avec la chaîne. Cet instrument est plus
léger, plus facile à tendre et plus précis que la chaîne ; il est
en outre moins susceptible de s'allonger par l'usage et ne
donne pas lieu à la formation de nœuds. En revanche, il est
cassant et est moins commode que la chaîne dans certains
cas de la pratique, par exemple lorsque le terrain présente
des obstacles, des broussailles, etc., ou qu'on a à prendre
des mesures de détail dans des espaces clos (*cours de maisons,* etc.).

VI. — DÉCAMÈTRE EN RUBAN.

54. — Cet instrument, vulgairement appelé *roulette,* se
compose d'un ruban de dix mètres de longueur et de quinze
à seize millimètres de largeur, divisé en mètres, décimètres

et centimètres. Il peut s'enrouler autour d'un axe, ce qui le rend très portatif; mais, comme il est sujet à des variations de longueur, par suite des alternatives de sécheresse et d'humidité, on ne l'emploie qu'exceptionnellement et seulement pour des mesures de détail.

VII. — MESURE AU PAS.

55. — Des mesures au pas suffisent dans certains cas pour l'évaluation des longueurs. On fait le pas métrique, ou mieux on prend l'allure de route, après avoir eu soin d'étalonner son pas dans ces conditions. Cet étalonnage se fait en parcourant à plusieurs reprises une distance connue, suffisamment longue (5 hectomètres à 1 kilomètre, par exemple), en comptant le nombre de doubles pas que l'on fait. On en déduit la longueur moyenne du pas.

Avec de simples mesures au pas, on peut arriver à une approximation de $\frac{1}{50}$ dans l'évaluation des distances.

Pour faciliter le report sur la feuille de dessin des distances mesurées au pas, on construit généralement une échelle de son pas, soit sur le dessin lui-même, soit sur une feuille de papier qu'on colle sur le biseau d'une règle.

A cet effet, on trace une ligne qui représente à l'échelle du dessin la longueur de 100 doubles pas, et on la divise en parties égales.

VIII. — RÉDUCTION A L'HORIZON.

56. — Lorsqu'on connaît l'angle de pente des lignes à mesurer, au lieu de procéder *par ressauts horizontaux*, on fait quelquefois le chaînage suivant la pente et on réduit à l'horizon les distances ainsi obtenues au moyen d'une échelle de réduction (fig. 29).

57. — **Construction de l'échelle de réduction.** — Soit A B l'échelle du dessin pour les distances mesurées horizontalement; sur le milieu de A B, au point D, on élève une perpendiculaire sur laquelle on prend un point C tel que CD soit égal à une fois et demie au moins la longueur A B; puis du point C comme centre, avec CD pour rayon, on décrit un arc de cercle. A partir du point D, on divise cet arc en degrés ou en grades, suivant la graduation de l'instrument employé pour la mesure des angles, et, par chacun des points de division, on mène une parallèle à la ligne A B. On joint enfin les points de division de l'échelle A B au centre C.

Pour obtenir la longueur réduite à l'horizon d'une distance MN mesurée suivant une pente déterminée, 20ᵍ par exemple, on se reporte à la parallèle correspondant à cette pente, et la longueur *mn*, interceptée sur cette ligne par les rayons qui partent de M et de N, donne, à l'échelle du dessin, la distance horizontale cherchée.

On sait, en effet, que la projection horizontale d'une ligne A B (fig. 30) est égale à cette ligne multipliée par le cosinus de l'angle φ qu'elle fait avec l'horizon : $p = L \cos \varphi$;

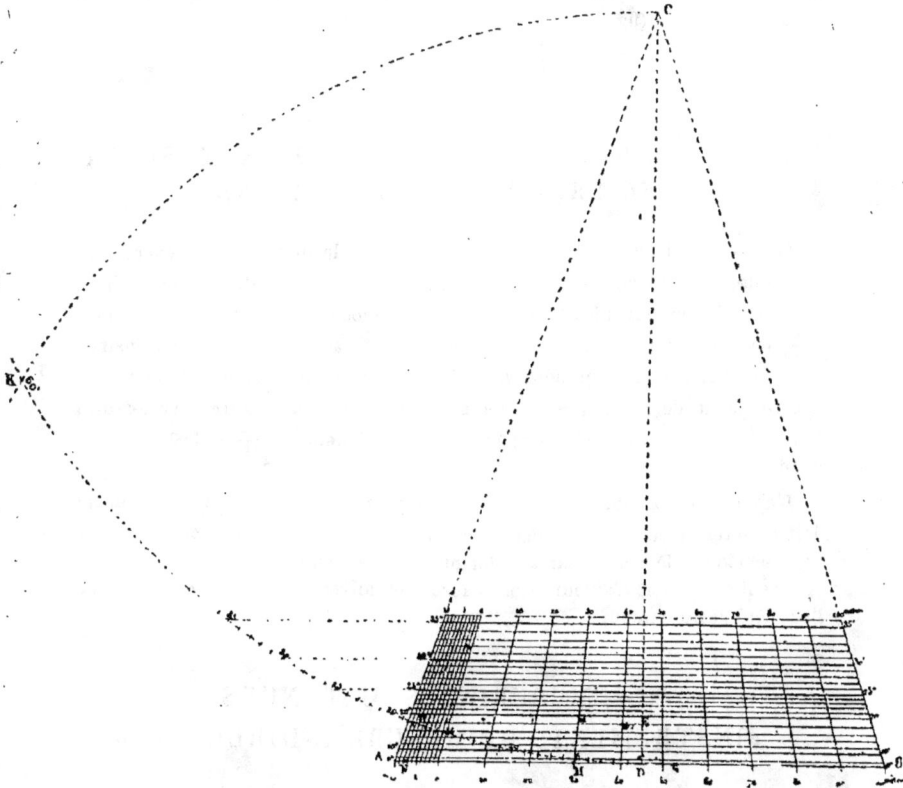

Fig. 29. — Échelle de réduction à l'horizon.

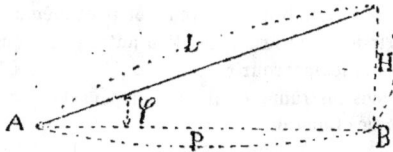

Fig. 30.

Or, dans la figure 29, on a :

$$\frac{mn}{MN} = \frac{CE}{CD} = \frac{R \cos \varphi}{R} = \cos \varphi$$

mn est donc bien la longueur cherchée.

58. — Il peut arriver qu'au lieu de l'angle de pente on connaisse la diffé rence de niveau des points extrêmes de la ligne mesurée, on obtient alors la distance réduite P (fig. 30) par la formule approchée :

$$P = L - \frac{H^2}{2\,L}\ \text{[1]}.$$

IX. — DISTANCES LIMITES QU'ON PEUT MESURER AVEC LES DIVERS INSTRUMENTS.

59. — On admet qu'un point est déterminé sur le plan avec une exactitude suffisante, lorsqu'il ne se trouve pas à plus de $\frac{1}{10}$ de millimètre de sa position vraie. Or l'erreur qui affecte une mesure prise avec la chaîne pouvant atteindre $\frac{1}{1000}$ de la longueur, il en résulte qu'on ne doit pas mesurer avec cet instrument des distances plus grandes que celle qui est représentée sur le dessin par une longueur de mille fois $\frac{1}{10}$ de millimètre ou 1 décimètre, c'est-à-dire 100 mètres à l'échelle de $\frac{1}{1000}$, 200 mètres à l'échelle de $\frac{1}{2000}$, 500 pour l'échelle de $\frac{1}{5000}$, etc.

L'approximation obtenue avec les quintuples mètres étant de $\frac{1}{5000}$, on ne doit mesurer avec ces instruments de distances supérieures à celle qui est représentée sur le dessin par une longueur de 50 centimètres.

Ces limites n'ont d'ailleurs rien d'absolu et doivent évidemment varier avec l'habileté des opérateurs.

§ 2. — MESURE DES DISTANCES. INSTRUMENTS DE MESURE INDIRECTE.

60. — L'emploi des instruments décrits dans le paragraphe précédent exige que l'on puisse parcourir les lignes à mesurer.

Lorsque le terrain est couvert d'obstacles, l'opération est quelquefois très difficile, donne lieu à de nombreuses erreurs et peut même devenir impossible. Il faut alors recourir à des instruments d'un autre genre qui permettent d'évaluer les distances sans les parcourir.

Avant d'étudier ces instruments, il est indispensable de rappeler quelques-unes des propriétés des lunettes.

1. On a (fig. 30) :

$$L^2 - P^2 = H^2 \quad \text{ou} \quad (L - P)(L + P) = H^2 ;$$

d'où :

$$L - P = \frac{H^2}{L + P} \quad \text{ou} \quad \frac{H^2}{2\,L},$$

sans erreur appréciable.

I. — PROPRIÉTÉS GÉOMÉTRIQUES DES LUNETTES D'INSTRUMENTS.

61. — Les lunettes qu'on adapte aux instruments de topographie se composent essentiellement (fig. 31) d'un tube en cuivre noirci à l'intérieur, portant à l'une de ses extrémités une lentille convergente O qui constitue l'*objectif*, et, à l'autre, un système de lentilles O' qu'on appelle *oculaire*. Entre l'objectif et l'oculaire se trouve un *diaphragme* r sur lequel sont fixés deux fils d'araignée en croix qui constituent le *réticule*.

On appelle *centre optique* de l'objectif le point O de la lentille qui est traversé sans déviation par les rayons lumineux; la ligne O c, qui joint le centre optique à la croisée des fils du réticule, est l'*axe optique* de la lunette.

Les rayons lumineux partant d'un point A et tombant sur la surface de l'objectif viennent converger sur la droite qui joint le point A au centre optique de la lentille en un point a qui est le foyer conjugué de A. Tous les points de l'objet AB ont de même leurs foyers conjugués, de sorte qu'on obtient en ab une image complète et renversée de AB.

Désignons par D la distance OC et par F la distance Oc ou *distance focale conjuguée* de D; ces deux quantités sont liées entre elles par la relation :

$$\frac{1}{D} + \frac{1}{F} = \frac{1}{P}$$

P étant la *distance focale principale* correspondant à D = ∞.

L'oculaire ne sert qu'à grossir et à voir nettement les images données par l'objectif.

Pour faire une visée sur un objet, il faut disposer les trois éléments de la lunette : objectif, réticule et oculaire, de

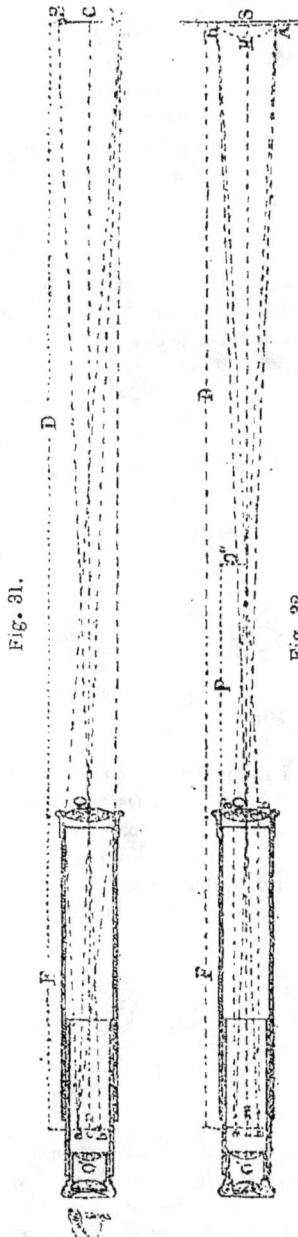

Fig. 31.

Fig. 32.

manière que l'on puisse voir simultanément, le plus nettement possible, les fils du réticule et l'image. Cette opération constitue *la mise au point* de l'instrument et s'obtient à l'aide de deux tirages, celui de l'oculaire et celui du réticule ou de l'objectif.

On commence par agir sur le tirage de l'oculaire jusqu'à ce que les fils paraissent bien nets et aussi noirs que possible, et pour cela on dirige la lunette vers le ciel; on fait mouvoir ensuite le tirage de l'objectif, de manière à voir très nettement l'image de l'objet visé. Si, après cette opération, on ne voit plus très bien les fils, on recommence à agir sur les tirages, en tâtonnant jusqu'à ce que l'on voie nettement et simultanément les fils et l'image. Il peut alors subsister encore un petit défaut de mise au point qui constitue la *parallaxe optique* et qu'on reconnaît à ce que, en déplaçant légèrement l'œil devant l'oculaire, on voit les fils osciller sur l'image de l'objet visé. On y remédie en agissant sur le tirage de l'objectif jusqu'à ce que la parallaxe ait disparu.

II. — STADIA.

62. — Théorie de la stadia. — On appelle *stadia* une règle divisée en parties égales, que l'on place à l'une des extrémités de la ligne à mesurer,

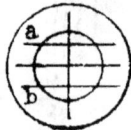

Fig. 33.
Micromètre.

perpendiculairement à l'axe optique d'une lunette en station à l'autre bout de la ligne. Cette lunette est munie d'un *micromètre* (fig. 33), c'est-à-dire que son réticule porte, outre les deux fils en croix, deux autres fils a et b parallèles au fil horizontal et à peu près à égale distance de celui-ci.

Soit A et B (figure 32) les deux traits de la stadia dont les images se forment en a et b sur les deux fils du micromètre;

H la distance AB de ces deux points;

N le nombre de divisions qu'ils comprennent;

l la longueur de chacune d'elles, exprimée en mètres : $H = Nl$;

D la distance SO de la stadia au centre optique de la lunette;

F la distance focale conjuguée de D;

P la distance focale principale de l'objectif de la lunette;

m l'écartement ab des fils du micromètre.

Les triangles semblables OAB et Oab donnent :

$$\frac{D}{F} = \frac{H}{m} = \frac{Nl}{m}, \quad \text{d'où} \quad D = N\frac{lF}{m};$$

$$\text{Or} : \frac{1}{D} + \frac{1}{F} = \frac{1}{P}, \quad \text{et par suite} \quad F = \frac{PD}{D-P};$$

$$\text{Donc} : D = N\frac{l}{m}\frac{PD}{D-P} \quad \text{ou} \quad D - P = N\frac{l}{m}P.$$

l, m et P étant constants, on en déduit que la distance D — P est rigoureusement proportionnelle au nombre de divisions lu avec la lunette sur la stadia entre les deux fils du micromètre.

Si l'écartement m de ces fils ou la grandeur des divisions est réglé de manière que, pour D — P = 100^m, les fils interceptent 100 divisions sur la stadia, on a $\frac{l\text{P}}{m} = 1^m$, et par suite D — P = N $\times$ 1^m = 0$''$ S, c'est-à-dire que le nombre de divisions lu entre les deux fils indique le nombre de mètres compris entre la stadia et le point O$''$. Mais ce n'est pas D — P ou O$''$ S que l'on cherche, c'est la distance Δ de la stadia au centre de l'instrument qui porte la lunette. Appelant d la distance de l'objectif au centre de cet instrument, on a :

$$\Delta = \text{D} + d = \text{N} \times 1^m + (\text{P} + d).$$

La quantité P $+ d$ étant constante pour chaque instrument, on la calcule une fois pour toutes, et, pour éviter d'être obligé de l'ajouter à chaque distance lue sur la stadia, on raccourcit souvent une des divisions de cette dernière, dans le voisinage de l'axe optique, de la fraction de division représentée par $\frac{\text{P} + d}{1^m}$. La lecture que l'on fait est alors : L $= \text{N} + \frac{\text{P} + d}{1^m}$, et, par suite : $\Delta = \text{L} \times 1^m$, c'est-à dire que le nombre de divisions lu sur la stadia donne exactement le nombre de mètres compris entre cette stadia et le centre de l'instrument.

63. — La théorie précédente suppose que la stadia est perpendiculaire à l'axe optique. En terrain horizontal, il suffit de la tenir verticale, en se guidant sur les indications d'un perpendicule ou d'un niveau sphérique (voir n° 115), dont elle est munie à cet effet En terrain incliné, il faudrait la

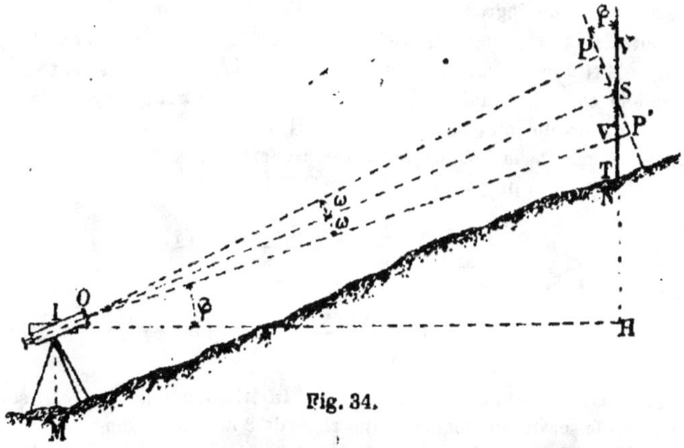

Fig. 34.

disposer perpendiculairement au sol, diriger l'axe optique de la lunette sur un point de la stadia situé à la même hauteur au-dessus du sol que cette lunette et réduire à l'horizon la distance trouvée. Mais, en général, on préfère maintenir la stadia dans la position verticale et faire ensuite les corrections nécessaires (fig. 34).

La longueur VV$'$ interceptée entre les fils du micromètre est, dans ce cas, différente de celle de PP$'$ qui correspond à la distance IS; mais comme les triangles P S V, P'S V' sont à très peu près rectangles en P et P', on peut admettre sans erreur sensible que :

$$P P' = V V' \cos \varphi.$$

Il en résulte que IS est égal au nombre L de divisions compris entre V et V', multiplié par cos φ :

$$IS = L \cos \varphi;$$

et sa projection horizontale

$$IH = L \cos^2 \varphi.$$

La distance réduite à l'horizon est donc égale à la distance lue sur la stadia, multipliée par le carré du cosinus de l'angle de pente. L'instrument qui porte la lunette donne habituellement cet angle φ.

64. — Échelle de projection à l'horizon. — La construction suivante permet de porter rapidement sur le plan, sans faire de calculs, les distances horizontales déterminées par une lecture sur la stadia verticale et par l'angle de pente (fig. 35) :

Soit A B l'échelle des distances horizontales; sur le milieu de A B, au point C, on élève une perpendiculaire sur laquelle on porte une longueur C D égale au moins aux $\frac{3}{2}$ de A B, et, sur C D comme diamètre, on décrit une demi-circonférence. A partir du point C, on subdivise cette circonférence en doubles degrés ou grades; par les points de division on mène des parallèles à A B, on joint les divisions de l'échelle A B au point D; enfin, on désigne les parallèles par un nombre de degrés ou de grades moitié de celui de l'arc correspondant. Pour obtenir la longueur à porter sur le plan, on prend sur l'échelle A B la longueur M N donnée par la lecture directe sur la stadia, puis on se reporte à la parallèle correspondant à la pente, et la longueur m n, interceptée sur cette ligne par les droites qui, partant de M et N, aboutissent au point D, donne, à l'échelle du dessin, la distance horizontale cherchée.

En effet, on a la proportion :

$$\frac{m\,n}{M\,N} = \frac{D\,H}{D\,C} = \frac{R + R \cos 2\varphi}{2\,R}$$

d'où :

$$m\,n = M N \frac{1 + \cos 2\varphi}{2} = M N \cos^2 \varphi.$$

65. — Description et usage de la stadia (fig. 36). — La stadia en usage dans le service du génie est une règle de 3 mètres de longueur, divisée en doubles centimètres et portant, en outre, des subdivisions en centimètres dans la partie moyenne. L'une des divisions, à 1m,40 du pied, est un peu plus courte que les autres, afin que les lectures donnent directement les distances de la stadia au centre de l'instrument (voir n° 62) ; c'est la *division corrigée*.

Les divisions sont numérotées de dix en dix à partir du pied; elles sont peintes en vermillon de deux en deux, se détachent sur un fond blanc et sont groupées par cinq pour la facilité des lectures.

La stadia est munie d'une poignée qui sert à la tenir et d'un petit niveau sphérique qui permet de la rendre verticale. Elle porte au dos deux *voyants d'éta-lonnage* dont les lignes de foi sont distantes de 100 divisions moins la *correction*.

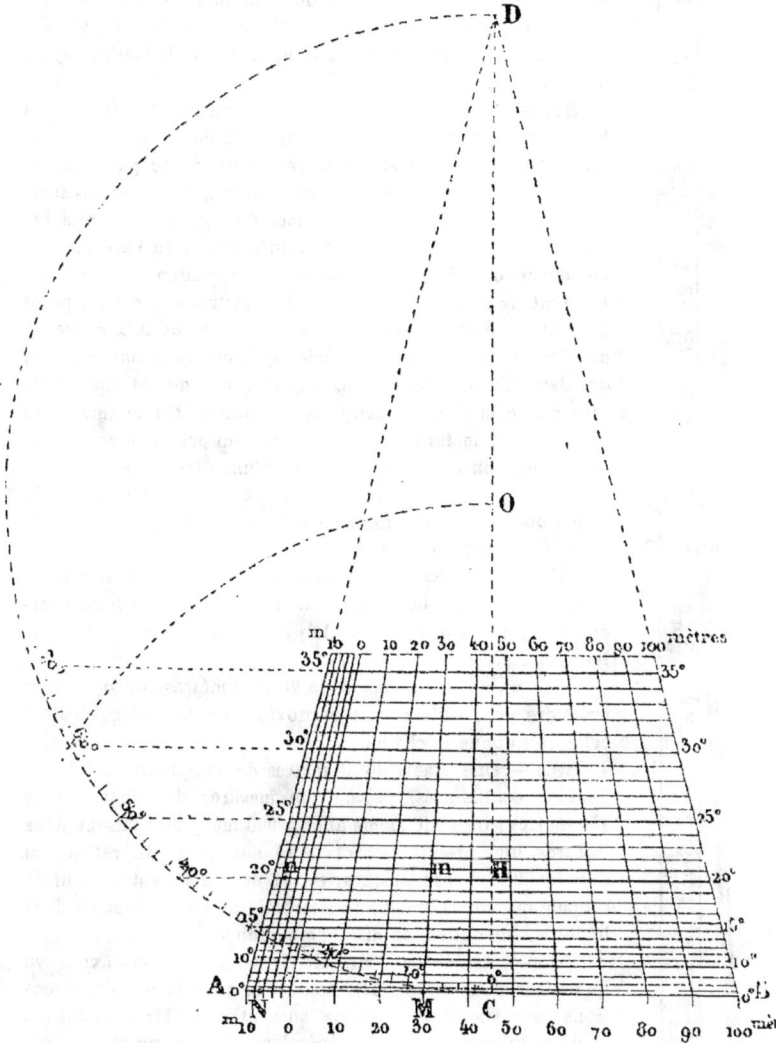

Fig. 35. — Échelle de projection à l'horizon.

66. — Avant de commencer les opérations, il faut étalonner l'instrument. A cet effet, on fait porter la stadia en un point situé exactement à 100 mètres du centre de l'instrument et à peu près au niveau de celui-ci, en ayant soin

38 ÉCOLE DE LEVERS.

de la faire tenir verticalement, les voyants d'étalonnage du côté de la lunette. On fait une visée sur la stadia ainsi disposée, de manière que le fil fixe du micromètre bissecte la ligne de foi de l'un des voyants, et on déplace le fil mobile, s'il y a lieu, jusqu'à ce qu'il bissecte la ligne de foi de l'autre voyant d'étalonnage.

67. — Pour mesurer une distance, on met l'instrument à lunette en station à l'une des extrémités de la ligne à mesurer et on fait tenir la stadia à l'autre extrémité par un aide. Celui-ci la place bien verticalement en se guidant sur les indications du niveau sphérique, la face divisée du côté de la lunette, et il la maintient dans cette position en l'arc-boutant au moyen d'un jalon qu'il pique dans le sol en avant de lui. L'opérateur dirige l'axe optique de l'instrument sur un point de la stadia à même hauteur que celui-ci et lit le nombre de divisions et de fractions de division qui correspondent à chacun des deux fils du micromètre. La différence de ces deux nombres donne la distance exprimée en mètres. On augmente la précision des lectures en amenant, par un petit mouvement de la lunette, l'un des fils sur la limite d'une division.

Comme vérification, la somme des deux nombres lus sur la stadia doit donner la hauteur, exprimée en centimètres, de la lunette au-dessus du sol.

68. — La précision des mesures prises avec la stadia dépend de l'habileté de l'opérateur, de la finesse des fils du micromètre, de la distance focale principale de l'objectif de la lunette, etc.

Avec une distance focale de 25 centimètres, un opérateur ordinaire peut obtenir une approximation au moins égale à celle que donne la chaîne.

69. — Une stadia de 3 mètres de longueur, divisée en doubles centimètres, permet de mesurer des distances de 150 mètres; on peut même aller à 300 mètres en faisant deux lectures, une première entre le fil horizontal du réticule et l'un des fils micrométriques, et la deuxième entre le fil du réticule et le deuxième fil du micromètre; en ajoutant les deux lectures, on obtient la distance cherchée.

70. — Lunettes anallatiques. — Nous avons vu qu'afin de pouvoir lire directement et sans faire de corrections la distance de la stadia au centre de l'instrument qui porte la lunette, on réduit généralement dans un rapport déterminé la longueur d'une des divisions de la stadia.

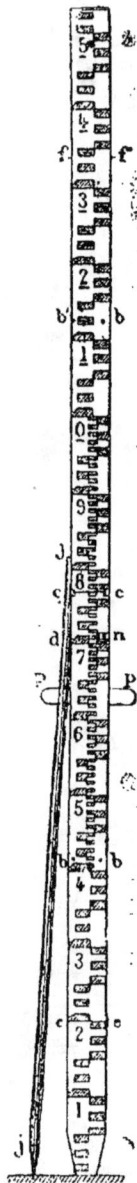

Fig. 36. — Stadia. — pp, poignée; — jj, jalon servant à arc-bouter la stadia; — n, niveau sphérique; — d, division réduite; cc' charnière; — bb' boutons servant à empêcher le contact des deux parties de la stadia repliée; — ee, ff', crochets servant à fermer la stadia.

Certaines lunettes dites *anallatiques* permettent l'emploi de stadias à divisions toutes égales. Ces lunettes portent, entre l'objectif et l'oculaire, une lentille biconvexe qui a pour effet de déplacer le point O″ (fig. 32), dont la distance la stadia est proportionnelle au nombre de divisions interceptées entre les fils micrométriques et de le faire coïncider avec le centre de l'instrument.

§ 3. — MESURE DES ANGLES.

I. — UNITÉS USITÉES POUR L'ÉVALUATION DES ANGLES.

71. — On évalue les angles en les comparant à un angle unité qui, suivant la graduation des limbes des instruments que l'on emploie, est l'angle d'un *degré* ou l'angle d'un *grade*.

72. — Degrés. — L'angle d'un degré est la quatre-vingt-dixième partie d'un angle droit; il est sous-tendu par l'arc d'un degré égal à $\frac{1}{360}$ de la circonférence.

Le degré se subdivise en 60 minutes sexagésimales, qui valent chacune 60 secondes sexagésimales[1]. Les fractions de secondes sont exprimées en centièmes.

On emploie une notation particulière pour les angles exprimés en degrés, minutes et secondes. Ainsi un angle de 124 degrés, 32 minutes, 45 secondes et 25 centièmes s'écrit : 124° 32′ 45″, 25.

73. — Grades[2]. — L'angle d'un grade est la centième partie d'un angle droit. L'arc d'un grade est donc la quatre centième partie de la circonférence.

Le grade est subdivisé en 100 minutes centésimales dont chacune vaut elle-même 100 secondes centésimales.

On emploie la notation suivante pour les angles exprimés en grades : 124ᴳ 32‵‵, 45‵, 25. (*Voir à la fin du volume les tables de conversion des degrés en grades et réciproquement.*)

---

1. On supprime généralement, dans ce cas, l'épithète sexagésimale.
2. Les limbes des instruments des parcs du génie sont divisés en grades.

II. — ÉQUERRE D'ARPENTEUR.

74. — Description sommaire. — L'équerre d'arpenteur se compose (fig. 37) d'un prisme à huit pans ou d'un cylindre en laiton, percé suivant quatre génératrices de fentes qui déterminent deux à deux des plans de visée perpendiculaires entre eux.

La plupart des équerres portent en outre des fentes dont les plans font des angles de 50^G ou 45° avec les précédents.

L'instrument est monté sur une douille pouvant s'emmancher sur un bâton ferré formant pied.

Les plans de visée sont généralement déterminés, d'un côté par une fente étroite, et de l'autre par un crin tendu dans une fenêtre. Pour faire une visée, l'opérateur place son œil à quelques centimètres de la fente.

75. — Usage. — L'équerre sert à tracer des directions faisant entre elles des angles droits (100^G ou 90°) et même des angles de 50^G (45°).

Pour mener, par un point C d'une droite (fig. 38) déterminée par des jalons A et B, une perpendiculaire à cette droite, on plante le pied de l'équerre en terre au point C et on s'assure qu'il est bien vertical, en le dégauchissant avec le fil à plomb dans deux directions à peu près perpendiculaires. On tourne ensuite l'instrument sur son pied, jusqu'à ce qu'en visant par deux fentes opposées on aperçoive le point A dans le plan de visée; comme vérification, on s'assure, par une visée faite en sens opposé, que le point B se trouve également dans ce plan. Ceci fait, on vise, sans toucher à l'instrument, à travers les fentes

Fig. 37.

Équerre
d'arpenteur.

qui déterminent le plan de visée perpendiculaire au premier, et on fait placer, par un aide, un jalon dans ce plan.

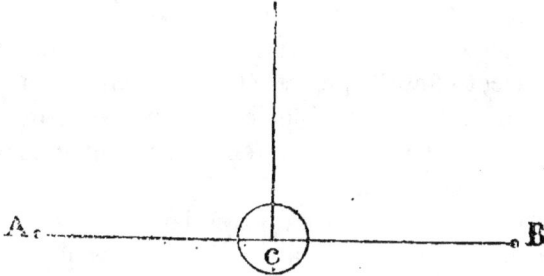

Fig. 38.

Ce jalon et le point C déterminent la ligne qu'il s'agissait de tracer.

76. — Pour mener par le point C une ligne à 50^G (ou 45°) sur la droite AB, on opère de même en faisant la visée par les fentes convenables.

77. — Pour abaisser d'un point extérieur C (fig. 39) une perpendiculaire ou une ligne à 50^G sur une droite A B, on opère par tâtonnements en déplaçant l'équerre sur la

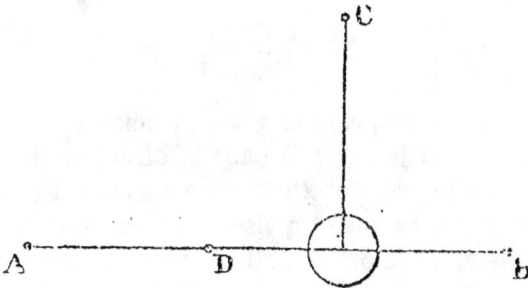

Fig. 39.

ligne AB jusqu'à ce que les jalons A et B, d'une part, et le point C, de l'autre, se trouvent dans deux plans de visée faisant entre eux l'angle voulu.

Pour se maintenir facilement sur la ligne A B, on plante quelquefois un troisième jalon D entre les points A et B.

78. — Vérification de l'instrument. — Avant de se servir d'une équerre, il faut s'assurer :

1° Que deux fentes opposées déterminent bien un *plan de visée*. A cet effet, l'équerre étant en station en un point quelconque, on vise un objet déterminé, puis on déplace lentement l'œil le long de la fente. On doit constamment bissecter le même objet.

On vérifie de la sorte les divers plans de visée.

2° Que les angles déterminés par les divers plans de visée ont bien la valeur voulue (100^G et 50°).

A cet effet, on met l'équerre en station en un point C d'une ligne jalonnée A B (fig. 40), en orientant l'instrument

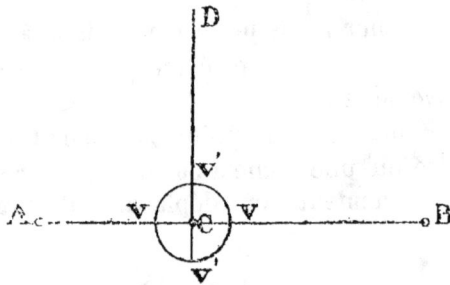

Fig. 40.

de manière qu'un des plans de visée v v coïncide avec A B, et on fait planter un jalon en D dans la direction du plan de visée perpendiculaire v'v'. On tourne ensuite l'équerre de manière à diriger ce plan de visée v'v' sur A B; si l'instrument est juste, le jalon D doit se trouver alors dans le plan v v.

On vérifie d'une manière analogue les angles de 50^G. Le plan de visée v v étant dans la direction A B (fig. 41), on plante un jalon en D, dans le plan de visée qui fait avec le premier l'angle qu'il s'agit de vérifier. On tourne ensuite l'instrument de manière que ce plan coïncide avec A B.

Si l'équerre est juste, le jalon doit se trouver alors dans le plan suivant v″v″.

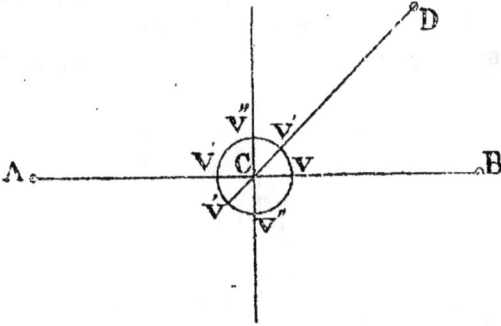

Fig. 41.

79. — A défaut d'instruments précis, on peut tirer parti d'une équerre fausse pour tracer des directions faisant entre elles des angles de 100 et 50 grades.

Soit à élever au point C (fig. 42) une perpendiculaire à AB. L'équerre étant en station au point C et le plan de visée vv coïncidant avec AB, on fait planter un jalon en D dans

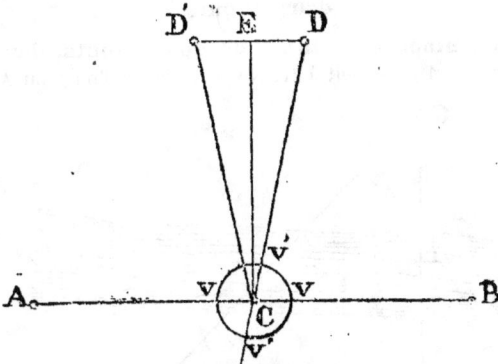

Fig. 42.

la direction du plan de visée v′v′. On tourne ensuite l'équerre de manière à amener le plan de visée v′v′ sur AB, et on plante un deuxième jalon en D′ sur le prolongement de vv à une distance D'C = DC. Le milieu E de DD' sera sur la perpendiculaire cherchée.

80. — Pour déterminer le pied d'une perpendiculaire abaissée d'un point extérieur C sur une ligne AB, on opère successivement, comme il a été dit, avec les deux angles

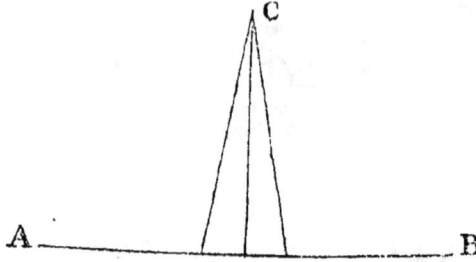

Fig. 43.

droits adjacents de l'équerre, et on prend pour pied de la perpendiculaire le milieu de la distance qui sépare les deux points obtenus dans les deux opérations.

On opère d'une manière analogue pour le tracé des angles de 50 grades.

Résolution de quelques problèmes à l'aide de l'équerre d'arpenteur.

81. — **Déterminer la distance de deux points, dont l'un est inaccessible** (fig. 44). — Soit à trouver la distance d'un point A à un point

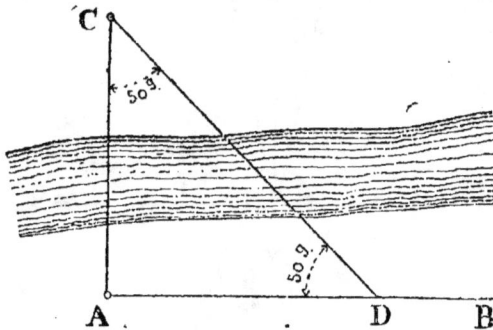

Fig. 44.

inaccessible C. On met l'équerre en station en A pour jalonner la direction AB perpendiculaire à AC; on détermine ensuite sur cette ligne, à l'aide de l'équerre, un point D tel que la direction C D fasse avec A B un angle de 50 grades. La longueur A D, qu'on peut mesurer, est égale à A C.

82. — Déterminer la distance de deux points inaccessibles A et B (fig. 45). — On trace une base auxiliaire M N dans la partie accessible du terrain, et on détermine les pieds A′ et B′ des perpendiculaires abaissées

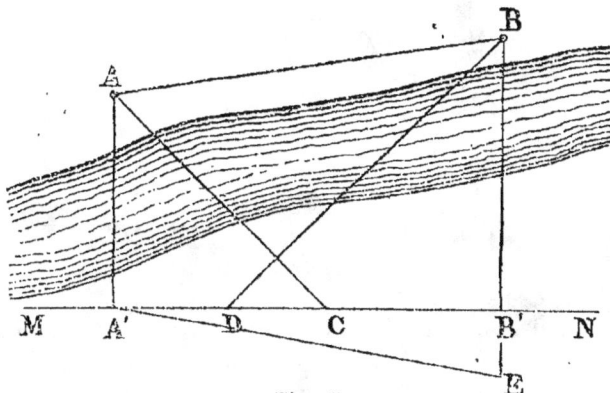

Fig. 45.

des points A et B sur cette ligne. On marque ensuite, comme précédemment, les pieds C et D des lignes à 50 grades abaissées des mêmes points sur la base, et on porte sur le prolongement de B B′ une longueur B′E égale à la différence entre B′D et A′C. La distance cherchée est égale à A′E.

83. — Limite d'emploi de l'équerre. — L'équerre d'arpenteur donne des indications d'une précision suffisante tant que les longueurs des perpendiculaires, réduites à l'échelle du dessin, ne dépassent pas le diamètre réel de l'instrument, s'il s'agit d'une équerre à fentes, ou seulement son rayon, si l'on fait usage d'une équerre à crins.

84. — Lever à la chaîne et à l'équerre. — On peut faire le lever d'un terrain de petite étendue sans autres instruments que la chaîne et l'équerre d'arpenteur. A cet effet, on jalonne une base O X (fig. 46), sur laquelle on abaisse ensuite des perpendiculaires de tous les points remarquables du terrain, et on mesure, pour chacun de ces points, la longueur Mm de la perpendiculaire ou *ordonnée* et l'*abscisse* Om, distance du pied de cette perpendiculaire à un point O de la base pris pour origine.

Pour déterminer ces points sur le plan, on trace une

ligne quelconque *ox* représentant la base; sur celle-ci on
porte, à partir d'un point *o* pris pour origine, des longueurs
égales aux abscisses réduites à l'échelle; puis, à l'extrémité

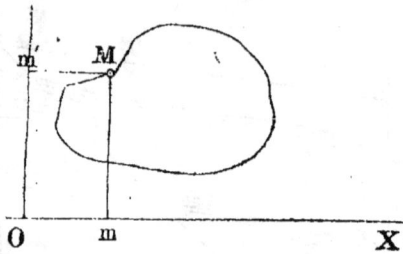

Fig. 46.

de ces abscisses, on élève des perpendiculaires égales aux
ordonnées correspondantes également réduites à l'échelle.

85. — S'il s'agit de lever un polygone dont on ne peut
pas parcourir l'intérieur, on trace sur le terrain un rectangle qui l'enveloppe complètement; on reporte ce rectangle sur le plan et on opère comme il vient d'être dit, en
se servant comme bases des côtés du rectangle.

86. — On peut aussi jalonner sur le terrain deux lignes
perpendiculaires, rapprochées le plus possible du contour
à lever (fig. 46); on détermine les pieds des perpendiculaires
abaissées de chaque point remarquable M sur les deux axes,
et on mesure les longueurs om, om' interceptées par les perpendiculaires sur ces lignes à partir de l'origine o.

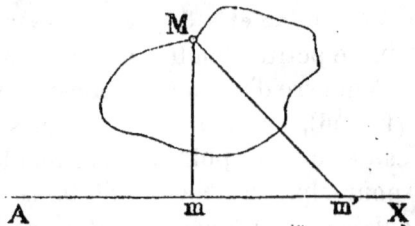

Fig. 47.

87. — On peut même opérer en ne se servant que d'une
base AX (fig. 47), sur laquelle on détermine le pied m de la

perpendiculaire et celui m' d'une ligne à 50 grades abaissée de chacun des points M sur la base. L'ordonnée Mm est égale à mm'.

88. — Comme vérification, on mesure directement les côtés du polygone, et on compare les longueurs mesurées avec celles des lignes correspondantes tracées sur le plan.

ARPENTAGE

89. — L'arpentage est une opération qui a pour but de déterminer la superficie de la projection horizontale d'un terrain de petite étendue. On peut procéder de plusieurs manières :

90. — **1° Méthode de la décomposition en triangles.** — Soit une surface limitée par un contour polygonal ABCDE (fig. 48) ; on la décompose au moyen des diagonales BE et EC

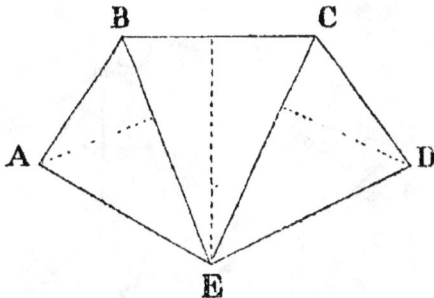

Fig. 48.

en triangles ABE, BEC et CED, dont on détermine la superficie en mesurant les bases et les hauteurs. Les pieds des hauteurs sont obtenus à l'aide de l'équerre.

91. — **2° Méthode des abscisses et des ordonnées.** — Ce procédé, généralement préférable au précédent, consiste à prendre pour base la plus grande diagonale AD du polygone dont il s'agit de déterminer la superficie (fig. 49) et à abaisser des divers sommets des perpendiculaires sur cette base. On

mesure ces perpendiculaires ou *ordonnées,* ainsi que les
abscisses ou distances, de leurs pieds à une des extrémités A
de la base, et on a ainsi tous les éléments nécessaires pour

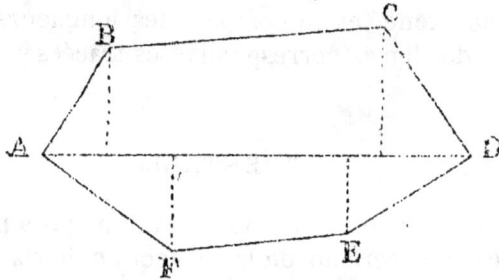

Fig. 49.

déterminer la superficie des triangles et trapèzes rectangles
qui sont les parties composantes de la surface considérée.

92. — *Lorsque la surface est limitée par une courbe,*
on y inscrit un polygone ABCDE (fig. 50) dont les côtés se

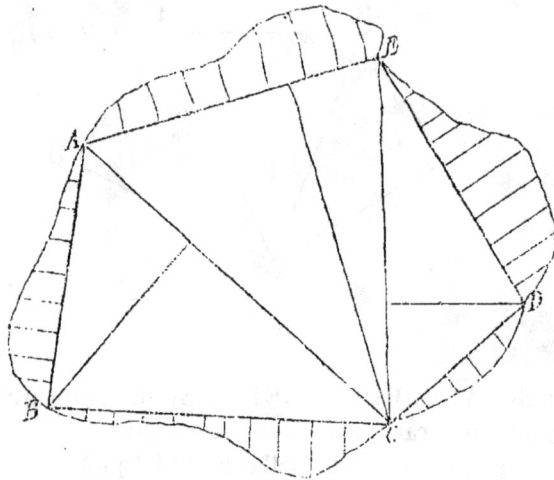

Fig. 50.

rapprochent le plus possible du contour de la surface; on
détermine la superficie de ce polygone par l'un des procédés qui viennent d'être indiqués; et on y ajoute enfin les

petites parties comprises entre les côtés du polygone et la courbe. On évalue ces petites superficies en les décomposant en triangles et trapèzes rectangles par le procédé des abscisses et des ordonnées, les côtés du polygone auxiliaire servant de bases.

93. — Pour déterminer la superficie d'un terrain ABCD EFG (fig. 51) dans lequel on ne peut pas pénétrer, on lui circonscrit un polygone MNPQRS dont tous les angles sont droits; on évalue la superficie de ce polygone, et on en retranche ensuite les triangles et trapèzes rectangles tels que MAG, NPA, etc., obtenus en abaissant des perpendiculaires des

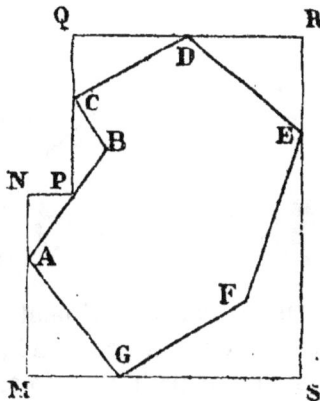

Fig. 51.

sommets de la surface considérée sur les côtés du polygone auxiliaire.

III. — MESURE INDIRECTE DES ANGLES.
LEVER AU MÈTRE.

94. — On peut reporter les angles des lignes du terrain, sur le plan au moyen de simples mesures de longueur. Soit BAC (fig. 52) l'angle qu'il s'agit de tracer sur le dessin;

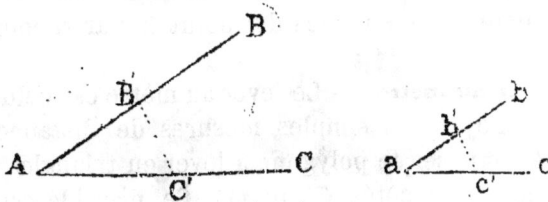

Fig. 52.

on prend sur AB et AC deux points B' et C', on mesure les distances AB', AC' et B'C' et on construit au moyen de

4

ces trois côtés, un triangle a b'c' semblable à AB'C'.
L'angle b a c est égal à BAC.

95. — Lorsque l'angle BAC qu'il s'agit de déterminer est
très obtus et que l'on peut prolonger l'un de ses côtés, on

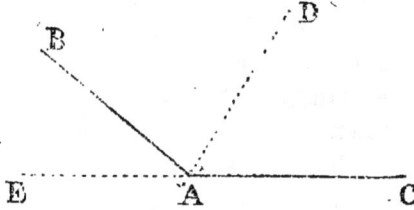

Fig. 53.

détermine son supplément EAB (fig. 53), ou bien, on le
divise en deux autres, BAD, DAC, dont il forme la somme
et qu'on construit séparément.

Enfin lorsqu'on ne peut pas opérer dans l'intérieur de
l'angle, on détermine, soit son supplément, soit l'angle qui
lui est opposé par le sommet.

96. — Pour obtenir toute la précision possible dans la
construction de l'angle BAC (fig. 52), il faut choisir les points
B' et C' de telle façon que la droite B'C' ne coupe pas les
côtés AB et AC sous des angles trop aigus. Il convient également de construire le triangle b' a c', non pas avec des
côtés égaux aux longueurs mesurées sur le terrain et réduites simplement à l'échelle du dessin, mais avec des côtés
5 à 10 fois plus grands et en tous cas suffisamment longs
pour que les points à déterminer ultérieurement sur la
ligne a b soient tous en deçà du point b' par rapport au
sommet a.

97. — **Lever au mètre.** — Le lever au mètre est celui qui
s'exécute au moyen de simples mesures de distances. Il
consiste à décomposer le polygone à lever en triangles dont
on mesure les trois côtés (V. nᵒ 11). Ce procédé est très
exact, mais peu expéditif; on ne peut d'ailleurs l'employer
que lorsque le terrain est découvert et facile à parcourir
dans tous les sens.

On peut encore lever un terrain sans autre instrument que la chaîne, en opérant, soit par cheminement, soit par intersections. On détermine dans ce cas les angles comme il a été dit au n° 94, mais ce procédé n'est applicable qu'à un terrain de petite étendue et est peu expéditif.

IV. — INSTRUMENTS GONIOMÉTRIQUES.

I. — GRAPHOMÈTRE.

98. — *Description sommaire.* — Le graphomètre (fig. 54) se compose d'un demi-cercle ou limbe gradué, mobile autour d'un axe perpendiculaire à son plan. Aux extrémités du diamètre sont fixées deux *pinnules* déterminant, au moyen de fentes et de fenêtres analogues à celles de l'équerre d'arpenteur, un premier plan de visée passant par le centre de l'instrument et perpendiculaire à son

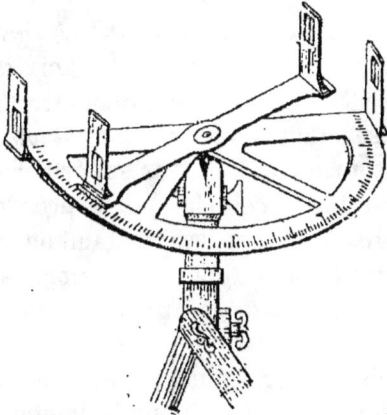

Fig. 54. — Graphomètre.

plan. Autour du centre se meut une *alidade* portant également deux pinnules qui déterminent un deuxième plan de visée. Cette alidade est munie de *verniers* (voir n° 106) dont les zéros correspondent à son plan de visée et qui permettent d'obtenir les angles avec une plus grande approximation.

Le graphomètre porte une douille qui permet de le fixer sur un trépied. Cette douille est munie d'un *genou à coquilles* à l'aide duquel on peut donner à l'instrument toutes les inclinaisons possibles.

Le genou à coquilles G (fig. 55) consiste en une tige fixée au-dessous de l'instrument et terminée par une sphère pleine qui est pincée entre deux mâchoires en forme de coquilles portées par la douille.

Les graphomètres bien construits portent un niveau sphérique (fig. 65, n° 115 ou deux niveaux à bulle d'air (n° 197) placés à angle droit, qui permettent d'assurer l'horizontalité du limbe.

99. — *Emploi.* — Pour mesurer un angle réduit à l'horizon avec le graphomètre, on dispose l'instrument de manière que le centre du limbe soit sur la verticale qui passe par le sommet de l'angle; on dirige le plan de visée fixe sur l'un des côtés de cet angle, en ayant soin de tenir le limbe horizontal, puis on fait tourner l'alidade jusqu'à ce que son plan de visée coïncide avec le deuxième côté. La lecture faite sur le vernier donnera la valeur de l'angle. Si l'instrument ne porte pas de niveau, on rend le limbe horizontal au moyen d'un niveau à bulle d'air indépendant qu'on place successivement sur ce limbe suivant deux directions sensiblement perpendiculaires entre elles.

Avant de faire usage d'un graphomètre, il faut soumettre cet instrument à certaines vérifications qui seront indiquées ci-après à propos du goniasmomètre. Le graphomètre n'est plus guère employé aujourd'hui; on le remplace avantageusement par l'instrument suivant.

2. — GONIASMOMÈTRE.

100. — *Description sommaire.* — Le goniasmomètre (fig. 55) se compose essentiellement de deux tambours circulaires en cuivre A et L, de même diamètre (50 à 60 millimètres), superposés l'un à l'autre. *Un bouton à molette B* permet de faire tourner le tambour supérieur A autour du tambour inférieur L, et celui-ci porte près de son bord supérieur une division en grades. Les tambours sont percés chacun d'une fente et d'une fenêtre analogues à celles de l'équerre d'arpenteur, placées aux deux extrémités d'un même diamètre.

Ces plans de visée correspondent, pour le tambour inférieur, aux divisions 0-200ᴳ, et, pour le tambour supérieur, aux zéros de deux verniers tracés sur le bord inférieur. Le tambour supérieur porte, en outre, deux autres ouvertures déterminant un deuxième plan de visée perpendiculaire au premier, ce qui permet d'employer l'instrument comme équerre.

Le goniasmomètre porte une douille permettant de le fixer sur un trépied et cette douille est généralement munie d'un genou à coquille G. Le tambour inférieur est mobile autour de la douille, mais peut être fixé sur celle-ci au moyen d'une pince P.

101. — *Emploi.* — Pour mesurer un angle avec le gonias-momètre, on dispose l'instrument de manière que son axe coïncide avec la verticale du sommet de l'angle. On obtient ce résultat en agissant sur les branches du trépied ou sur le genou d'après les indications d'un fil à plomb. Certains goniasmomètres portent sur leur face supérieure un niveau sphérique N qui permet de s'assurer si les génératrices des tambours sont bien verticales. L'instrument étant en station, on tourne le tambour inférieur de manière à diriger son plan de visée sur l'un des côtés de l'angle; on le fixe dans cette position en serrant la pince P, et on agit sur le bouton moleté B pour amener le plan de visée du tambour supérieur sur l'alignement de l'autre côté de l'angle. Une lecture sur l'un des verniers donnera la valeur de l'angle.

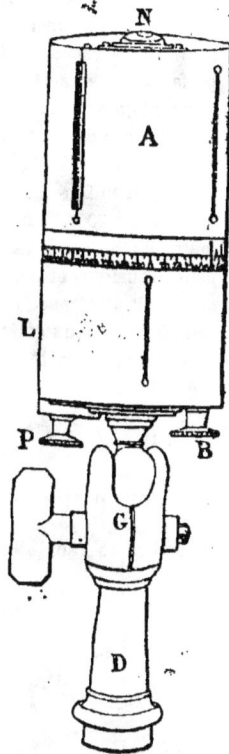

Fig. 55.
Goniasmomètre.

A, tambour-alidade; — L, tambour-limbe; — B, bouton qui fait mouvoir l'alidade; — P, pince qui fixe le limbe; — N, niveau sphérique; — D, douille; G, genou à coquilles.

Vérification de l'instrument. — Avant de se servir pour la première fois d'un goniasmomètre, il faut s'assurer que :

102. — 1º Deux ouvertures diamétralement opposées déterminent bien un plan de visée. On opère à cet effet comme pour l'équerre d'arpenteur.

103. — 2º Les verniers du tambour supérieur marquent 0 et 200ᵍ, lorsque les deux plans de visée supérieur et inférieur sont dirigés sur le même point. Si cela n'avait pas lieu, il faudrait diminuer ou augmenter tous les angles mesurés d'une quantité constante, appelée erreur de *collimation*, qui est précisément égale à l'avance ou au retard des verniers sur les divisions 0 et 200 du tambour.

On peut d'ailleurs faire usage d'un goniasmomètre dont la graduation partirait d'un point de départ faux, en opérant de la manière suivante :

On met en coïncidence les zéros du vernier et du tambour, et on dirige d'abord le plan de visée supérieur sur l'un des côtés de l'angle, en faisant tourner l'instrument entier sur sa douille. On fixe ensuite le tambour inférieur

au moyen de la vis de pression P, puis on agit sur le bouton moleté B pour
amener le même plan de visée dans la direction de l'autre côté de l'angle. La
valeur de l'angle est donnée exactement par la lecture sur le vernier.

Le plan de visée inférieur sert de repère, dans ce cas, pour vérifier si le
tambour inférieur ne s'est pas déplacé.

104. — 3° L'instrument est bien centré, c'est-à-dire que le tambour mobile
tourne bien exactement autour du centre de la division du limbe. A cet effet,
on fait occuper au tambour supérieur différentes positions par rapport au tambour inférieur et, si le goniasmomètre ne présente pas de défaut de centrage,
la différence des lectures faites sur les deux verniers doit toujours être de
200 grades.

Il peut se faire que la différence entre les deux lectures soit constante, mais
pas égale à 200ᵍ. Dans ce cas, la ligne des zéros des verniers n'est pas un diamètre du limbe, mais une corde qui sous-tend un arc constant. L'instrument
peut néanmoins être employé à la mesure des angles, dont la valeur sera donnée par la différence des lectures faites sur un même vernier en visant successivement les deux côtés de l'angle.

En effet, dans le cas supposé (fig. 56), un angle BAC a pour mesure :

$$\frac{1}{2} (\text{arc } bc + \text{arc } b'c').$$

Or :

$$\text{arc } b'c'b = \text{arc } c'bc$$

et, par suite :

$$\text{arc } bc = \text{arc } b'c' ;$$

la mesure de l'angle BAC sera donc l'arc bc parcouru par le même vernier.

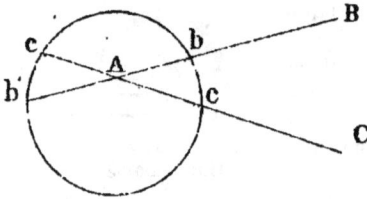

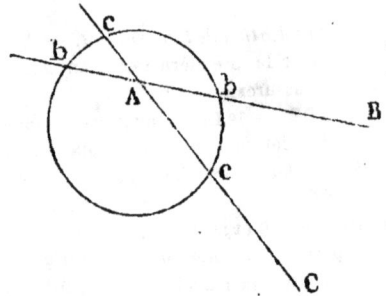

Fig. 56.   Fig. 57.

Si la différence des lectures faites pour chaque position du tambour supérieur n'était pas constante, on pourrait encore déterminer la valeur des angles
en faisant la demi-somme des valeurs données par les deux verniers. L'angle
BAC (fig. 57) a, en effet, pour mesure : $\frac{1}{2}$ (arc bc + arc $b'c'$).

Quelques goniasmomètres ne portent qu'un seul vernier ; on les vérifie dans
ce cas comme il vient d'être indiqué, après avoir mis le vernier à zéro et fait
sur le tambour supérieur une petite marque vis-à-vis la division 200ᵍ.

Les instruments à un seul vernier qui présentent un défaut de centrage doivent être rejetés.

Toutes les vérifications qui viennent d'être indiquées s'appliquent également au graphomètre.

105. — Précision du goniasmomètre. — Cet instrument permet d'apprécier les angles à 10 minutes centésimales près. Sa portée limite est la même que celle de l'équerre.

3. — VERNIER.

106.— Le vernier des instruments goniométriques (fig. 58 et 58 *bis*) est un arc de cercle mobile le long des divisions

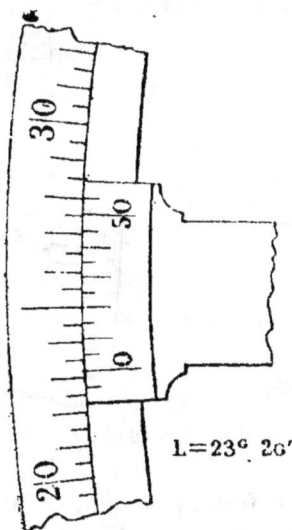

L.=23ᵍ 2ₒ′

Fig. 58.

du limbe et portant lui-même une graduation telle que dix de ses divisions forment un arc égal à celui qui correspond à neuf divisions du limbe. Chaque division du vernier vaut donc 0 ᵍ,9; la différence entre une division du limbe et une division du vernier est égale à 0 ᵍ,1.

Lorsque le zéro du vernier, correspondant au plan de visée de l'instrument, ne se trouve pas exactement en face d'une division du limbe, l'angle qu'il s'agit d'apprécier a pour mesure un certain nombre de grades (ou de demi-grades, si le limbe est divisé en demi-grades), plus une certaine fraction que le vernier permet d'évaluer.

Supposons qu'une des divisions du vernier, la deuxième, par exemple, coïncide avec une division du limbe (fig. 58) ; il en résulte que la distance de la première division du vernier à la division correspondante du limbe est de $0^g,1$ et celle de la division 0 du vernier à la division précédente du limbe

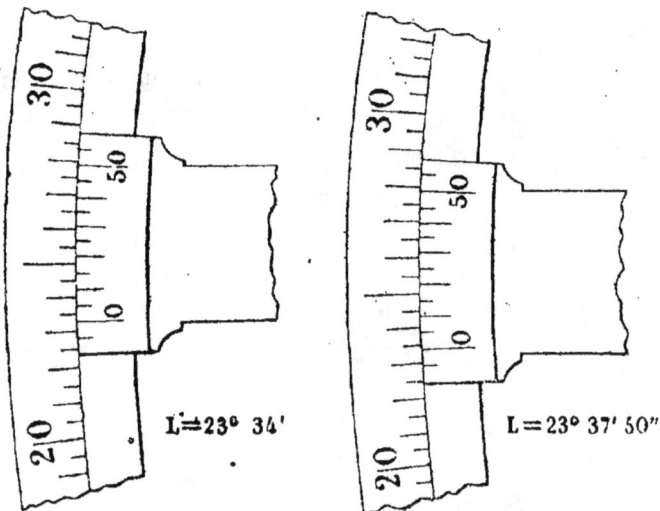

$$L = 23° 34' \qquad L = 23° 37' 50''$$

Fig. 58 *bis*.

$0^g,2$. La valeur de la fraction à ajouter au nombre de grades ou de demi-grades lus sur le limbe est donc égale à $0^g,2$. D'une manière générale, pour faire une lecture d'angle sur le vernier, on ajoute au nombre de grades lu sur le limbe à gauche du zéro un nombre de dixièmes de grades égal au chiffre de la division du vernier qui se trouve dans le prolongement de l'une de celles du limbe.

S'il n'y avait pas coïncidence parfaite entre une division du vernier et une division du limbe, on prendrait pour le chiffre des dixièmes de grades le numéro de la division du vernier qui se rapproche le plus d'une division du limbe.

Si le limbe et le vernier sont subdivisés en demi-divi-sions, on peut lire les vingtièmes de grade et même estimer les minutes; mais cette précision est superflue pour les in-struments décrits ci-dessus qui ne permettent d'apprécier les angles qu'avec une approximation de 10 minutes.

4° — Trépieds. — Les trépieds employés comme supports des instruments sont habituellement d'un des deux modèles suivants :

107. — Trépied à branches simples (fig. 59). — La douille

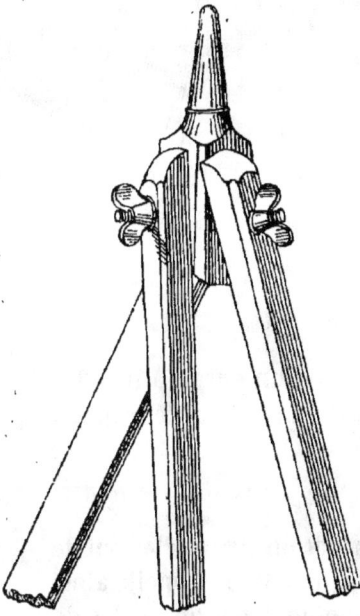

Fig. 59.
Trépied à branches simples.

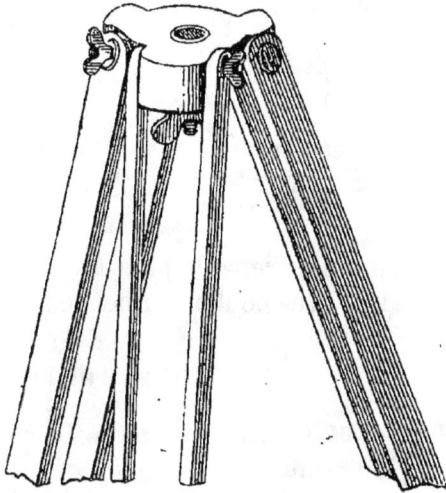

Fig. 60.
Trépied à branches doubles.

de l'instrument s'emmanche sur la tête tronconique d'une poupée en bois, reliée, au moyen de boulons et d'écrous à oreilles, à trois pieds terminés par des pointes en fer. Les écrous permettent de fixer les pieds ou de les rendre mo-biles à volonté.

108. — Trépied à branches doubles (fig. 60). — Ce trépied se compose d'un plateau en bois porté par trois pieds doubles, mobiles autour de boulons à oreilles. La douille de l'instrument est munie d'une virole de forme particulière (fig. 61 et 61 *bis*) dans laquelle on introduit la tête d'un bou-

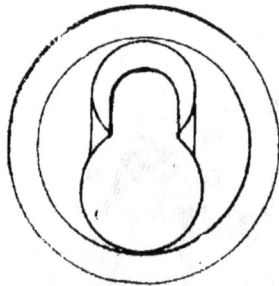
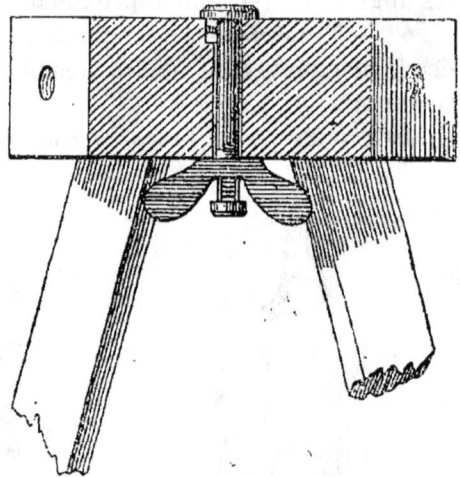

Fig. 61.   Fig. 61 *bis*.

lon qui traverse le plateau. Le serrage d'un écrou à oreilles adapté à ce boulon permet de fixer l'instrument sur le trépied.

V. — CONSTRUCTION DES ANGLES.

109. — Rapporteur. — La construction des angles sur le plan se fait au moyen d'un rapporteur (fig.62). On appelle ainsi un demi-cercle en corne ou en celluloïde divisé en grades de 0 à 200 et de 200 à 400, à partir de l'extrémité gauche du diamètre. Ce demi-cercle est prolongé par une partie rectangulaire dont le bord, formant règle, est parallèle au diamètre 0-200ᴳ.

110. — Vérification. — Avant de faire usage d'un rapporteur, il faut le soumettre à quelques vérifications. On s'assure d'abord que les rayons correspondant aux indications 50ᴳ, 100ᴳ et 150ᴳ, font réellement des angles de cette valeur avec le diamètre. A cet effet, on décrit autour du centre C du rapporteur (fig. 62) un arc de cercle qui coupe les rayons C-o, C-100. C-200 aux points M, N, P, puis, autour des points M et N, des arcs qui se coupent en Q.

Ce point doit se trouver sur le rayon C-100ᴳ. Autour des points M et P, on décrit ensuite des arcs qui se coupent sur un point qui doit être sur le rayon C-50ᴳ.

On opère de même pour la vérification du rayon C-150ᴳ.

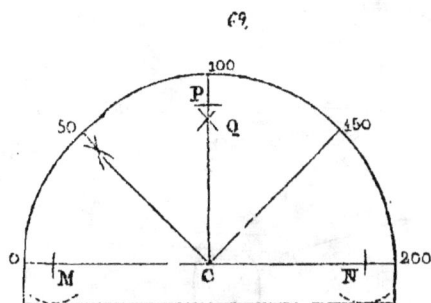

Fig. 62. — Rapporteur.

On s'assure aussi que le bord de la règle est parallèle au diamètre o-200ᴳ en décrivant autour des points M et N de petits arcs de cercle d'un rayon un peu inférieur à la distance du bord du rapporteur au diamètre o-200ᴳ.

111. — Emploi. — Pour mener par un point A d'une ligne AB (fig. 63) une droite faisant avec cette ligne un angle donné, on fait coïncider avec AB le rayon du rappor-

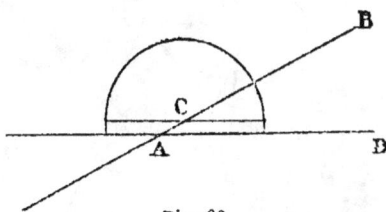

Fig. 63.

teur qui correspond à l'angle qu'il s'agit de construire, en ayant soin que le bord de la règle passe par le point A, et on trace une droite le long de cette règle. Cette droite AD fait avec AB l'angle donné.

112. — Précision. — Le rapporteur permet de construire les angles à 5 minutes près et donne une précision très suffisante pour les lignes d'une longueur inférieure à son rayon.

VI. — BOUSSOLE.

113. — **Principe de la boussole.** — Une aiguille d'acier aimantée, suspendue par son centre de gravité, s'arrête,

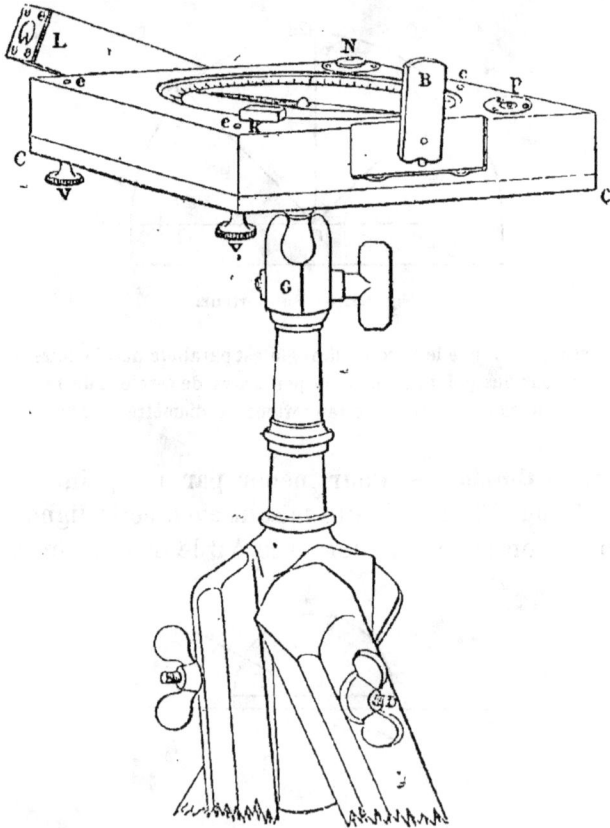

Fig. 64. — Boussole.

G, genou à coquille; — C, support de la boussole, qui lui sert de couvercle pour le transport en dévissant les trois vis V et les revissant dans les écrous c; — L, lunette à viseur; — N, niveau sphérique; — B, bascule automotrice servant à soulever l'aiguille; — K, clef servant à décliner la boussole à l'aide du pignon p.

après quelques oscillations, dans une direction constante. On appelle *méridien magnétique* le plan vertical qui passe par cette direction, et l'angle que ce plan fait avec le méridien terrestre constitue la *déclinaison*. La direction de l'aiguille fait, en outre, avec l'horizontale du plan du méridien magnétique, un certain angle appelé *inclinaison;* mais, dans la construction des boussoles, on s'oppose à ce dernier effet en suspendant l'aiguille par un point plus élevé que son centre de gravité et en allégeant convenablement la pointe qui tend à plonger. L'aiguille aimantée reste alors horizontale, dans la direction de la méridienne magnétique.

Cette direction n'est pas absolument invariable, mais elle peut être considérée comme constante pendant les opérations d'un lever.

114.— Description de la boussole.— La boussole (fig. 64) se compose d'une aiguille aimantée, suspendue, sur un pivot en acier, au centre d'un limbe divisé en 400 grades (ou 360 degrés). La moitié de l'aiguille qui se dirige vers le Nord est bleue, l'autre est blanche. Le limbe est fixé dans une boîte en bois, mobile autour d'un axe central perpendiculaire à son plan. Cette boîte porte une douille avec genou à coquilles qui permet de placer l'instrument horizontalement sur un trépied. Une glace protège le limbe et l'aiguille à la partie supérieure.

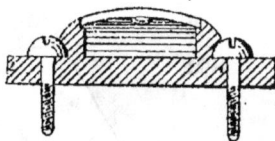

Sur le côté de la boîte se trouve un viseur mobile autour d'un axe, décrivant un plan perpendiculaire à celui du limbe et parallèle au diamètre 0-200$_G$.

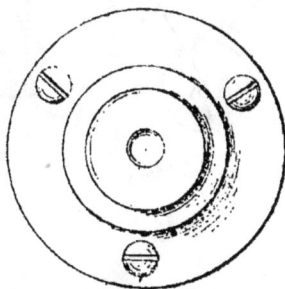

115. — Quelques boussoles portent *un niveau sphérique* permettant de rendre vertical l'axe de rotation de la boîte. Ce niveau se compose (fig. 65) d'une petite boîte en cuivre, fermée à la partie supérieure par un verre qui a intérieurement la forme d'une calotte sphérique; cette boîte est

Fig. 65. — Niveau sphérique.

incomplètement remplie d'alcool, de manière à présenter
une petite bulle d'air dont la position, lorsque l'axe de la
boussole est vertical, est repérée par un petit cercle gravé
sur le couvercle en verre.

116. — Lorsque la boussole ne porte pas de niveau, on
vérifie la verticalité de l'axe en s'assurant simplement que
l'aiguille affleure constamment le limbe lorsqu'on fait tourner l'instrument autour de son axe.

117. — Pendant les transports, on soulage le pivot de
l'aiguille en soulevant celle-ci au moyen d'un levier ac-
tionné par une pièce à excentrique B. Enfin un engrenage
intérieur, sur lequel on agit au moyen d'une clef K, permet
de faire tourner le limbe dans la boîte.

118. — **Usage de la boussole.** — La boussole permet de
mesurer l'angle que fait une direction donnée AB (fig. 66)

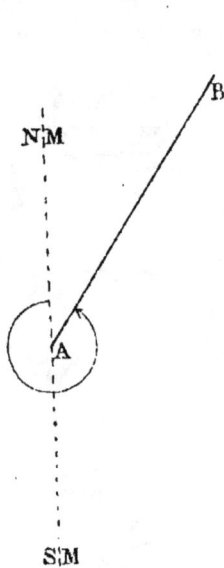
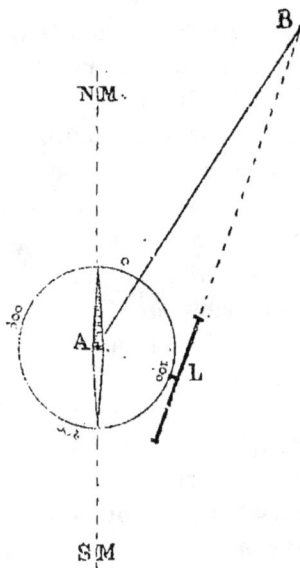

Fig. 66.   Fig. 67.

avec la *méridienne magnétique*. Cet angle est l'*orientement
magnétique* de la direction et se compte en partant du

Nord et en passant successivement par l'Ouest, le Sud et l'Est.

Pour déterminer l'orientement d'une ligne A B (fig. 67), on met l'instrument en station en A en s'assurant, à l'aide du fil à plomb, que le centre du limbe se trouve bien sur la verticale de ce point et en vérifiant la verticalité de l'axe au moyen du niveau sphérique.

On vise le point B en ayant le viseur à droite et on lit l'orientement sur le limbe en regard de la pointe Nord. Pour éviter les erreurs de lecture, l'opérateur doit lire en se plaçant dans le plan vertical de l'aiguille, du côté de la pointe Nord.

119. — L'orientement lu sur le limbe est en réalité celui de L B (fig. 67) et non celui de A B.

En effet, supposons d'abord la boussole orientée de manière que la pointe Nord de l'aiguille soit en regard de la division 0 du limbe; la ligne de visée, parallèle au diamètre 0 — 200, sera dans la direction du méridien magnétique. Si l'on fait ensuite tourner l'instrument autour de son axe, dans le sens des orientements jusqu'à ce que la ligne de visée passe par le point B, le viseur étant toujours à droite, le diamètre 0 — 200 se sera déplacé du même angle que la ligne de visée, mais l'aiguille étant restée immobile se trouvera en regard d'une division du limbe qui donnera précisément la mesure de cet angle, c'est-à-dire l'orientement de la ligne de visée L B.

En opérant comme il a été dit, on commet donc une certaine erreur sur l'orientement de A B.

Cette erreur est négligeable dans les levers au $\frac{1}{2000}$, ou à des échelles plus petites; mais il faut en tenir compte dans les levers à plus grande échelle. On la corrige de diverses manières :

1° On peut placer le jalon sur lequel on fait les visées à droite du point B (fig. 68), à une distance égale à l'excentricité du viseur, en le munissant, à cet effet, à la partie inférieure d'un tasseau de dimensions convenables;

2° On place le jalon au point B (fig. 69), mais on fait la visée sur un voyant qu'il porte à la partie supérieure et dont la ligne de foi se trouve à une distance de son axe égale à l'excentricité;

3° On fait deux visées sur le jalon placé en B (fig. 70), l'une avec le viseur à droite, l'autre avec le viseur à gauche,

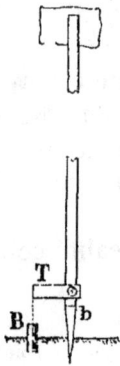  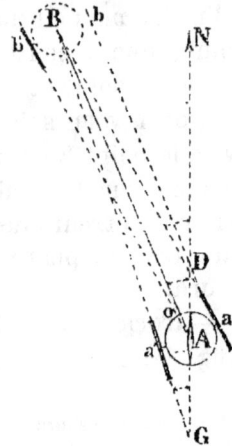

Fig. 68.   Fig. 69.   Fig. 70.

et on prend la moyenne des deux lectures après avoir diminué la deuxième de 200^G.

$$BAN = \frac{BGN + BDN}{2}$$

120. — Mesure des angles. — On obtient la mesure d'un

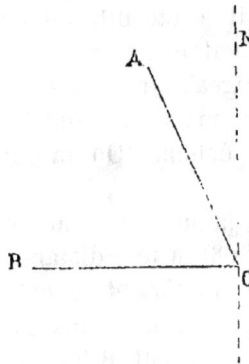

Fig. 71.

angle en prenant la différence des orientements de ses deux côtés. $AOB = NOB - NOA$ (fig. 71).

Influences qui font varier la direction
de l'aiguille aimantée.

121. — Variations de la déclinaison. La déclinaison de l'aiguille aimantée n'est pas constante. Elle subit deux espèces de variations :

1º Une variation séculaire, qui est en moyenne de 13 à 14 minutes centésimales par an. Il n'y a pas lieu de s'en préoccuper dans les levers ordinaires, mais il faut en tenir compte dans les opérations qui doivent durer plusieurs mois. Il convient, dans ce dernier cas, de décliner la boussole à peu près tous les mois, c'est-à-dire d'en déterminer la déclinaison (Voir nº 139).

2º Une variation diurne, qui est assez faible. Pour en atténuer les effets, il est bon de ne faire d'observations avec la boussole qu'entre 11 heures du matin et 3 ou 4 heures du soir.

122. — 2º Influences magnétiques locales. — L'aiguille aimantée subit quelquefois des déviations assez considérables qui tiennent au voisinage de masses de fer cachées ou apparentes. Il est aisé de constater ces influences, lorsqu'on opère par cheminement, en prenant, pour chaque direction, non seulement *l'orientement direct* par une visée de A sur B, mais encore *l'orientement inverse,* par une visée de B sur A, le viseur restant toujours à droite (fig. 70). Si l'aiguille n'est pas déviée, ces deux orientements, lus sur la limbe vis-à-vis de la pointe Nord, diffèrent de 200 ^{G}. Si au contraire, on remarque entre les résultats des deux visées faites sur AB un désaccord incompatible avec les défauts de l'instrument et les erreurs admissibles (15 à 20 minutes centésimales au plus), il faut chercher si l'influence perturbatrice se fait sentir en A ou en B. A cet effet, on compare

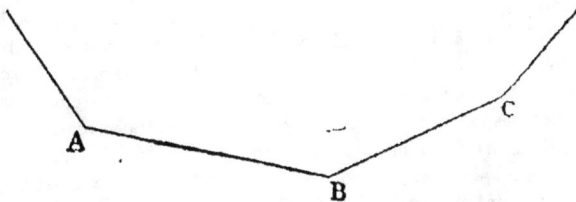

Fig. 72.

les orientements directs et inverses d'autres lignes passant par les deux stations A et B. Si l'on trouve pour une direction B C, par exemple (fig. 72), un désaccord à peu près équivalent à celui que l'on a constaté pour la ligne AB, et qu'en outre il y ait concordance entre les orientements directs et inverses des autres lignes partant des points A et C, on peut être assuré que la cause perturbatrice agit à la station B. Pour avoir les véritables orientements pris de cette station, il faut alors augmenter ou diminuer les orientements qui y ont été observés de la *moyenne des erreurs constatées sur les deux côtés AB et BC* qui y aboutissent.

123. — Il faut remarquer d'ailleurs que si les orientements observés en B ne sont pas exacts, il n'en est pas de même des angles formés par les directions qui y aboutissent, puisque chacun des orientements mesurés diffère de l'orientement vrai d'une quantité égale. Il s'ensuit qu'on peut construire le polygone ABC, même si l'on constate des déviations locales à plusieurs sommets consécutifs. On part, dans ce cas, d'un orientement dont on est sûr et on construit les divers côtés du polygone au moyen des angles qu'ils font entre eux, jusqu'à ce qu'on retombe sur un orientement non entaché d'erreur.

VÉRIFICATIONS ET RECTIFICATIONS D'UNE BOUSSOLE.

1°. — Vérification du niveau sphérique.

124. — Ce niveau sert à caler la boussole, c'est-à-dire à rendre vertical l'axe de rotation de l'instrument. Comme il est fixé sur la boîte par des vis qui peuvent se déranger et que la boîte elle-même peut se déformer, il est nécessaire de vérifier si l'axe de l'instrument est bien vertical lorsque la bulle du niveau est comprise dans le cercle repère. A cet effet, après avoir calé la boussole d'après les indications du niveau, on la fait tourner de 200ᵍ autour de son axe. Si la bulle ne reste pas comprise dans le cercle repère, son déplacement correspond au double de l'angle que l'axe fait avec la verticale.

En effet, le centre de la bulle correspond toujours au point où le plan tangeant à la calotte sphérique, qui forme le couvercle du niveau, est horizontal; c'est-à-dire au point où le rayon de courbure est vertical. La figure 73 indique les deux positions de la bulle du niveau, lorsqu'on fait tourner la boussole de 200ᵍ autour de son axe qu'on suppose faire un angle m B A avec la verticale, et fait voir que l'angle $m o m'$, correspondant au déplacement de la bulle, est double de cet angle.

Pour rectifier le niveau, on agit sur les vis qui le fixent sur la boîte, de manière à faire parcourir à la bulle la moitié de la distance dont elle s'est déplacée. On recommence ensuite le calage, le retournement et la rectification

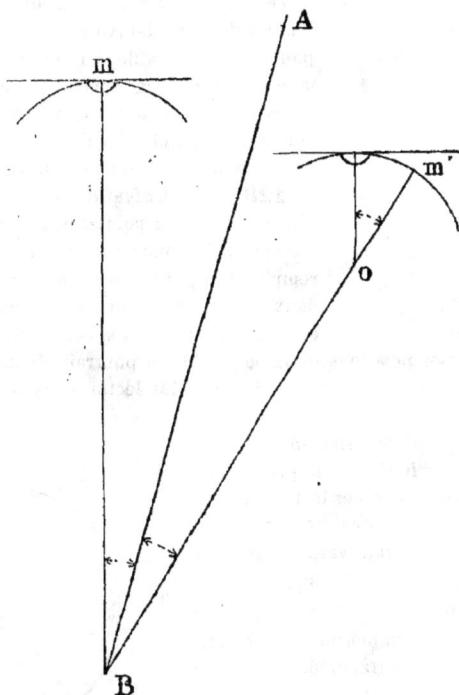

Fig. 73.

qui est rarement complète à la suite de la première opération, et on continue ainsi jusqu'à ce que la bulle ne se déplace plus pendant le mouvement de la boussole autour de son axe.

2°. — Vérifications relatives à l'aiguille aimantée.

125. — *a. L'aiguille doit être bien mobile sur son pivot,* sans quoi elle ne s'arrêterait pas toujours exactement dans la direction de la méridienne magnétique. Pour s'assurer que cette condition est remplie, on dévie l'aiguille en approchant un morceau de fer d'une de ses pointes. Dès que cette influence cesse d'agir, la pointe doit revenir exactement, après quelques oscillations, vis-à-vis de la division du limbe à laquelle elle correspondait auparavant. S'il n'en était pas ainsi, le pivot serait émoussé ou la chape de l'aiguille piquée, et la boussole devrait être réparée par un ouvrier compétent.

126. — *b. L'aiguille doit être suffisamment sensible* et revenir rapidement à sa position primitive lorsqu'elle a été déviée. Si, dans son retour à la direction de la méridienne magnétique, elle faisait moins de 30 oscillations à la minute, son aimantation serait considérée comme insuffisante.

127. — *c. L'aiguille doit être bien équilibrée*, c'est-à-dire que, lorsque le limbe est horizontal (voir nos 115 et 116), les deux pointes doivent affleurer le cercle gradué, ou mieux dépasser légèrement son plan de la même quantité. On satisfait à cette condition en infléchissant les pointes de l'aiguille et en limant un peu la pointe qui plonge le plus.

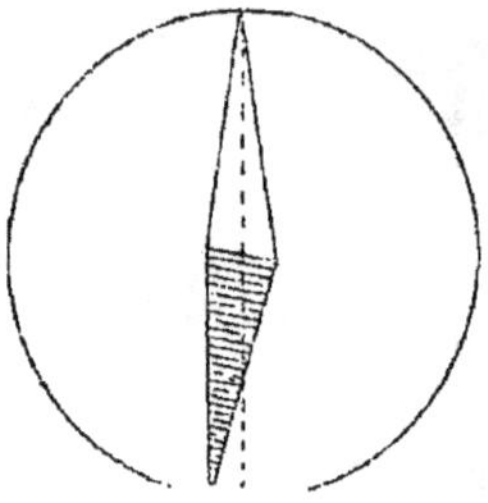

Fig. 74.

128. — *d. L'aiguille doit être droite*, c'est-à-dire que les deux pointes et le pivot doivent être dans un même plan vertical. Cette condition est remplie lorsque les lectures faites vis-à-vis des deux pointes diffèrent exactement de 200 G. S'il en était autrement et si cette différence était constante pour diverses positions du limbe (fig. 74), on pourrait néanmoins faire usage de la boussole, à condition de faire toujours les lectures vis-à-vis de la pointe Nord, comme il a été prescrit de le faire.

129. — *e. Le pivot doit être dans la verticale du centre du limbe.* Si le pivot était mal centré, la différence des lectures faites vis-à-vis des deux pointes ne serait pas égale à 200 G, mais serait variable suivant les positions du limbe. Il faudrait alors redresser le pivot.

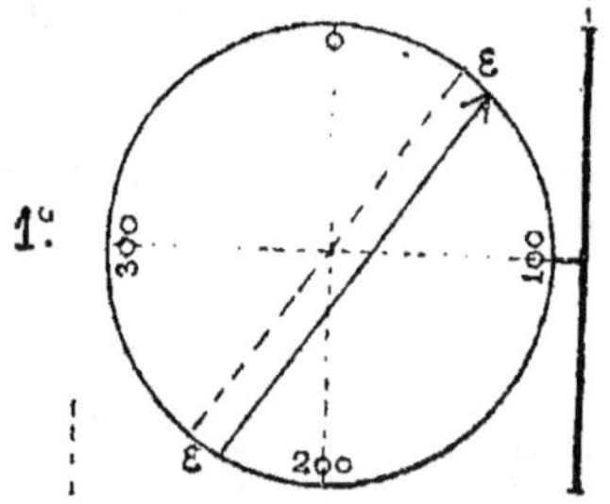

On peut aussi compenser les erreurs dues au défaut de centrage, de l'une des manières suivantes :

1° On prend la moyenne des lectures faites sur les deux pointes, après avoir corrigé de 200 G la lecture faite sur la pointe Sud (fig. 75). Ce mode de compensation n'est employé qu'accidentellement pour certaines vérifications de l'instrument (n° 131, 135).

2° On fait deux visées avec le viseur successivement à droite et à gauche et on prend la moyenne des deux lectures après avoir diminué la deuxième de 200 G.

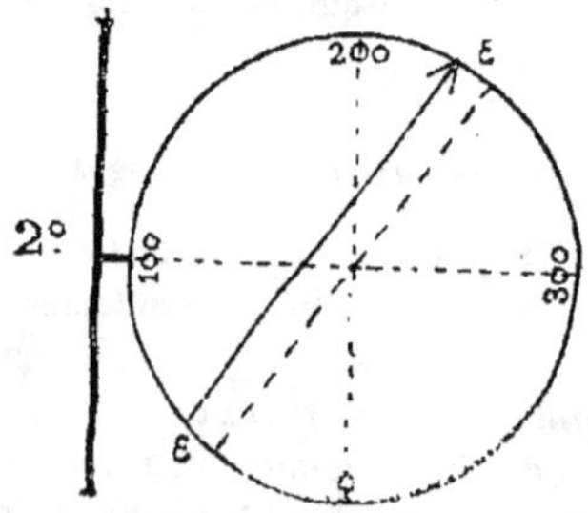

La figure 75 montre, en effet, que, dans la première opération, l'orientement lu est égal à l'orientement réel, plus un certain arc ε et la figure 76 que, dans la seconde, cet orientement est égal à l'orientement réel augmenté de 200 G, moins l'arc ε.

Fig. 75.

Fig. 76.

3° On prend la moyenne des orientements direct et inverse de la direction, le second diminué de 200 ᴳ. On opère dans ce cas avec le viseur toujours à droite. La figure 77 fait voir en effet que :

o p (orientement direct lu)
= o n (orient. direct vrai) + n p;

0 200 p' (orientement inverse lu) = 0 200 n' (orientement inverse vrai) — p' n';

or :

$$p n = n' p'$$
et 0 200 n' = o n + 200 ᴳ

d'où

$$o n = \frac{o p + 0\ 200\ p' - 200\ G}{2}$$

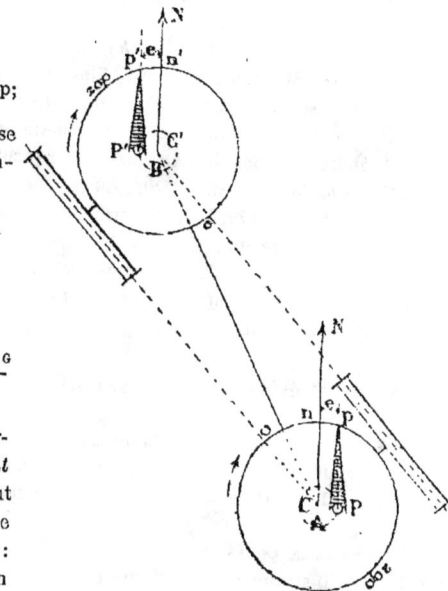

Fig. 77.

130. — f. *Les diverses parties de l'instrument ne doivent pas contenir de fer.* On peut reconnaître la présence de ce métal de la manière suivante : on met l'instrument en station en un point O, marqué par un piquet auquel on fixe un cordeau de 20 mètres de longueur, et on détermine une série de points tels que A, B, C.., distants du point O de la longueur du cordeau et situés sur des lignes de visée correspondant à des lectures sur le limbe différant de quantités égales, 20 grades par exemple.

On a soin, pour déterminer ces directions, de prendre la moyenne des lectures faites sur les deux pointes, afin de compenser les erreurs dues au défaut de centrage du pivot.

En joignant les points A, B, C ainsi déterminés, on doit obtenir un polygone régulier.

Si les côtés AB, BC, CD, étaient sensiblement inégaux, on

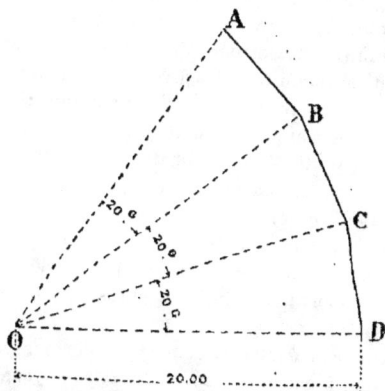

Fig. 78.

conclurait qu'il y a du fer dans l'instrument et celui-ci devrait être rejeté.

3°. — Vérifications relatives au limbe.

131. — *a. Le limbe doit être horizontal quand l'axe de l'instrument est vertical.* Pour s'en assurer, on cale l'instrument, puis on fait tourner la boussole autour de son axe. Les pointes de l'aiguille doivent toujours rester sensiblement à la même distance des bords du limbe. S'il n'en était point ainsi, il faudrait modifier la position de l'axe par rapport à la boîte.

132. — *b. Les divisions du limbe doivent être bien égales.* On vérifie l'égalité des divisions en faisant tourner le limbe à l'aide de la clef et en déterminant l'angle de deux mêmes directions pour les diverses positions de ce limbe dans la boîte. On doit toujours trouver la même valeur pour cet angle. Cette vérification est généralement superflue, la division des limbes se faisant à l'aide de machines très précises.

4°. — Vérifications et rectifications relatives au viseur.

133. — Lorsque l'axe de la boussole est vertical, le viseur doit décrire un plan vertical parallèle au diamètre 0 — 200 ᴳ du limbe; à cet effet :

134. — 1° *La ligne de visée doit être perpendiculaire à l'axe de rotation du viseur.*

Supposons la boussole calée et l'axe de rotation du viseur perpendiculaire à celui de l'instrument. Si la ligne de visée n'est pas perpendiculaire à l'axe de rotation du viseur, on commettra une erreur dans la lecture de chaque orientement, car, pour une visée VA (fig. 79) le limbe sera précisément placé comme il devrait l'être pour une visée VA', si l'instrument était bien construit. Cette erreur AVA' n'est pas tout à fait constante pour les diverses inclinaisons du viseur, puisque celui-ci décrit un cône autour de son axe de rotation; mais, comme dans la pratique ces inclinaisons ne sont jamais bien considérables, on peut admettre que tous les orientements mesurés avec le viseur à droite sont affectés d'une erreur constante, ce qui n'occasionnera aucune déformation dans le dessin, mais une simple désorientation.

Fig. 79.

On peut d'ailleurs compenser l'erreur en faisant une deuxième visée avec le viseur à gauche et en prenant la moyenne des deux lectures après avoir diminué la deuxième de 200ᴳ.

La figure 79 montre en effet que l'erreur produite dans la deuxième visée est égale et de sens contraire à celle qui affecte la première lecture.

On constate le défaut de perpendicularité de la ligne de visée à l'axe de rotation du viseur, en visant un point éloigné successivement avec le viseur à

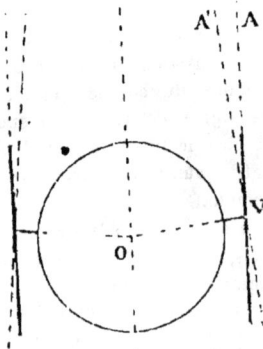

droite et à gauche. On fait pour chacune de ces opérations la moyenne des lectures sur les deux pointes de l'aiguille et, si la différence des deux orientements ainsi obtenus n'est pas exactement de 200 c, le défaut existe.

135. — 2° *L'axe de rotation du viseur doit être perpendiculaire à l'axe de rotation de l'instrument.* Pour faire cette vérification, on cale la boussole et on suspend, à 3 ou 4 mètres en avant, un fil à plomb dont on amortit les oscillations en faisant plonger la masse pesante dans l'eau. Si les deux axes de rotation sont perpendiculaires, le viseur décrit un plan vertical autour de son axe et, par suite, en dirigeant la ligne de visée sur un point du fil à plomb, on doit pouvoir suivre ce fil sans modifier l'orientement de la boussole.

On peut compenser le défaut de perpendicularité des deux axes en prenant pour chaque direction la moyenne des orientements direct et inverse, le dernier étant préalablement diminué de 200ᶜ. (fig. 80).

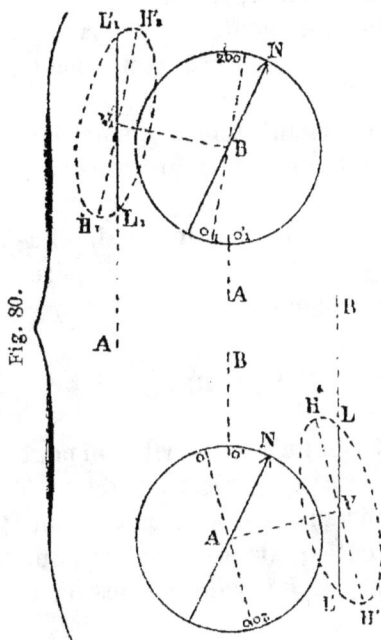

Fig. 80.

Orientement inverse lu. O_1 200 N.
— réel...... O_1' 200 N.
Erreur en moins... .. $O_1 O'_1$.

Orientement direct lu. O N.
— réel...... O' N.
Erreur en trop........ O O'.

$$L V H = L_1 V_1 H_1$$
$$O O' = O_1 O'_1$$
$$\frac{O N + O_1 200 N}{2} = \frac{O' N + O'_1 200 N}{2}$$

En effet, si son axe de rotation est incliné sur l'horizon, le viseur décrit un plan qui n'est pas vertical et, par suite, les lignes de visée inclinées se projettent horizontalement suivant des lignes non parallèles au diamètre 0-200 c du limbe, mais faisant avec lui des angles variables suivant l'inclinaison. On peut remarquer toutefois que deux lignes de visée également inclinées sur l'horizon, mais en sens inverse, se projettent suivant des lignes symétriques par rapport à la ligne de visée horizontale, parallèle au diamètre 0-200. Il en résulte que les orientements direct et inverse lus sur le limbe diffèrent des orientements direct et inverse réels de quantités égales et de sens contraire et que la somme des premiers est égale à celle des seconds, c'est-à-dire au double de l'orientement direct réel augmenté de 200ᴳ.

136. — 3° *La ligne de visée doit être parallèle au diamètre 0-200ᴳ du limbe.* Si cette condition n'est pas remplie, tous les orientements sont affectés d'une erreur constante qui n'entraîne pas d'ailleurs de déformation dans le dessin.

137. — En résumé, les défauts de la boussole peuvent donner lieu à des erreurs constantes et à des erreurs variables. Les premières n'influent que sur l'orientation générale du dessin et peuvent être négligées, les autres doivent être compensées par une double observation, savoir :

1° Quand on opère par cheminement, en prenant la moyenne des orientements direct et inverse pour chaque direction ;

2° Quand on n'opère pas par cheminement, en prenant la moyenne des orientements obtenus en tenant alternativement le viseur à droite et à gauche.

Il faut avoir soin toutefois de ne pas employer simultanément les deux procédés dans un même leyer et d'opérer constamment avec le même instrument.

PRÉCISION DE LA BOUSSOLE.

138. — Avec la boussole qui vient d'être décrite, on peut obtenir les orientements avec une approximation de 15 à 20 minutes centésimales. L'importance des erreurs à craindre dépend de la longueur des côtés; elle est minima pour les longueurs qui se réduisent, à l'échelle du dessin, à 50 centimètres.

DÉCLINER UNE BOUSSOLE.

139. — Cette opération consiste à disposer le diamètre 0-200ᴳ du limbe gradué de telle façon que la pointe Nord de l'aiguille indique les angles que font les projections horizontales des directions visées avec la méridienne astrono-

mique du lieu. On peut de cette manière faire concorder les observations faites avec des boussoles différentes.

Pour décliner une boussole, on fait dans la direction de la méridienne, préalablement tracée sur le sol (voir n° 174), une double visée (directe et inverse ou avec viseur successivement à droite et à gauche, suivant le procédé qui doit être suivi dans les opérations du lever) et on fait tourner le limbe dans la boîte, à l'aide de la clef, de manière que le diamètre 0-200^G corresponde à la position moyenne de la pointe Nord de l'aiguille. Les orientements qu'on lira sur la boussole se rapporteront alors au méridien astronomique.

Dans le cas où l'on voudrait seulement déterminer la déclinaison propre de la boussole, on prendrait la moyenne des angles que fait la pointe Nord de l'aiguille avec le diamètre 0-200^G .

CONSTRUCTION DES ORIENTEMENTS.

140. — Les orientements peuvent se construire avec le rapporteur ordinaire, comme il a été indiqué n° 111, en les

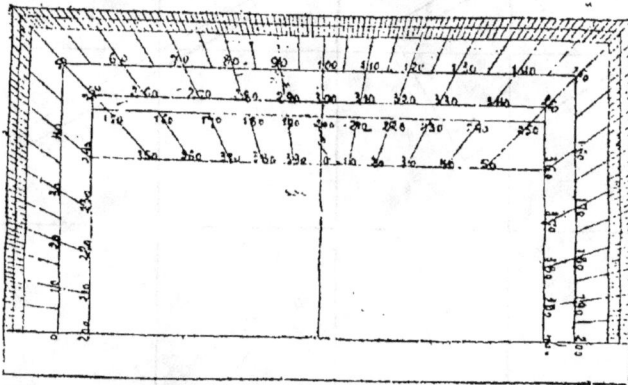

Fig. 81. — Rapporteur complémentaire.

rapportant à une série de lignes parallèles à la direction de la méridienne magnétique, tracées à l'avance sur la feuille de dessin.

Il est préférable toutefois de faire usage du rapporteur complémentaire (fig. 81), qui porte, outre les deux chiffraisons du rapporteur ordinaire, deux autres chiffraisons marchant dans le même sens, mais ayant leurs points de départ 0 et 200 à l'extrémité du rayon perpendiculaire à la règle.

141. — La feuille de dessin étant préalablement couverte

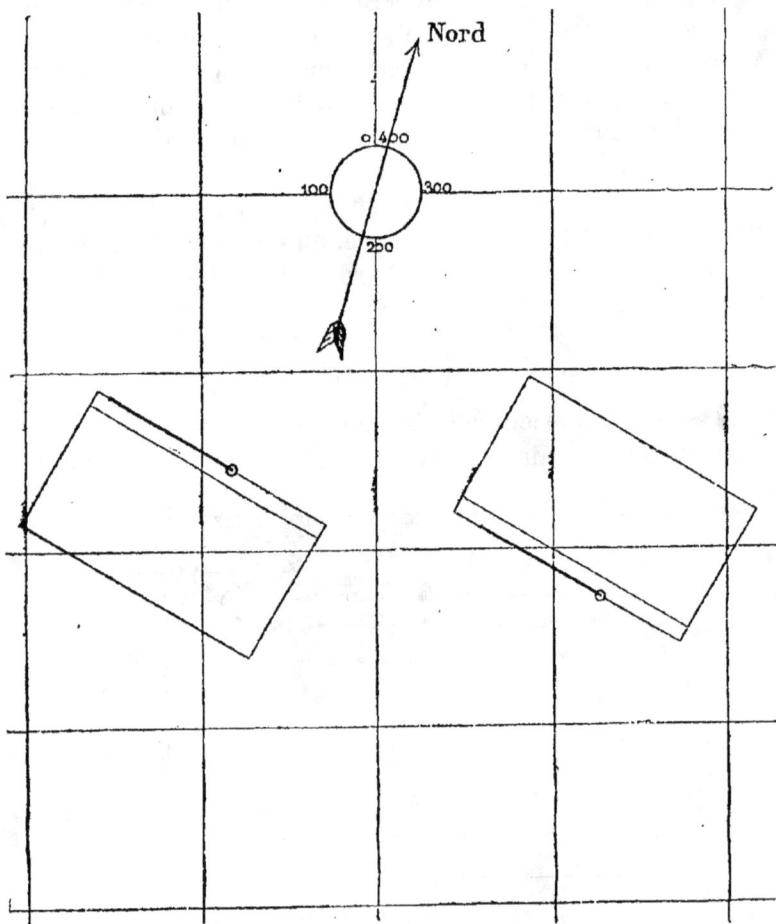

Fig. 82. — Construction des orientements.

d'une série de carreaux modules de 5 à 10 centimètres de côtés formés par des lignes parallèles et perpendiculaires à la direction de la méridienne magnétique (fig. 82), on place la règle du rapporteur complémentaire contre le point origine de l'orientement à construire et à peu près dans la direction de la ligne à tracer, en se guidant à cet effet sur les indications d'une rose des orientements[1]; puis on cherche à placer le centre du rapporteur sur une des lignes du carroyage, parallèle ou perpendiculaire à la méridienne, et à faire coïncider avec cette ligne le rayon qui correspond à l'orientement, en lisant celui-ci sur une quelconque des quatre graduations du rapporteur. Il faut avoir soin de maintenir constamment la règle sur le point origine.

Il ne peut pas y avoir d'indécision pour le choix de la chiffraison du rapporteur, car, si, au début, la règle a été placée approximativement dans la direction de la ligne à tracer, il n'y aura dans le voisinage de la ligne de carroyage qu'un seul rayon correspondant à l'orientement à construire.

EXÉCUTION DES LEVERS A LA BOUSSOLE.

1°. — Méthode de cheminement.

142. — La boussole est l'un des instruments qui conviennent le mieux pour l'exécution des levers par cheminements. Elle donne en effet la mesure des angles que font les côtés successifs du canevas avec *une direction fixe,* de sorte qu'une erreur commise dans la détermination de l'orientement d'un côté n'influe pas sur la direction du côté suivant.

(Voir, pour l'exécution des levers à la boussole nivelante, les n°ˢ 297 à 306.)

---

1. La rose d'orientement est une circonférence tracée dans un coin de la feuille et divisée en quatre parties par deux diamètres perpendiculaires, dont l'un est parallèle à la méridienne magnétique. Les points de division Nord, Ouest, Sud, Est, portent les indications 0, 100, 200, 300ᵍ.

Suivant la valeur de l'orientement à construire, la règle sera placée de manière à faire avec la méridienne un angle compris entre 0 et 100ᵍ, 100 et 200, 200 et 300 ou 300 et 400ᵍ.

143. — Choix des sommets du canevas. — Les sommets du canevas doivent être choisis de manière que :

1º De chacun d'eux on voie les deux sommets voisins;

2º Les côtés soient faciles à chaîner, serrent de près les détails et aient des longueurs qui, réduites à l'échelle, soient comprises, autant que possible, entre 25 et 50 millimètres;

3º Les polygones n'aient pas plus de 20 côtés et que leur périmètre ne dépasse pas 800 à 1,000 mètres; s'il y a lieu, on subdivisera l'espace qu'ils circonscrivent au moyen de traverses aboutissant à deux de leurs sommets;

4º Les sommets ne se trouvent pas à proximité de masses de fer pouvant occasionner des déviations accidentelles de l'aiguille aimantée.

Les piquets marquant les sommets du canevas doivent être plantés, autant que possible, à proximité d'objets fixes permettant d'en repérer facilement la position.

144. — Lever du canevas. — On détermine, pour chaque direction, les orientements direct et inverse qu'on compare immédiatement. Si leur différence n'est point égale à 200^G, à 15 ou 20 `, près, il faut rechercher l'erreur ou corriger l'effet d'une déviation locale (voir le modèle du carnet, p. 77). On mesure deux fois la longueur de tous les côtés du canevas, et la différence entre les résultats des deux opérations doit être compatible avec la précision des instruments employés.

Toutes les opérations faites sur le terrain sont enregistrées sur un carnet spécial dont le modèle est donné ci-contre.

Les divers cheminements portent l'indication des points de départ et d'arrivée; les polygones sont désignés par des lettres majuscules et les sommets sont tous numérotés d'après une même série.

145. — Construction. — On construit de la manière suivante sur le plan les divers polygones du canevas : le premier sommet étant marqué sur la feuille de dessin, on trace par ce point la direction du premier côté, en opérant comme

Modèle du carnet des opérations du lever à la boussole.

NUMÉROS DES POINTS.	ORIENTEMENTS DES COTÉS. Directs.	Inverses.	LONGUEURS DES COTÉS. Première fois.	Deuxième fois.	ORIENTEMENTS PRIS SUR LES POINTS. Orientements.	Points.	REMARQUES.
POLYGONE A, PARTANT DU POINT 1 ET SE FERMANT AU MÊME POINT.						
1	319ᵍ15ᶜ	119ᵍ25ᶜ	37ᵐ,25	37ᵐ,20			
2	337 35	138 20 (137 10)	48,30	48,30			Déviation moyenne de + 40′ au point 3.
3	322 55 (322 15)	122 20	43,86	43,90			
»	»	»	»	»			
16	38 10	238 10	41,65	41,65			
1							
SOMMES......			635,45	635,55			
POLYGONE B, DU POINT 5 AU POINT 1 DU POLYGONE A.						
5A	359ᵍ40ᶜ	159ᵍ35ᶜ	48ᵐ,50	48ᵐ,50	70ᵍ30	a F	Le point a est le sommet du colombier de la ferme.
17	375 10	175 10	45,00	45,05	97 15	a	
18	»	»	»	»			
»	»	»	»	»			
25	205 45	6 40	47,20	47,25			
1A							
SOMMES......			447,25	447,45			

REPÈREMENTS DES POINTS DU CANEVAS.

de Faye — Route de Faye — 5 kil. — Passage de fer — à Bisseuil — Route de Faye à Bisseuil — Borne quadrang. — Ble Trèfle — Chemin du Sault — Chᵐⁱⁿ de fer Pogeau du télégraphe — Cerisier il a été dit n° 141 et en prenant pour orientement la moyenne des orientements direct et inverse observés, le deuxième préalablement corrigé de 200^G ; sur cette direction, on détermine le deuxième sommet au moyen de sa distance horizontale au premier, en prenant, pour cette distance, la moyenne des deux mesures prises sur le terrain. On con-

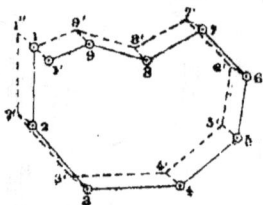

Fig. 83.

struit de même le deuxième côté en partant du deuxième sommet et ainsi de suite.

En opérant comme il vient d'être indiqué, on ne doit pas avoir d'erreur de fermeture supérieure à 1 millimètre pour un polygone d'un développement de 1 mètre. Quelle que soit d'ailleurs cette erreur, il faut toujours recommencer la construction en sens contraire (voir n° 16).

Si l'erreur de fermeture est admissible, on la répartit en déplaçant à vue les divers sommets parallèlement à la ligne de fermeture et successivement de $\frac{1}{n}$, $\frac{2}{n}$, $\frac{3}{n}$, de cette erreur, n étant le nombre des sommets du polygone.

Si l'erreur de fermeture n'était pas admissible, on rechercherait les fautes commises en vérifiant d'abord les longueurs des côtés qui sont parallèles et les orientements de ceux qui sont à peu près perpendiculaires à cette erreur de fermeture [1].

146. — Manière de rattacher le cheminement à un point trigonométrique. — Quelquefois le point de départ des opérations du lever est un point inabordable (le sommet d'un clocher, par exemple) appartenant à une triangulation, et dont la position est déterminée à l'avance sur le plan par des opérations trigonométriques. On rattache, dans ce cas, le premier cheminement à ce point P, en prenant, des points 4, 5, 6, situés dans son voisinage, les orientements 4-P, 5-P, 6-P qui y aboutissent. On reporte l'orientement inverse de 4-P, sur le plan (fig. 84), en partant du point p, homologue de P,

---

1. Lorsque le polygone est subdivisé par des traverses, on construit d'abord ces traverses pour reconnaître dans quelle partie du polygone la faute a été commise.

et, sur la direction obtenue, on choisit un point arbitraire 4' pour représenter provisoirement le point 4. Ce point 4' sert de point de départ pour tracer les directions 4'-5', 5'-p', 5'-6', 6'-p', avec les orientements observés 4-5, 5-P

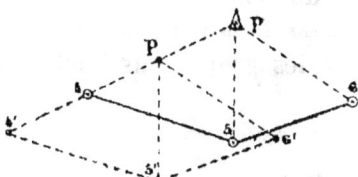

Fig. 84.

5-6, 6-P. Les trois lignes 4'-p', 5'-p' et 6'-p' doivent se couper en un même point p' qui est une fausse position du point p ; on porte la longueur p'-p de 4' en 4 et ce dernier point est la véritable position du point de départ du premier cheminement.

2°. — Méthodes des intersections, des recoupements, des relèvements.

147. — Pour que ces méthodes de levers donnent lieu à une exactitude suffisante, il faut que les points à déterminer soient à une assez grande distance les uns des autres. Or la boussole ne donne une certaine précision dans la mesure des orientements que lorsque la longueur des côtés, réduite à l'échelle du dessin, ne dépasse pas 50 millimètres. Cet instrument n'est donc pas d'un emploi bien avantageux pour les méthodes de lever autres que celle des cheminements.

Lorsqu'on fait usage de la boussole pour déterminer les angles, les procédés des intersections, des recoupements et des relèvements se réduisent d'ailleurs à une seule méthode qui consiste à mener, par trois points déjà reportés sur le plan, des directions faisant avec la méridienne des angles égaux aux orientements mesurés et dont les intersections déterminent le point cherché.

VII. — PLANCHETTE.

148. — La planchette permet de tracer immédiatement les projections des directions du terrain sur la feuille du lever et, par suite, de construire les angles réduits à l'horizon de ces directions. Elle se compose essentiellement d'une tablette en bois bien dressée, sur laquelle on tend la feuille du lever, et d'un trépied destiné à la porter.

La planchette est accompagnée d'une *alidade,* qui se compose d'une règle servant à tracer les directions sur la

planchette et d'un appareil de visée pouvant décrire un
plan passant par le bord de la règle, perpendiculaire à la
surface inférieure de celle-ci.

149. — Conditions de la mise en station. — Pour obtenir
avec la planchette les projections horizontales des direc-

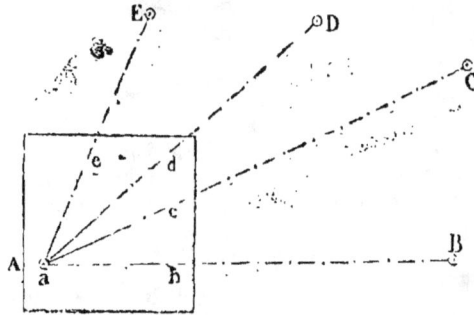

Fig. 85.

tions du terrain aboutissant à une station A (fig. 85), il faut
que :

1° La tablette soit horizontale;

2° La planchette soit au point, c'est-à-dire que le point a
représentant la station sur la planchette soit exactement
sur la verticale du point correspondant du terrain A;

3° La planchette soit orientée, c'est-à-dire qu'une ligne
a b tracée sur la feuille de lever et aboutissant à la station a
soit exactement dans le plan vertical de la ligne correspondante AB du terrain.

La réalisation de ces conditions constitue *la mise en
station.*

150. — Usage de la planchette. — La planchette étant en
station en un point A, si l'on pose l'alidade sur la tablette
et que l'on dirige sa ligne de visée successivement sur les
jalons C, D, etc., en faisant pivoter le bord de la règle autour
du point a correspondant à la station, les lignes a c, a d, qu'on
tracera le long de cette règle, seront les projections horizontales des directions AC, AD, et les angles b a c, c a d, qu'elles

Fig. 86.

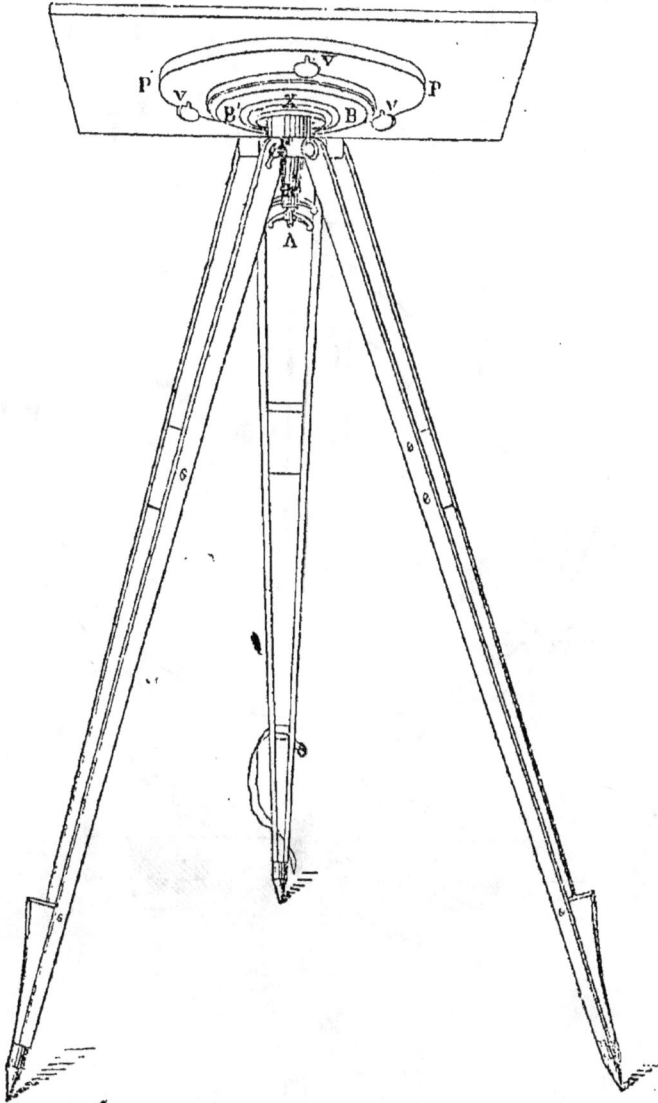

Planchette à calotte sphérique (fig. 86; 87, 88, 89 et 90.

P, plateau supérieur; — V, vis qui servent à fixer la planchette sur ce plateau; — L L′, règle évidée mobile autour du point C; — B B′, plateau
inférieur; — c c′, calotte sphérique creuse du plateau inférieur et calotte
sphérique en laiton portée par le trépied; — X X′, boulon creux fixé au
plateau inférieur; — R, écrou qui fixe le plateau inférieur; — A A′, boulon
plein, placé dans le boulon creux; — A, tête du boulon plein qui peut glisser dans la coulisse de la règle L L′; — E′, écrou qui arrête le mouvement
du plateau supérieur; — T T′, trépied.

feront, seront les angles BAC, CAD, réduits à l'horizon

Fig. 87.

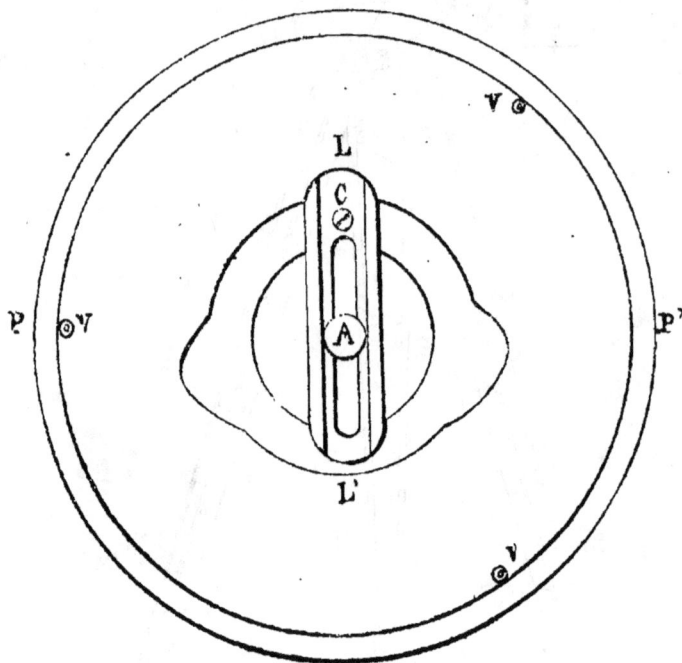

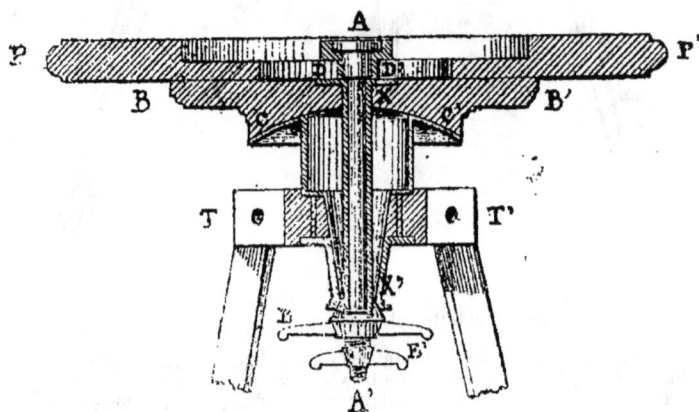

Fig. 88.

Le point a correspondant à la station est généralement marqué par une épingle piquée perpendiculairement dans la planchette. Dans les visées, on appuie le bord de la règle de l'alidade contre cette épingle qui sert de pivot.

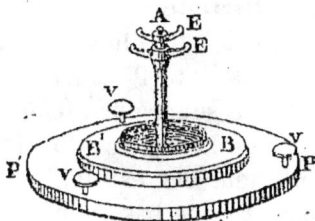

151. — Planchette à calotte sphérique. — Il existe divers modèles de planchettes; une des meilleures est la planchette à calotte sphérique.

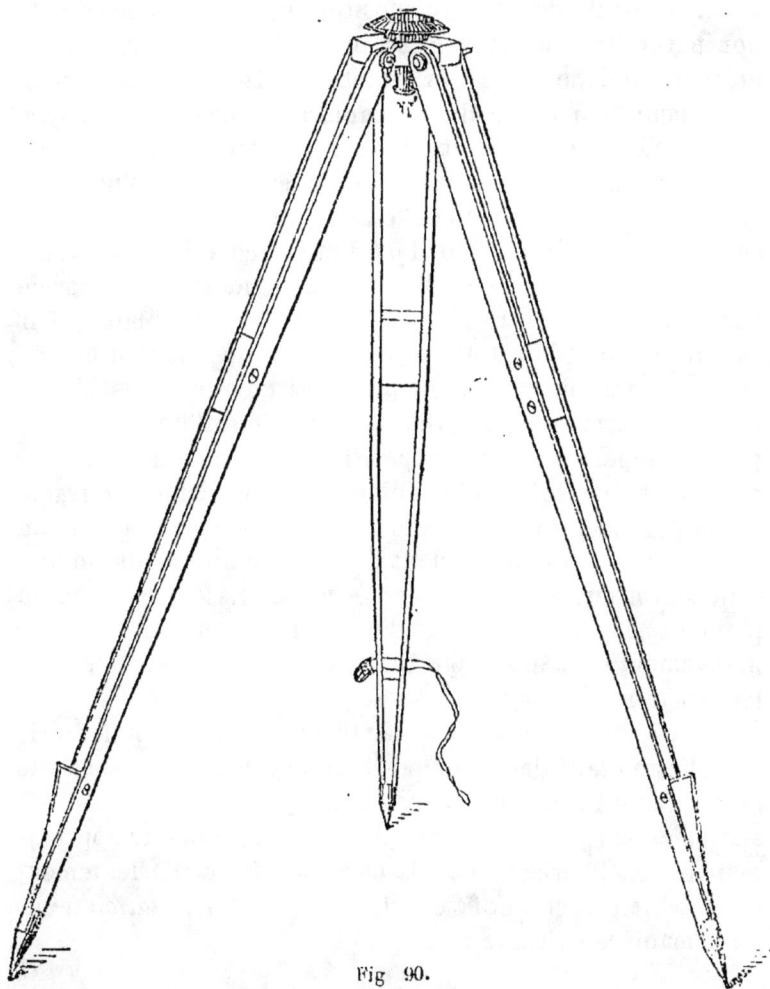

Fig. 89.

Fig 90.

Description de la planchette. — La tablette est reliée au trépied par l'intermédiaire de deux plateaux d'inégales dimensions PP′ et BB′ (fig. 86 à 90); elle est fixée sur le plateau supérieur au moyen de trois vis à clef V qui permettent de la séparer du pied pour rédiger le lever. Le plateau inférieur BB′ est taillé en forme de calotte sphérique concave vers le bas; il repose sur une calotte sphérique concentrique en laiton, portée directement par la tête du trépied et présentant dans son axe un évidement évasé vers le haut. Il résulte de cette disposition un mouvement de genou permettant de donner certaines inclinaisons au plateau et, par suite, de rendre la tablette horizontale. Ce mouvement peut être arrêté d'une manière invariable au moyen d'un boulon creux XX′ et d'un écrou E qui produit un serrage énergique des deux calottes sphériques l'une sur l'autre. L'écrou se visse sur le boulon creux et prend appui sur une pièce fixée au trépied par l'intermédiaire d'une bague.

Le plateau supérieur PP′ porte un évidement de forme particulière au centre (fig. 87); il est relié au plateau BB′ par un boulon plein AA′ passant dans l'intérieur du boulon creux. La tête de ce boulon plein est engagée dans la rainure d'une règle évidée LL′, mobile autour d'un point C du plateau supérieur. Cette disposition permet de donner à ce plateau et, par suite, à la tablette un mouvement de translation de 5 centimètres dans tous les sens par rapport au plateau BB′ et un mouvement de rotation autour du boulon central. Un serrage modéré de l'écrou E′, vissé sur le boulon plein et prenant appui sur l'écrou E, permet d'arrêter le mouvement de translation. Un serrage plus fort arrête également le mouvement de rotation.

152. — **Mise en station.** — Les diverses pièces mobiles de la planchette étant dans leur position moyenne, on transporte l'instrument au-dessus du point où l'on veut se mettre en station et on agit sur les pieds de manière à obtenir approximativement l'horizontalité, la mise au point et l'orientement de la tablette. On rectifie ensuite cette *mise en station à vue* de la manière suivante :

1ª On *complète l'horizontalité* en desserrant légèrement l'écrou supérieur et en modifiant la position de la tablette suivant les indications d'un niveau à bulle d'air qu'on place vers le milieu, successivement dans deux directions perpendiculaires, ou à l'aide du niveau sphérique de l'alidade, (n° 156).

Lorsqu'on a obtenu l'horizontalité, on resserre l'écrou.

2° *Pour rectifier la mise au point,* on desserre l'écrou inférieur et on profite du mouvement de translation de la planchette pour amener, en tâtonnant, le point du plan correspondant à la station dans deux plans verticaux, à peu près perpendiculaires entre eux, déterminés par la direction du fil à plomb et l'axe du piquet qui marque la station. On a soin, dans cette opération, de maintenir autant que possible la planchette orientée dans la direction voulue. La mise au point terminée, on serre modérément l'écrou inférieur.

3° On achève d'orienter la planchette, en plaçant le bord de la règle de l'alidade le long de la ligne du plan qui correspond à la direction sur laquelle on veut s'orienter et en faisant tourner la tablette autour du boulon plein, jusqu'à ce que le plan de visée de l'alidade passe par cette direction. On serre alors fortement l'écrou inférieur.

153. — Planchette à la Cugnot. — Cette planchette n'a pas de mouvement de translation, mais elle est munie d'un genou formé par deux articulations à angle droit, et elle peut prendre un mouvement de rotation autour de son axe.

La mise en station se fait à vue; puis, à l'aide de quelques tâtonnements, on rectifie la mise au point, en agissant sur les pieds, et l'horizontalité, en faisant mouvoir la planchette autour des articulations du genou. On complète l'orientement en faisant tourner la tablette autour de son axe.

154. — Petite planchette. — Cette planchette se compose d'une tablette de 0m,50 sur 0m,40, fixée sur un trépied à branches doubles et mobile autour d'un axe central. On peut arrêter ce mouvement par le serrage d'une vis.

La mise au point se fait en agissant sur les pieds. Pour obtenir l'horizontalité de la tablette on place deux des pieds approximativement sur une horizontale du terrain et on déplace latéralement le troisième, d'après les indications d'un niveau à bulle d'air disposé parallèlement aux deux premiers. On place ensuite le niveau perpendiculairement à sa première direction et, suivant ses indications, on porte le troisième pied de l'instrument en avant et en arrière.

Cette planchette n'est employée que pour les levers à petite échelle.

ALIDADES.

On emploie diverses sortes d'alidades :

155. — 1° Alidade à pinnules (fig. 91). — Cette alidade, analogue à celle du graphomètre, se compose d'une règle en cuivre portant une pinnule

Fig. 91.

Alidade à pinnules.

à chacune de ses extrémités, perpendiculairement à sa direction. Le plan de visée est déterminé par une fente étroite percée dans l'une des pinnules et par un crin tendu dans une fenêtre pratiquée dans l'autre pinnule.

Cette alidade donne peu de précision pour les levers à grande échelle et n'est plus guère employée.

156. — 2° Alidade à viseur (fig. 92). — Cet instrument se compose d'une règle et d'un viseur mobile autour d'un axe de rotation porté par un support fixé sur cette règle. La ligne de visée est déterminée par un trou ou œilleton percé à l'une des extrémités du viseur et par une pointe

objective placée dans une fenêtre pratiquée à l'autre bout.
La règle porte généralement un niveau sphérique qui

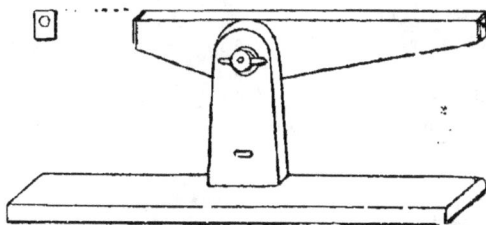

Fig. 92. — Alidade à viseur.

permet d'obtenir facilement l'horizontalité de la planchette.

157. — 3° **Alidade à lunette** (fig. 93). — Cet instrument
diffère du précédent en ce que le viseur est remplacé par

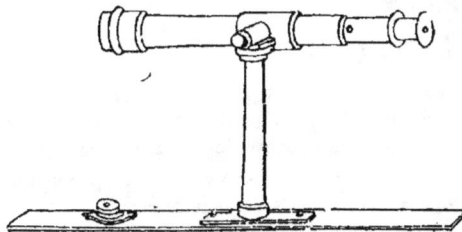

Fig. 93. — Alidade à lunette.

une lunette qui présente un champ plus étendu et donne
une netteté plus grande, une portée plus considérable et
plus de précision dans le pointé.

158. — **Vérifications et rectifications de l'alidade.** — Pour que
les lignes tracées le long de la règle, sur une planchette horizontale, représentent
bien les projections horizontales des directions visées, la ligne de visée de l'alidade devrait décrire un plan vertical passant par le bord de la règle; toutefois, pour donner plus de stabilité à l'instrument, on tient généralement le plan
de visée parallèle au bord de la règle et à un ou deux centimètres à l'intérieur, ce qui ne donne lieu d'ailleurs à aucune erreur appréciable.

Il n'est pas même indispensable que le plan vertical décrit par la ligne de visée soit parallèle au bord de la règle, car, s'il fait avec ce bord un certain angle, toutes les directions seront affectées de la même erreur et par suite le plan ne sera pas déformé.

La seule condition essentielle que doit remplir l'alidade est donc que la ligne de visée décrive un plan vertical lorsque la règle est posée sur une planchette horizontale. Il en résulte que :

159. — 1º La ligne de visée doit être perpendiculaire à l'axe de rotation, afin de décrire un plan et non un cône.

Pour vérifier si cette condition est remplie, on met la planchette en station en un point A (fig. 94), on vise un point B très éloigné et à peu près

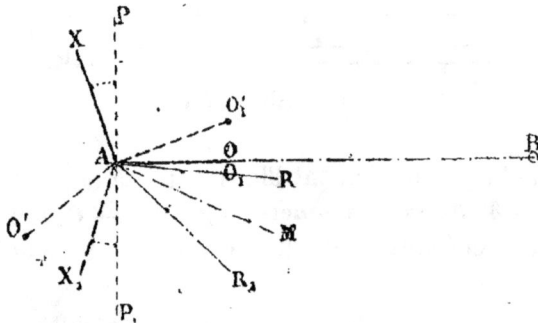

Fig. 94.

au même niveau que la station, et on trace une ligne le long du bord de la règle. On retourne ensuite l'alidade bout pour bout, on fait faire une demi-révolution au viseur, on vise de nouveau le point B et on trace une deuxième ligne le long de la règle. Si la ligne de visée est perpendiculaire à l'axe de rotation, les deux lignes ainsi tracées doivent coïncider.

Dans le cas contraire, l'angle formé par les deux lignes représente le double du défaut de perpendicularité. En effet, soit AB la projection de la direction visée, AX la position de l'axe de rotation de l'alidade pendant la première visée et AR la première ligne tracée le long de la règle. Après le retournement, l'axe de rotation se trouvera en AX, symétrique de AX par rapport à AB et le bord de la règle, qui est invariablement lié avec cet axe, viendra en AR$_1$. L'angle XAX$_1$ = 200^c — 2 fois XAP, décrit par l'axe pendant le retournement, est évidemment égal au supplément de l'angle RAR$_1$ décrit par le bord de la règle, d'où RAR$_1$ = 2 fois XAP. Donc, pour rectifier l'alidade, il faut tracer la bissectrice AM de l'angle RAR$_1$, appliquer la règle contre cette ligne AM et ramener le pointé sur AB sans bouger l'alidade, en infléchissant la pointe objective du viseur ou en déplaçant le réticule de la lunette.

160. — 2º L'axe de rotation doit être parallèle à la face inférieure de l'alidade, afin qu'il soit horizontal lorsque la planchette est elle-même horizontale et que le plan décrit par l'alidade soit vertical.

Pour vérifier ce parallélisme, on place l'alidade sur une planchette bien horizontale et l'on vise un fil à plomb pendu quelques mètres en avant et dont le poids plonge dans un baquet plein d'eau pour amortir les oscillations. Si la ligne de visée décrit un plan vertical, on doit pouvoir viser trois points du fil, l'un au niveau de la planchette et les deux autres à quelque distance au-dessus et au-dessous du premier, sans être obligé de déranger la règle.

Dans le cas où l'on constaterait un défaut de parallélisme, il faudrait, suivant le modèle de l'alidade, raboter la face inférieure de la règle, agir sur les vis tirantes qui relient l'axe de rotation au montant ou enfin glisser des cales entre la règle et la base de la colonne verticale qui porte l'axe, en desserrant un peu les vis qui réunissent ces deux pièces.

161. — Pour les opérations ordinaires de la planchette, on se contente généralement de faire la deuxième vérification, le défaut de perpendicularité de la ligne de visée à l'axe de rotation donnant lieu à une erreur sensiblement constante et par suite négligeable, à condition toutefois de faire les visées en tenant toujours l'alidade du même côté du montant qui la porte.

162. — Vérification du niveau sphérique. — Lorsque l'alidade porte un niveau sphérique, il faut s'assurer que ce niveau est bien réglé, c'est-à-dire que, lorsque la règle est posée sur une planchette horizontale, la bulle est comprise dans le cercle repère.

A cet effet, on pose l'alidade sur une planchette, on cale celle-ci de manière à amener la bulle du niveau au centre du cercle repère, et on trace une ligne suivant le bord de la règle. On retourne ensuite l'alidade bout pour bout en appliquant la règle le long de cette ligne, et, si le niveau est bien réglé, la bulle doit se trouver de nouveau au centre du cercle repère.

Dans le cas contraire, son déplacement correspond au double du défaut de parallélisme du niveau et de la face inférieure de la règle. Pour faire la rectification, on agit sur les vis qui fixent le niveau et on glisse des cales sous les oreilles de celui-ci, de manière à ramener la bulle de la moitié de son déplacement.

On recommence la vérification et la rectification en tâtonnant jusqu'à ce que le niveau soit bien réglé.

163. — Précautions qu'exige l'emploi de la planchette. — Pour diminuer autant que possible les erreurs qui peuvent affecter la position des points déterminés à l'aide de la planchette, il faut apporter le plus grand soin à la mise au point de l'instrument et orienter la planchette sur des directions déterminées par des jalons éloignés, bien verticaux et placés au-dessus des piquets qui marquent leur emplacement. Ces directions doivent, en outre, être représentées sur le dessin par des lignes d'une longueur au moins égale à celle de la règle de l'alidade.

En admettant une erreur maxima de $0^m,01$ pour la mise

au point et le pointé, il faut que la ligne sur laquelle on s'oriente ait au moins 100 mètres de longueur, pour que la désorientation qui peut en résulter ne soit pas sensible.

EXÉCUTION DES LEVERS A LA PLANCHETTE.

I. — MÉTHODE DE CHEMINEMENT.

164. — On met successivement la planchette en station aux divers sommets du canevas polygonal. En chacun de ces points, on s'oriente sur le sommet précédent, on trace la direction qui aboutit au sommet suivant et on détermine ce dernier en portant sur cette direction une longueur égale à la distance horizontale qui le sépare de la station.

165. — Pour éviter les erreurs résultant de l'orientation sur des côtés trop courts, on peut, d'une station A (fig. 95) convenablement choisie, tracer les directions AC,AD..., qui aboutissent aux extrémités de ces côtés et s'orienter sur ces diagonales.

Malgré toutes les précautions que l'on peut prendre, il se produit à chaque station des désorientations qui s'accumulent et finissent par donner un résultat tout à fait er-

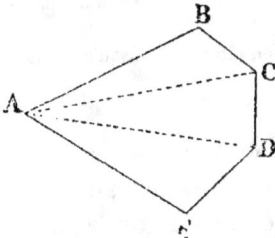

Fig. 95.

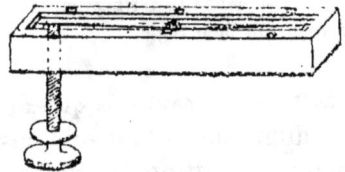

Fig. 96. — Déclinatoire.

roné ; aussi le procédé de cheminement ne doit-il être employé qu'exceptionnellement lorsqu'on fait usage de la planchette ordinaire.

166. — **Planchette déclinée.** — On peut éviter l'accumulation des erreurs dues aux désorientations successives par l'emploi d'un *déclinatoire* (fig. 96).

On appelle ainsi un instrument composé d'une aiguille aimantée, mobile sur un pivot vertical, dans l'intérieur d'une boîte rectangulaire en buis. Deux traits de repère, tracés sur la ligne qui joint le pivot au milieu des petits côtés, indiquent la position que l'aiguille doit occuper lorsque le déclinatoire est orienté.

On fixe invariablement le déclinatoire sur la planchette, dans un des angles, en ayant soin de le tourner de façon que tout le lever tienne sur la feuille de dessin, et on repère sa position en entourant les quatre côtés de la boîte d'un trait au crayon.

On oriente la planchette, à chaque station, en la tournant de manière à amener la pointe Nord de l'aiguille aimantée vis-à-vis du trait de repère. La planchette se trouve ainsi transportée parallèlement à elle-même sur tous les sommets des polygones et les défauts d'orientement qui peuvent se présenter aux diverses stations ne s'ajoutent pas les uns aux autres. On s'assure que le déclinatoire ne s'est pas déplacé sur la tablette, au moyen du trait de repère tracé sur la feuille de dessin, tout autour de la boîte. Pour éviter les erreurs dues aux déviations de l'aiguille, par suite d'influences locales, il est bon de vérifier l'orientement de la planchette, à chaque station, par une visée faite sur le côté précédemment déterminé.

Si, en un ou plusieurs sommets, on constatait une désorientation sensible, on s'orienterait sur les côtés précédents, sans tenir compte des indications du déclinatoire.

L'erreur de fermeture se répartit comme il a été indiqué n° 16.

La planchette déclinée n'est employée que pour les levers à petite échelle (voir n°ˢ 309 à 322). Pour les levers à grande échelle, il est préférable de faire usage de la boussole qui est plus maniable et permet de retrouver plus facilement les erreurs.

II. — MÉTHODE DES INTERSECTIONS.

167. — La méthode des intersections est celle qui con-vient le mieux pour les levers à la planchette (voir nᵒ 18, l'exposé du procédé).

168. — **Choix de la base et des points du canevas.** — La base doit être choisie de manière que de ses sommets on puisse apercevoir le plus grand nombre possible des autres points du canevas. Elle doit être située sur un terrain sen-siblement horizontal, ne présentant pas d'obstacles au chaî-nage ou à la mesure au quintuple mètre ; enfin sa longueur, réduite à l'échelle du dessin, doit être au moins égale à la moitié du grand côté de la planchette.

Les stations en dehors de la base (2ᵐᵉ et 3ᵐᵉ ordre) sont, autant que possible, réparties dans toutes les régions du ter-rain à lever et choisies de manière que, de chacune d'elles, on puisse découvrir un grand nombre de sommets du ca-nevas polygonal. Elles doivent se rattacher à la base ou entre elles par de bonnes intersections (33ᵍ au moins.)

Les stations se désignent généralement par des lettres et les autres points du canevas par des numéros. Ces divers points sont repérés sur un croquis au début des opérations et on détermine pour chacun d'eux les stations d'où il est visible, ce qui permet de dresser le tableau des points à viser de chaque station (planche 1).

169. — **Exécution du lever du canevas.** — On mesure d'abord, avec toute la précision possible, la longueur de la base, ou, si celle-ci est brisée, les longueurs de ses divers côtés ; comme vérification, on répète l'opération une deuxième fois. Si la différence entre les deux mesures est admissible, eu égard à la précision des instruments dont on s'est servi, on prend la moyenne des résultats obtenus dans les deux opérations, puis on reporte le premier côté de la base sur la planchette, en choisissant à vue le point de dé-part a et la direction ab, de manière que le lever tout entier puisse tenir dans la feuille de papier (fig. 97).

Ceci fait, on se met en station au point de départ A, en orientant la planchette sur la direction AB du premier côté de la base, et on vise de ce point les divers sommets de la base et du canevas qu'on peut apercevoir. Pour distinguer les unes des autres les différentes directions ainsi tracées,

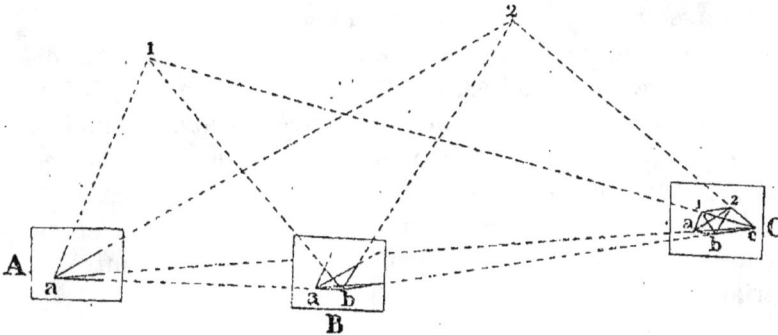

Fig. 97.

on inscrit à l'extrémité de chacune d'elles la lettre ou le numéro qui désigne le point visé. On se met ensuite en station à l'autre extrémité B du premier côté de la base en s'orientant sur la direction AB et on vise les points suivants de cette base et les autres sommets visibles du canevas.

On détermine sur la planchette la troisième station c de la base en portant à partir du point b dans la direction voulue une longueur égale à la distance qui sépare ces deux points, réduite à l'échelle; comme vérification, le point c devra se trouver sur la direction a c prise du point a ou, dans le cas d'une base en ligne droite, à une distance du point a égale à celle qu'on a mesurée sur le terrain.

On met la planchette en station en c en s'orientant sur la direction A C, qui aboutit au point de départ, et, de cette station, on vise tous les points du canevas qu'on peut apercevoir.

On continue ensuite les opérations en faisant à chaque station la série des visées indiquées sur le carnet.

Il faut avoir soin de s'orienter toujours sur des lignes

aussi longues que possible et de préférence sur les directions
qui aboutissent au point de départ. Avant de quitter une
station, il faut avoir soin de vérifier si la planchette ne s'est
pas désorientée pendant les opérations, en faisant une visée
sur la direction qui a servi à l'orientation.

Les divers points du canevas doivent être déterminés par
l'intersection de trois directions au moins se coupant deux à
deux sous des angles de plus de 33 grades. Par suite des diverses erreurs commises, ces lignes ne concourent généralement pas en un même point, mais se coupent de manière à
former un petit triangle d'erreur. Lorsque les côtés de ce
triangle ne dépassent pas 1 millimètre, on admet que les opérations ont été faites avec une précision suffisante et on
choisit, pour la position du point sur le dessin, le centre du
triangle ainsi formé.

III. — MÉTHODE DE RECOUPEMENT.

170. — Ce procédé s'emploie accidentellement pour déterminer la position d'une station X (fig. 98), au moyen de

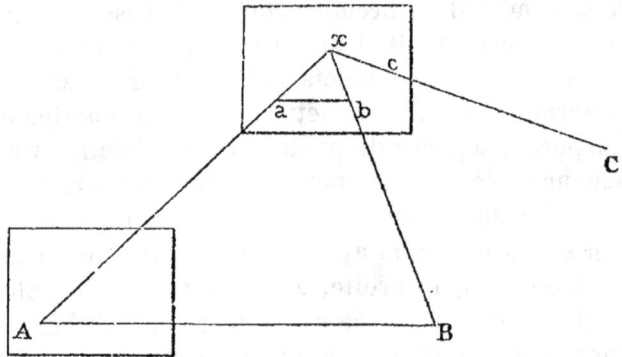

Fig. 98.

trois directions passant par ce point et aboutissant à trois
points connus A B C, en ne faisant que deux stations, l'une
en A et l'autre au point à déterminer. Les points B et C peuvent donc être inaccessibles.

La direction A X étant prise du point A, on se place en

station en X en mettant à vue la planchette au point et en l'orientant sur AX. On vise ensuite le point B, par exemple, en faisant pivoter l'alidade autour du point b correspondant du dessin et on obtient le point x. On rectifie la mise au point de la planchette, s'il y a lieu, et on trace les directions bx, cx en visant les points B et C et en faisant pivoter l'alidade autour des points correspondants du dessin b et c. Si les trois lignes ax, bx, cx se coupent de manière à former un triangle dont les côtés ne dépassent pas 1 millimètre, on choisit pour la position du point sur le dessin, le centre du triangle d'erreur.

IV. — MÉTHODE DE RELÈVEMENT.

171. — Ce procédé s'emploie accidentellement pour déterminer la position d'une station X (fig. 99) au moyen de

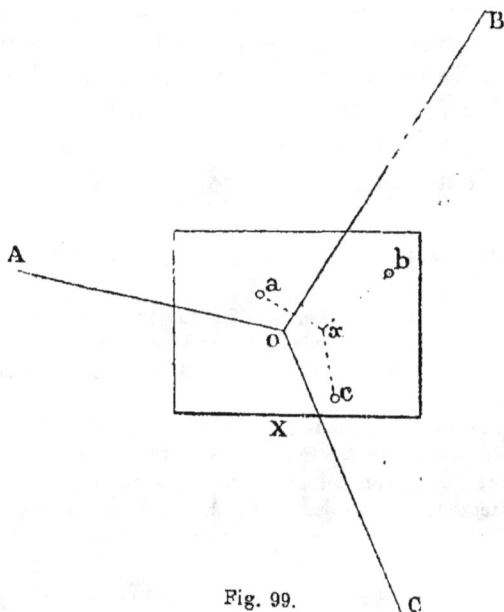

Fig. 99.

trois directions passant par ce point et aboutissant à trois points connus ABC, en ne se mettant en station qu'au point considéré X.

On se met en station en X, sans orienter l'instrument, et on trace les directions OA, OB, OC, en faisant pivoter l'alidade autour d'un point O situé sur la verticale du point X. On reporte les angles AOB, BOC, COA sur une feuille de papier transparent qu'on fait mouvoir sur le dessin jusqu'à ce que les trois directions tracées passent respectivement par les points a,b,c. Le point de concours piqué sur la planchette déterminera la position du point cherché x.

V. — PROCÉDÉ PAR RAYONNEMENT.

172. — On peut obtenir la position d'un certain nombre de points, en se mettant en station en un point central rattaché au canevas et en traçant sur la planchette les directions qui, passant par cette station, aboutissent aux points qu'on veut déterminer. Il suffit alors de mesurer les distances de la station à ces divers points et de porter ces longueurs réduites à l'échelle sur les directions correspondantes tracées sur la planchette. Ce procédé ne donnant lieu à aucune vérification n'est employé que pour la détermination de certains points de détail.

§ 4. — ORIENTATION DU PLAN.

173. — Lorsque le plan est terminé, il faut toujours y indiquer la direction Nord-Sud qu'on appelle la méridienne astronomique, et même, lorsqu'on veut entreprendre un lever d'une certaine étendue, il faut s'arranger pour que le Nord se trouve au haut du dessin.

174. — **Tracé de la méridienne.** Le procédé le plus usité pour tracer la méridienne est celui dit des *hauteurs correspondantes* du soleil. Il est basé sur cette propriété du mouvement apparent du soleil que, dans une même journée, les hauteurs de cet astre au-dessus de l'horizon sont égales lorsqu'il se trouve dans des plans verticaux faisant des angles égaux avec le méridien.

On se met en station dans un lieu découvert, avec une planchette bien plane, sur l'un des côtés de laquelle on fixe un style formé d'une tige en fer portant à sa partie supérieure une plaque de tôle ou de carton sensiblement horizontale, percée d'une ouverture circulaire de 2 ou 3 millimètres de diamètre (fig. 100). On rend la planchette parfaitement horizontale et on l'oriente de manière qu'elle contienne constamment l'ombre portée par la plaque quelques heures avant et après midi. On projette l'ouverture du style sur la planchette en p' (fig. 100), au moyen d'un fil à plomb, et on décrit, de ce point comme centre, une série d'arcs de cercle suffisamment rapprochés les uns des autres, dans la région de la planchette où la plaque portera son ombre.

On se met en observation de 9 heures à 10 heures du matin et, chaque fois que le faisceau lumineux passant par l'ouverture du style coupe un des arcs de cercle, on marque le point d'intersection $d'\,e'\,f'\,g'$ avec la pointe d'un crayon.

Vers 2 heures de l'après-midi, on reprend les observations et on marque sur les arcs de cercle les nouveaux points de passage $d'\,e'\,f'\,g'$ du faisceau lumi-

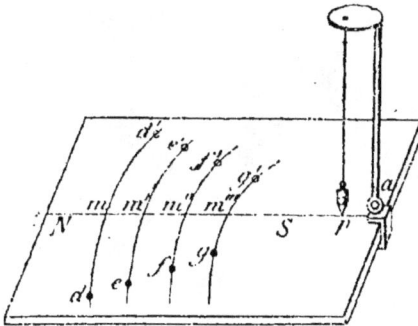

Fig. 100.

neux. Enfin on prend les milieux $m'\,m'$, m'', m'' des arcs de cercle interceptés par les points ainsi déterminés et, si l'on a bien opéré, ils se trouveront tous sur une ligne droite passant par la projection de l'ouverture du style. Cette ligne est la méridienne cherchée.

Pour la repérer sur le terrain, on applique contre elle la règle d'une alidade et on fait planter deux jalons sur la ligne de visée ou, plus simplement, on jalonne le prolongement de la direction déterminée par deux aiguilles piquées verticalement dans la planchette, aux deux extrémités de la méridienne qui y est tracée.

Il faut avoir soin de vérifier, au moyen de visées faites avec l'alidade sur un point fixe, que la planchette ne s'est pas déplacée pendant l'opération.

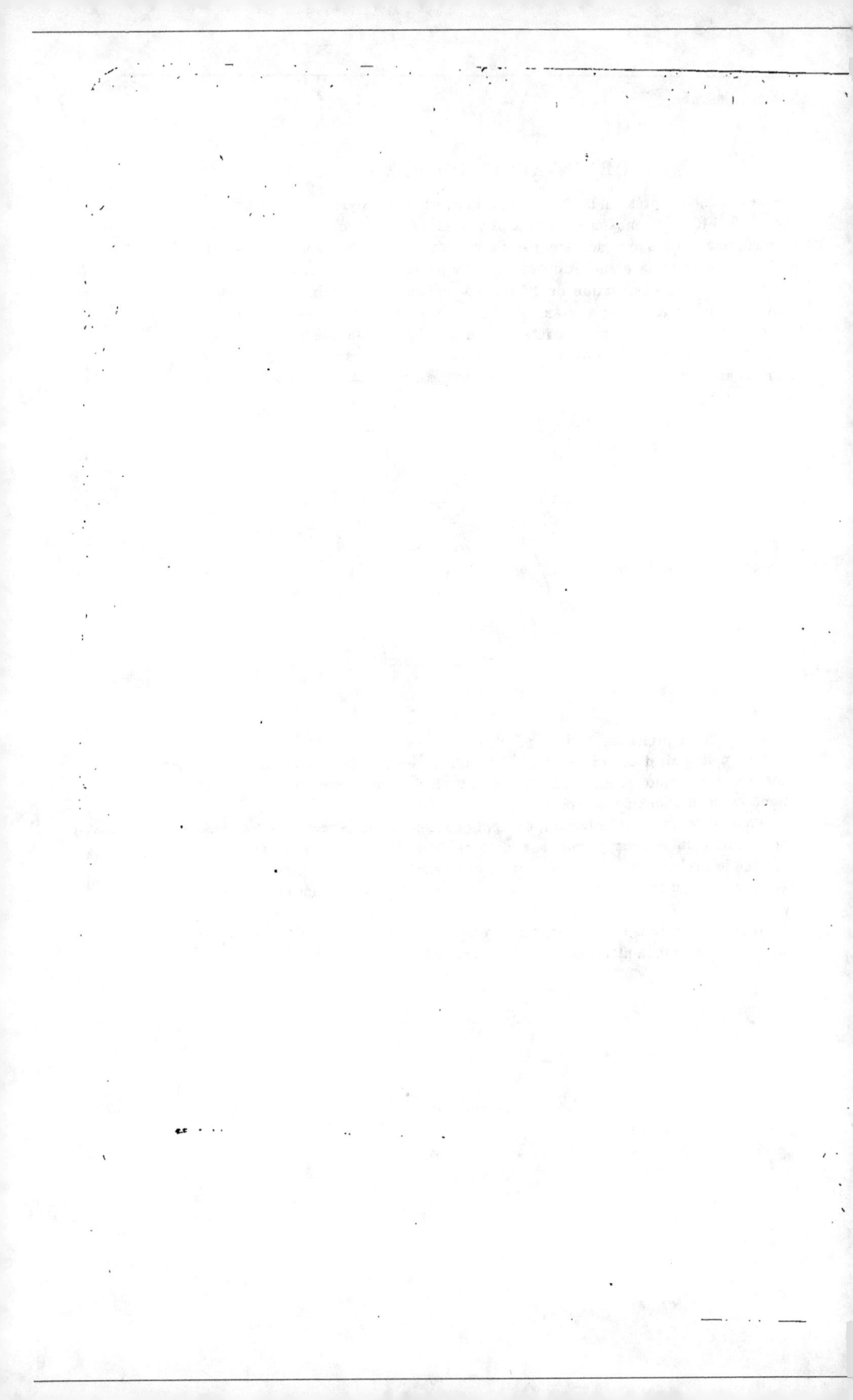

DEUXIÈME PARTIE

ALTIMÉTRIE

CHAPITRE PREMIER

PROCÉDÉS DE NIVELLEMENT

---

§ 1. — OBJET DU NIVELLEMENT.
SURFACES DE NIVEAU. — COTES. — ALTITUDES.
DIFFÉRENCES DE NIVEAU.

175. — Le nivellement a pour objet de déterminer les distances verticales des divers points d'un terrain à une même surface de comparaison, dite de *niveau*, normale en chacun de ses points à la direction de la verticale.

Dans les nivellements de peu d'étendue, cette surface se confond sensiblement avec un plan horizontal.

176. — La distance verticale d'un point à la surface de niveau est la cote de ce point.

177. — La surface de comparaison peut être supérieure ou inférieure au terrain. Il convient de la choisir, autant que possible, de manière que tous les points dont on s'occupe se trouvent du même côté. S'il n'était pas possible de remplir cette condition, on affecterait du signe — les cotes des points qui se trouveraient au-dessous de la surface.

178. — La surface de comparaison que l'on prend habituellement en France, pour l'exécution des cartes topographiques qui représentent des contrées entières, est celle du niveau moyen de la mer, supposé prolongé au-dessous des continents. Les cotes expriment alors les hauteurs absolues de chaque point au-dessus du niveau de la mer et se nomment *altitudes*.

179. — *La différence de niveau* de deux points quelconques d'un terrain est égale à la distance verticale de l'un de ces points à la surface de niveau passant par l'autre, ou encore à la différence des cotes de ces points prises par rapport à la même surface de comparaison.

180. — Dans la pratique, on se sert, pour la recherche des différences de niveau, d'instruments déterminant des directions horizontales.

Il est facile de se rendre compte que ces instruments appelés *niveaux* ne donnent pas d'indications rigoureusement exactes. En effet, supposons (fig.101) qu'on veuille déterminer la distance verticale d'un point B à la surface de niveau passant par un deuxième point A, dont la verticale fait un certain angle avec celle du point B, par suite de la sphéricité de la terre. En plaçant un niveau au point A, cet instrument donnera pour la distance cherchée la longueur B D interceptée sur la verticale B O par l'horizontale passant par le point A, tandis que la différence de niveau réelle de A et B n'est que B C, C étant le point où la surface de niveau passant par le point A rencontre la verticale du point B.

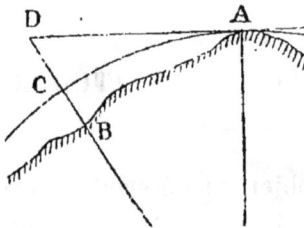

Fig. 101.

L'instrument établi en A donne le *niveau apparent* A D, tandis que l'arc A C est le *niveau vrai*. La partie C D de la verticale du point B comprise entre l'arc et le niveau apparent est l'*erreur de niveau apparent*. Cette erreur croît rapidement avec la distance A B; elle est négligeable aux distances auxquelles on opère avec les instruments qui seront décrits ci-après. Pour l'éliminer complètement, il suffit d'ailleurs de placer le niveau à peu près à égale distance des points dont on veut déterminer la différence de niveau.

181. — **Transformation des cotes lorsqu'on change de surface de comparaison.** — Lorsque le terrain tout entier se trouve au-dessus des deux surfaces de comparaison, on augmente ou bien on diminue toutes les cotes de la distance des deux surfaces, suivant que la nouvelle surface est au-dessous ou au-dessus de l'ancienne. Si le terrain était tout entier au-dessous des deux surfaces, on diminuerait ou on augmenterait de la même quantité les cotes absolues de tous les points.

Enfin, dans le cas où l'on passerait d'une surface de comparaison supérieure à une surface inférieure ou inversement, on obtiendrait la valeur nouvelle de chaque cote en retranchant l'ancienne de la distance qui sépare les deux surfaces.

§ 2. — PROCÉDÉS DE NIVELLEMENT DIRECT.

182. — Le problème du nivellement consiste à déterminer les différences de niveau des divers points du terrain, considérés successivement deux à deux. Ces différences de niveau étant connues, ainsi que la cote de l'un quelconque des points considérés, les côtes des autres points se calculent simplement par additions ou soustractions.

I. — DÉTERMINATION DE LA DIFFÉRENCE DE NIVEAU DE DEUX POINTS.

183. — Cette opération exige l'emploi de deux instruments : le *niveau* destiné à déterminer l'horizontalité d'une

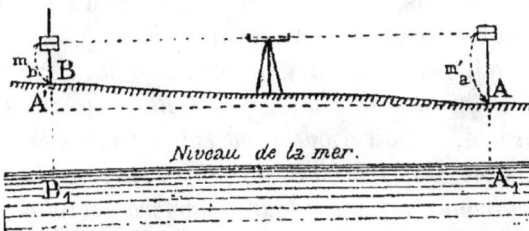

Fig. 102.

ligne de visée et la *mire,* règle divisée qui sert à mesurer les abaissements des divers points considérés au-dessous de la ligne de visée.

Pour déterminer la différence de niveau de deux points

A et B (fig. 102) on met le niveau en station entre ces deux points et on porte successivement la mire en A et en B, en ayant soin de la tenir verticale et de noter, dans chaque position, la hauteur interceptée sur cette mire par la ligne de visée. Comme cette hauteur représente précisément l'abaissement du point considéré au-dessous du plan de niveau de l'instrument, la différence cherchée est égale à la différence des deux hauteurs de mire

$$BB_1 - AA_1 = A'B = m'_a - m_b.$$

Afin de compenser l'erreur de niveau apparent et d'autres erreurs inhérentes à l'instrument, il faut choisir, autant que possible, la station à égale distance des deux points A et B.

184. — Si l'altitude de l'un des points est connue, A par exemple, on en déduit celle du plan de niveau de l'instrument en ajoutant à la première la hauteur de mire m'_a prise sur le point connu A, et on obtient ensuite l'altitude du deuxième point B en retranchant du total la hauteur de mire m_b prise sur le point B :

$$B = A + (m'_a - m_b).$$

La hauteur de mire m'_a prise sur le point connu s'appelle hauteur de mire ou coup de niveau *arrière*, et la deuxième m_b prise sur le point à déterminer est la hauteur de mire ou coup de niveau *avant*.

De ce qui précède on peut déduire la règle suivante : *Pour obtenir l'altitude d'un point B en fonction de celle d'un point A, il faut ajouter ou retrancher à cette dernière la différence des hauteurs de mire prises sur les deux points, suivant que la hauteur d'arrière est plus grande ou plus petite que celle d'avant.*

II. — NIVELLEMENT PAR RAYONNEMENT.

185. — On peut déterminer les cotes d'un certain nombre de points du terrain 1, 2, 3... en mettant le niveau en station en un point central et en faisant de cette station des lectures sur une mire placée successivement sur un repère R (*point dont la cote est connue* ou prise arbitrairement comme point de départ du nivellement) et sur les divers points à niveler.

En ajoutant à l'altitude connue A_R du repère la hauteur de mire r prise sur ce point, on obtient la cote du plan du niveau $n = A_R + r$. Il suffit ensuite de retrancher successivement de cette cote les hauteurs de mire m_1, m_2, m_3, ...

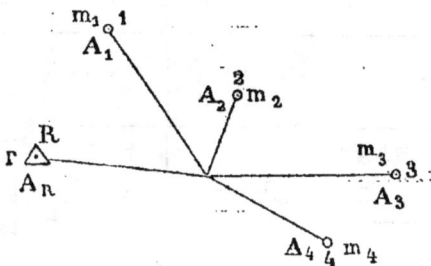

Fig. 103.

prises sur les points à niveler, pour déterminer les altitudes de ces derniers : $A_1 = n - m_1$, $A_2 = n - m_2$, etc.

Lorsque, par suite de l'étendue ou de la configuration du terrain et de la portée des instruments employés, on ne peut pas viser, de la station choisie, tous les points à niveler, on fait un nouveau rayonnement autour d'une deuxième station. S'il ne se trouve pas, à proximité de celle-ci, de point de repère permettant de rendre les deux séries d'opérations complètement indépendantes l'une de l'autre, on prend pour *repère provisoire* du deuxième rayonnement un point dont l'altitude a été déterminée de la première station. Il faut, dans ce cas, prendre les hauteurs de mire sur ce point avec un soin tout particulier, car une erreur commise sur l'altitude du repère provisoire se reporte sur toutes les altitudes déterminées de la deuxième station.

Toutes les opérations d'un nivellement par rayonnement sont enregistrées sur un carnet spécial dont le modèle est donné page 104.

Modèle du carnet de nivellement par rayonnement.

NIVELLEMENT DE LA COUPURE DE LA CONTRE-GARDE 27

INDICATION DES POINTS.	HAUTEURS DU VOYANT.	COTE DU POINT DE REPÈRE.	COTE DU PLAN DU NIVEAU.	COTES DES POINTS NIVELÉS.	OBSERVATIONS.
Repère 2....	1m,553	44m,349	45m,90	42m,59	Repère provisoire.
a....	3 ,31	»	»	44 ,77	
b....	1 ,13	»	»	45 ,77	
(c)..	0 ,151	»	»	45 ,746	
d....	1 ,55	»	»	44 ,35	
Repère (c)....	2m,466	45m,746	48m,21	»	Changement de station sur le repère provisoire (c) du profil précédent.
a....	3 ,32	»	»	44m,49	
b....	0 ,94	»	»	47 ,27	
c....	0 ,02	»	»	48 ,23	
d....	1 ,30	»	»	46 ,91	
e....	2 ,80	»	»	45 ,41	
a....	2 ,20	»	»	46 ,01	
b....	1 ,14	»	»	47 ,07	
c....	0 ,42	»	»	37 ,79	
d....	0 ,73	»	»	46 ,48	
e....	3 ,04	»	»	45 ,17	
f....	3 ,18	»	»	45 ,03	
(g)..	3 ,536	»	»	44 ,674	Repère provisoire.
Repère 13...	3m,386	41m,547	44m,88	44m,68	Changement de station.
(g)...	0 ,20	»	»	»	Point de la station précédente (vérification du cheminement).

DÉSIGNATION DES POINTS.

Profil à l'extrémité de la branche droite.

Profil en capitale.

Extrémité de la branche gauche.

Plan.

La première colonne est affectée à l'indication des points nivelés, la deuxième à l'inscription des hauteurs de mire et la troisième à l'altitude du repère. Dans la quatrième colonne on calcule la cote du plan du niveau en ajoutant à l'altitude du repère la hauteur de mire prise sur ce point; enfin, dans la cinquième, on inscrit les altitudes des points nivelés, en retranchant, pour chacun d'eux, la hauteur de mire correspondante de la cote du plan du niveau.

186. — Avantages et inconvénients du procédé. — Le nivellement par rayonnement est très rapide, puisqu'il permet d'obtenir, avec une seule station, l'altitude d'un grand nombre de points; mais il a l'inconvénient de ne donner lieu à aucune vérification.

Ce procédé n'est d'ailleurs pas applicable au nivellement d'un terrain un peu étendu, car, pour éviter les accumulations des erreurs, il faut, autant que possible, ne pas faire plus de deux stations consécutives sur repère provisoire.

III. — NIVELLEMENT PAR CHEMINEMENT.

187. — Ce procédé consiste à partir d'un point 1 dont l'altitude A_1 est connue ou prise arbitrairement, et à déterminer successivement les altitudes des divers points à niveler 2, 3, 4..., considérés comme étant les sommets d'un polygone fermé. L'altitude de chaque sommet, 3 par exemple (fig. 104), se déduit, comme il a été dit n° 184, de celle du sommet précédent 2 et des deux hauteurs de mire m_2' et m_3 prises sur ces points, l'instrument étant en station en N, entre les deux sommets. En re-

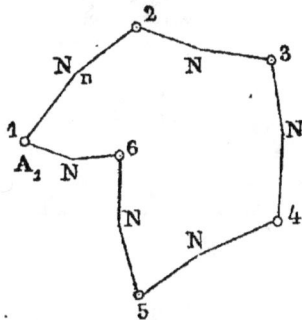

Fig. 104.

venant au point de départ, après avoir fait le tour du polygone, on doit retrouver l'altitude connue de ce point, ce qui constitue la vérification par *fermeture* des opérations.

Au lieu de fermer le cheminement sur le point de départ,

Modèle du carnet de nivellement par cheminement.

NUMÉROS DES POINTS.	HAUTEURS DU VOYANT		DIFFÉRENCES DE NIVEAU		COTES DES POINTS	COTES DES POINTS.	REMARQUES.	REPÈREMENTS DES POINTS.
	EN ARRIÈRE +	EN AVANT −	ADDITIVES	SOUSTRACTIVES.	DÉDUITES.	COMPENSÉES.		

POLYGONE A, PARTANT DU POINT 1 DONNÉ ET SE FERMANT AU MÊME POINT.

1					41ᵐ,527	41ᵐ,527	Cote donnée.	
2	1ᵐ,273	− 1ᵐ,550	2ᵐ,823	»	44 ,350	44 ,346	La mire est en contre-bas du point 2.	Extrémité de la tablette.
3	3 ,825	0 ,946	2 ,879	»	47 ,229	47 ,221		
4	0 ,443	3 ,303	»	2ᵐ,860	44 ,369	44 ,347		Extrémité de la tablette.
»	»	»	»	»	»	»		Bastion 7. Contreg 27
10	2 ,800	0 ,392	2 ,408	»	41 ,607	41 ,571		
11					44 ,105	44 ,065		
1	0 ,235	2 ,769	»	2 ,534	45 ,571	41 ,527	Cotes d'arrivée.	
					41 ,527		Cote de départ.	

Sommes..... 20 ,243   20 ,199   10 ,578   10 ,534

Différences égales...+ 0ᵐ,044   + 0ᵐ,044   + 0ᵐ,044   0ᵐ,000   Erreur de fermeture + 0ᵐ,044.

TRAVERSE a, ALLANT DU POINT 6 AU POINT 1 DU POLYGONE A.

6					48ᵐ,957	48ᵐ,957	Cote compensée du polygone A (la mire est en contre-bas du point 6).	
12	− 1ᵐ,583	3ᵐ,845	»	5ᵐ,428	43 ,529	43 ,533		
13	1 ,073	1 ,915	»	0 ,842	42 ,687	42 ,695		
1	1 ,102	2 ,274	»	1 ,172	41 ,515	41 ,527	Cotes d'arrivée.	
					48 ,957	48 ,957	Cote de départ.	

Sommes..... 0 ,592   8 ,034   »   7 ,442

Différences égales... − 7ᵐ,442   − 7ᵐ,442   − 7ᵐ,442   − 7ᵐ,430   Erreur de fermeture − 0ᵐ,012.

on peut tomber sur un deuxième point dont l'altitude est connue.

Lorsqu'on fait un nivellement par cheminement, on inscrit les résultats des opérations sur un carnet spécial dont le modèle est donné pages 106 et 107.

La première colonne est affectée à l'indication des points, qu'on désigne, soit par des lettres, soit par des numéros, et qu'on repère au besoin dans la colonne réservée à cet effet.

Dans la deuxième colonne on inscrit les hauteurs de mire d'arrière, et, dans la troisième, celle des coups d'avant.

Les quatrième et cinquième colonnes sont destinées à l'inscription des différences des hauteurs de mire d'arrière et d'avant prises sur un même point. Ces différences sont additives ou soustractives, suivant que la hauteur de mire d'avant est plus forte ou plus faible que celle d'arrière.

La sixième colonne reçoit les cotes des points, calculées en ajoutant ou en retranchant les différences de niveau à la cote du point précédent, suivant que ces différences sont additives ou soustractives.

Enfin, dans la septième colonne, on inscrit les cotes des mêmes points, rectifiées comme il sera dit ci-après, s'il y a une erreur de fermeture.

Il résulte de la manière dont sont obtenus les nombres des quatrième et cinquième colonnes, que la différence entre les totaux de ces nombres additionnés dans chaque colonne doit être rigoureusement égale à celle des totaux des nombres inscrits dans les deuxième et troisième colonnes. S'il n'en était pas ainsi, on aurait commis une erreur de calcul qu'il faudrait rechercher et corriger.

188. — Vérification des calculs. On a vu n° 184 que l'altitude d'un sommet est égale à celle du sommet précédent, augmentée de la hauteur de mire du coup d'arrière et diminuée de la hauteur de mire du coup d'avant,

$$A_2 = A_1 + m'_1 - m_2, \quad A_3 = A_2 + m'_2 - m_3, \quad A_4 = A_3 + m'_3 - m_4$$

d'où

$$A_3 = A_1 + (m'_1 + m'_2) - (m_2 + m_3)$$

et

$$A_4 = A_1 + (m'_1 + m'_2 + m'_3) - (m_2 + m_3 + m_4)$$

c'est-à-dire que la cote d'un sommet quelconque est égale à celle du point de départ augmentée de la somme des hauteurs de mire d'arrière et diminuée de la somme des hauteurs de mire d'avant.

Il en résulte que :

Si l'on se referme exactement sur le point de départ, la somme de toutes les hauteurs de mire d'arrière doit être égale à celle de toutes les hauteurs de mire d'avant, et que la somme des différences de niveau additives doit être égale à celle des différences soustractives.

S'il y a une petite erreur de fermeture, ce qui est d'ailleurs le cas général, ces sommes diffèrent deux à deux d'une quantité précisément égale à cette erreur.

Quand on se referme sur un deuxième point dont l'altitude est connue, la différence entre les sommes des hauteurs d'arrière et des hauteurs d'avant doit être égale à la différence d'altitude des points d'arrivée et de départ, plus ou moins l'erreur de fermeture, suivant que celle-ci affecte l'altitude du point d'arrivée en plus ou en moins.

189. — Répartition de l'erreur de fermeture. — Si l'erreur de fermeture est admissible, on commence par calculer les altitudes déduites, comme il a été dit ; puis on répartit l'erreur par parties égales sur toutes les altitudes déduites. On obtient alors les altitudes compensées qui sont les altitudes définitives des points.

190. — Recherche des fautes. — Si l'erreur de fermeture est trop considérable, il y a eu des fautes d'observation qu'il faut rechercher. A cet effet, on relie par des traverses deux sommets du polygone convenablement choisis et on vérifie par fermeture les deux polygones partiels. L'erreur se trouvera ainsi circonscrite.

191. — Certains cheminements, tels que les nivellements des profils en long, ne peuvent pas être vérifiés par fermeture. On recommence alors le nivellement en repassant par les mêmes points et en comparant les différences de niveau obtenues pour chaque point dans les deux cas.

192. — Avantages du procédé par cheminement. — Ce procédé est lent, mais très exact, et ne laisse pas passer inaperçues les fautes que l'on peut commettre, à condition toutefois que l'on change de station pour chaque différence de niveau.

Pour l'exactitude des opérations, il convient, comme on l'a dit précédemment, de choisir les stations, autant que possible, à égale distance des deux points dont on cherche la différence de niveau.

IV. — EMPLOI DES DEUX PROCÉDÉS DE NIVELLEMENT.

193. — Lorsqu'on a à faire le nivellement d'un terrain d'une certaine étendue, on commence par établir un canevas par cheminement (fig. 105), et les divers points de ce canevas servent ensuite de repères pour déterminer, par rayonnement, les cotes de détail. Exceptionnellement, on peut prendre pour repère provisoire d'un nivellement par rayonnement, un point dont la cote a été déterminée elle-même par rayonnement; mais il faut, dans ce cas, vérifier, autant que possible, les opérations au moyen d'une troisième station, d'où l'on puisse rattacher à un repère du canevas un des points visés de la deuxième station.

CANEVAS DU NIVELLEMENT
Échelle de 1.5000.

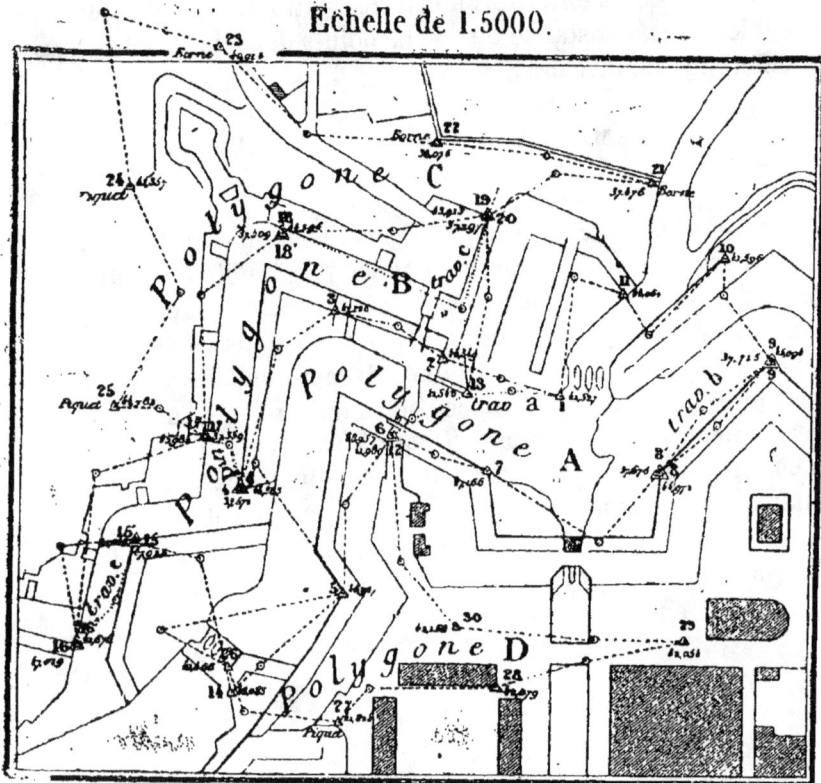

○   *Stations du niveau*

⚲   *Points de repère de nivellement (Les numéros indiquent l'ordre de succession
des opérations.*

------- *Rayons visuels dirigés du niveau sur les points des polygones*

·········· *Rayons visuels appartenant aux traverses.*

Fig. 105.

CHAPITRE II

INSTRUMENTS DE NIVELLEMENT DIRECT

---

§ 1. — INSTRUMENTS SERVANT A OBTENIR L'HORIZONTALITÉ D'UNE RÈGLE.

I. — NIVEAU DE MAÇON.

194. — Description de l'instrument. Le niveau de maçon (fig. 106) se compose d'un fil à plomb suspendu au sommet A d'un triangle isocèle (généralement rectangle en A). Ce triangle est formé de deux petites règles en

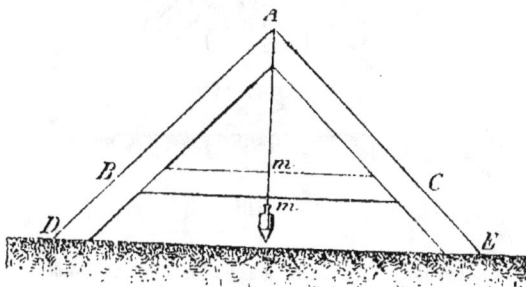

Fig. 106. — Niveau de maçon.

bois AD, AE, réunies par une traverse BC au-dessous de laquelle le poids peut osciller librement. Au milieu de cette traverse se trouve tracée une ligne de foi mm que le fil doit recouvrir lorsque la ligne passant par les extrémités D et E est horizontale.

195. — Vérification du niveau. Pour vérifier l'exactitude des indications de cet instrument, on pose les extrémités D et E sur une ligne quelconque tracée sur un plan et faisant un certain angle avec l'horizon (fig. 106 *bis*); on marque sur la traverse BC la trace nn du fil à plomb, puis on retourne l'instrument bout pour bout, de manière à amener l'extrémité D (fig. 106 *ter*) au point qu'occupait l'extrémité E et réciproquement. On note les nouvelles

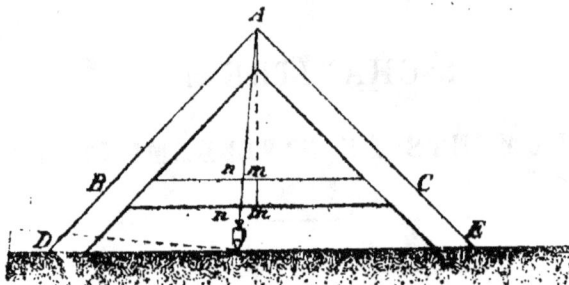

Fig. 106 *bis.*

traces pp du fil à plomb sur la traverse BC et, si le niveau est bien construit, la ligne pp doit être symétrique de nn par rapport au trait mm.

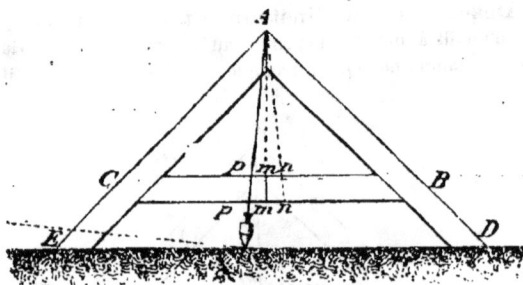

Fig. 106 *ter.*

Si la ligne Am est perpendiculaire à DE, les angles nAm, pAm sont, en effet, égaux tous deux à l'angle que fait avec l'horizon la ligne sur laquelle est posée le niveau.

Si la ligne de foi mm ne se trouve pas à égale distance de nn et pp, faut la remplacer par une autre qui satisfasse à cette condition ou bien diminuer la longueur d'un des pieds de l'instrument.

196. — **Usage du niveau de maçon.** — Le niveau de maçon est employé pour mesurer la différence de niveau de deux points A et B (fig. 107) situés à une faible distance l'un de l'autre. On prend une règle bien droite et on place l'une de

8

ses extrémités au point le plus haut A, tandis qu'on élève l'autre progressivement le long d'un mètre dressé verticalement en B, jusqu'à ce qu'un niveau posé sur le milieu de la

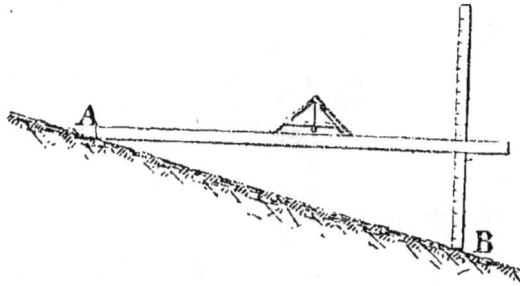

Fig. 107.

règle indique que celle-ci est horizontale. La hauteur lue sur le mètre entre le point B et le dessous de la règle donne la différence de niveau cherchée.

II. — NIVEAU A BULLE D'AIR.

197. — **Description de l'instrument.** — Le *niveau à bulle d'air* se compose d'une *fiole* ou tube de verre (fig. 108) un peu bombé, fermé à ses deux extrémités et imparfaitement rem-

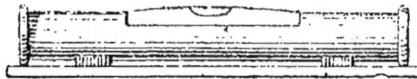

Fig. 108. — Niveau à bulle d'air.

pli par un liquide très mobile, tel que l'alcool ou l'éther. Il existe donc au-dessus du liquide une petite bulle d'air qui tend toujours à occuper la partie la plus élevée du tube. Celui-ci est enfermé dans une garniture en cuivre et fixé sur une réglette parfaitement plane. Deux traits gravés sur le verre marquent la position occupée par la bulle lorsque la réglette est horizontale.

198. — **Vérification du niveau.** Pour vérifier l'exactitude des indications de cet instrument, on pose le niveau sur une surface plane peu inclinée et on le tourne jusqu'à ce que la bulle se trouve exactement entre ses repères. On trace une ligne sur le plan le long du bord de la réglette et sur cette ligne on marque les deux extrémités du niveau ; on retourne ensuite celui-ci bout pour bout contre la ligne et, si l'instrument est exact, la bulle doit revenir entre les repères.

Lorsque le niveau ne satisfait pas à cette condition, on agit sur la vis de rectification de manière à ramener la bulle en arrière de la moitié de son déplacement 1 ; puis on recommence la vérification en opérant comme il vient d'être dit. On tâtonne ainsi jusqu'à ce que l'instrument soit parfaitement réglé.

Lorsque le niveau n'est pas muni de vis de rectification, on introduit des cales en papier entre les supports du tube et la réglette.

199. — Usage du niveau à bulle d'air. — Cet instrument s'emploie pour mesurer les différences de niveau, absolument dans les mêmes conditions que le niveau de maçon.

Il entre, en outre, dans la composition d'un grand nombre d'instruments topographiques.

----

[1] Si après le retournement la bulle ne revient pas entre ses repères, le niveau est inexact et la ligne AB (fig. 109) contre laquelle s'appuyait la réglette n'est pas horizontale. Considérons la première position du niveau : soit

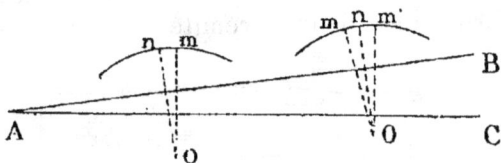

Fig. 109.

m le milieu de l'intervalle compris entre les repères, mo le rayon de courbure correspondant et no le rayon de courbure perpendiculaire à la réglette ; l'angle nom est égal à l'angle BAC que fait la ligne AB avec l'horizon. Après le retournement, la bulle vient en m' et l'angle $m'on$ est comme précédemment égal à BAC. Le déplacement mm' observé est donc double de mn et correspond au double de l'inclinaison de la ligne AB. Si le niveau était bien réglé, le centre de la bulle devrait, dans les deux positions, se trouver à une même distance de part et d'autre du milieu de l'intervalle compris entre les repères, distance égale à $nm = \dfrac{mm'}{2}$. En agissant sur la vis de rectification pour faire parcourir à la bulle la moitié de son déplacement, on corrige donc complètement le défaut de calage du tube.

§ 2. — INSTRUMENTS SERVANT A DÉTERMINER UN PLAN DE VISÉE HORIZONTAL.

I. — MIRES.

200. — **Mires à coulisse.** — 1° *Mire à coulisse ordinaire*. — Cette mire (fig. 110) se compose de deux règles juxtaposées, de deux mètres de hauteur, divisées en centimètres, et dont l'une est mobile par rapport à l'autre dans le sens de sa longueur. Un voyant carré en tôle, monté sur un curseur mobile le long de ces règles, peut se fixer en un point quelconque de la mire, à l'aide d'une vis de pression. Ce voyant est divisé en quatre compartiments égaux par une ligne horizontale et une ligne verticale (fig. 111-II). Deux de ces compartiments non contigus sont peints en rouge, les deux autres en blanc. La ligne de division horizontale se nomme *ligne de foi* et correspond à l'arête du curseur vis-à-vis de laquelle on fait les lectures. La règle fixe porte à la partie inférieure un sabot en fer qu'on appuie sur le point dont on veut déterminer la cote ou sur le repère.

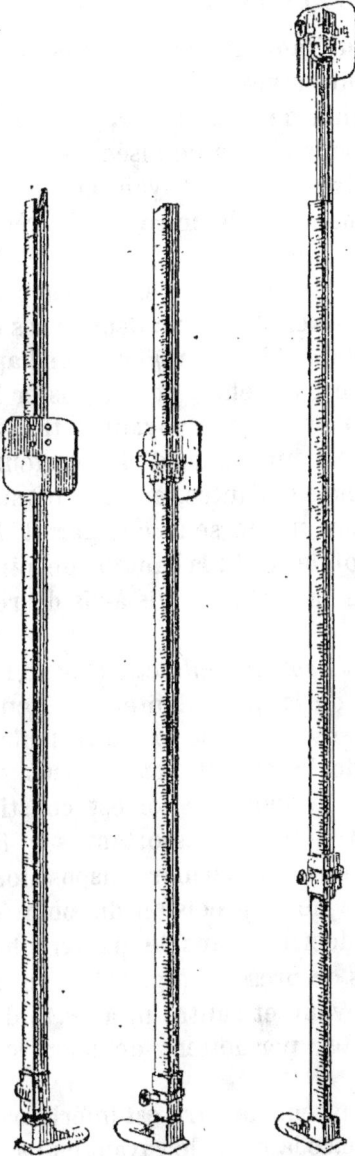

Fig. 110. — Mire à coulisse.

201. — *Usage.* — Le niveau étant en station, l'aide tient la mire bien verticale sur le point à viser et élève ou abaisse le voyant, suivant les indications de l'opérateur, jusqu'à ce que la ligne de foi se trouve dans le plan de visée. Le porte-mire, prévenu par un signe, fixe alors le voyant au moyen de la vis de pression et lit la hauteur de mire sur la règle fixe, vis-à-vis du repère du curseur.

Lorsque la hauteur de mire dépasse 2 mètres, il n'est plus possible d'opérer de cette manière. L'aide fixe dans ce cas le voyant tout au haut de la règle mobile ou réglette, en l'appuyant contre un arrêt disposé à cet effet, et fait glisser la réglette sur la règle fixe jusqu'à ce que le voyant se trouve dans le plan de visée. Averti par un signe de l'opérateur, il fixe alors les deux règles l'une sur l'autre, en agissant sur une vis de pression portée par un curseur qui garnit la partie inférieure de la règle mobile, et lit la hauteur de mire sur une des faces latérales de la règle fixe vis-à-vis du repère de ce curseur.

202. — 2° *Mire à coulisse de l'École d'application* (fig. 111). — Cette mire diffère un peu de la précédente. Les deux règles ont 2^m,10 de hauteur; le voyant est fixé invariablement à la partie inférieure de la réglette et ne peut se mouvoir qu'avec celle-ci ; enfin la ligne de foi est constituée par une raie horizontale blanche ressortant sur le fond rouge du voyant (fig. 111-I). Cette dernière disposition est préférable, au point de vue de la précision du pointé, à celle des mires ordinaires décrites dans le paragraphe précédent (fig. 111-II). Deux vis de pression (fig. 111-I), l'une p_1, placée vers le centre du voyant et l'autre p_2 à 0^m,15 de l'autre extrémité de la réglette, permettent de fixer les deux règles l'une sur l'autre.

203. — *Usage.* — Quand la hauteur de mire est inférieure à deux mètres (fig. 111-III), on place la mire, le voyant en bas, et le porte-mire fait glisser la réglette le long de la règle, jusqu'à ce que l'opérateur lui fasse signe de serrer la vis de pression p_1.

Lorsque la hauteur de mire dépasse deux mètres (fig. 111-v),

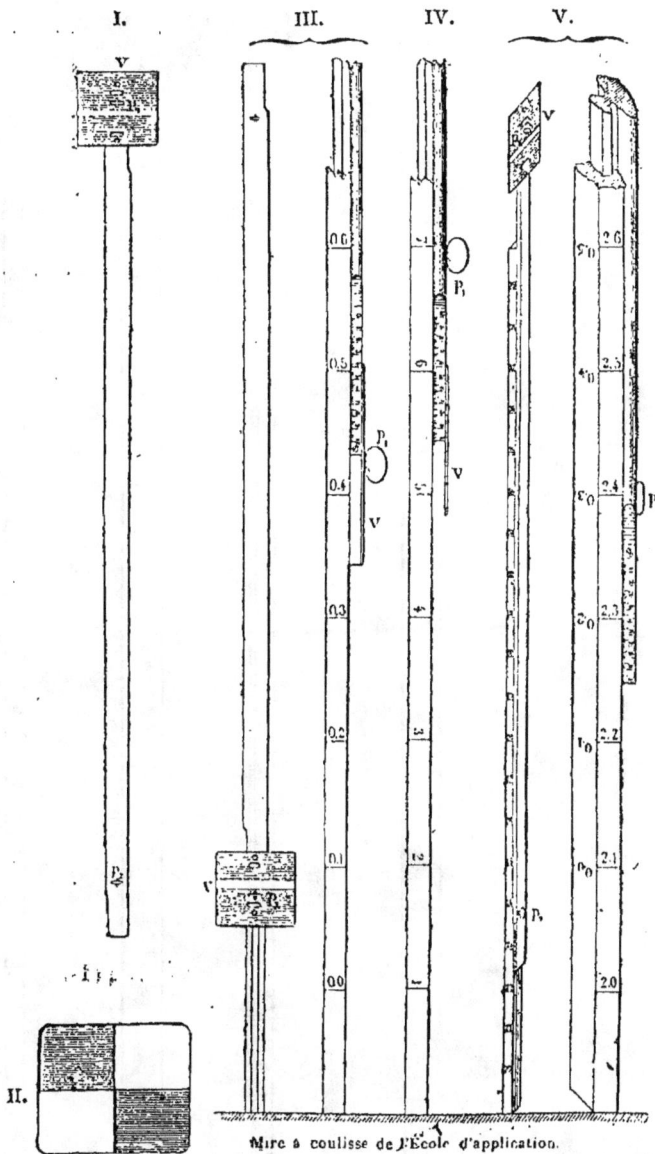

Mire à coulisse de l'École d'application.

Fig. 111.

I' — Mise repliée, vue de face ; — V, voyant rouge avec ligne de foi blanche;
    — p_1 p_2, vis de pression.
II. — Voyant à compartiments.
III. — Hauteurs de mire moindres que 2 mètres. Lecture, $0^m,543$.
IV. — Ancienne mire de l'école. Lecture, $0^m,543$.
V. — Hauteurs de mire plus grandes que 2 mètres. Lecture, $2^m,348$.

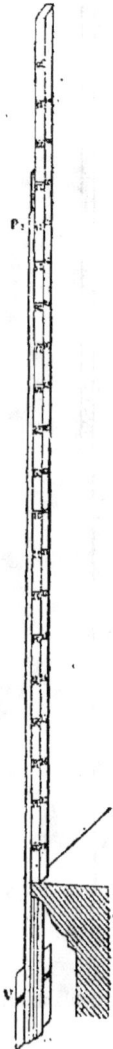

Fig. 112.

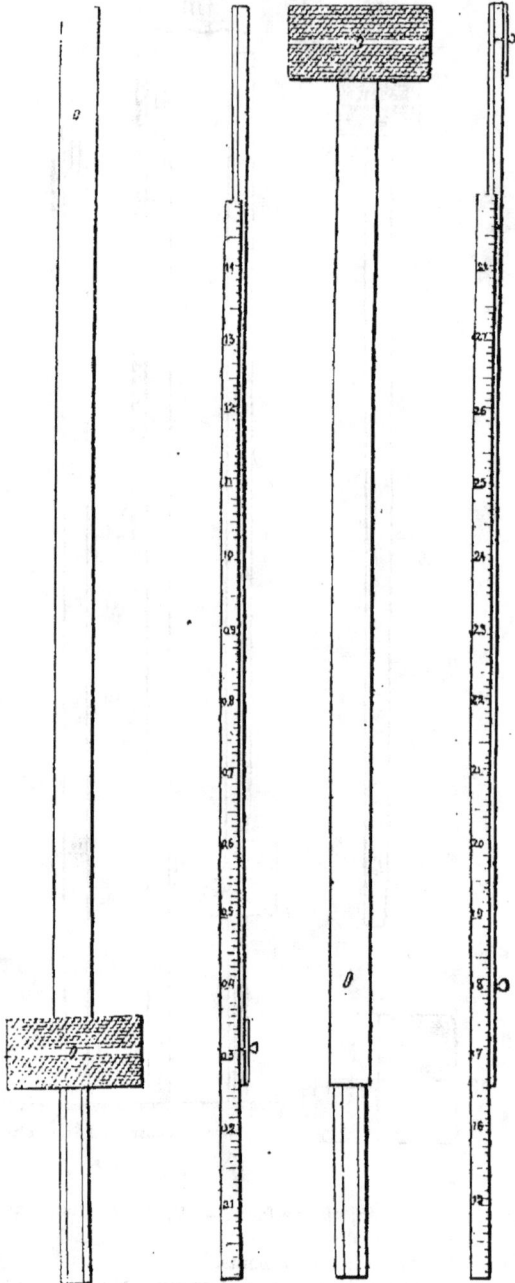

Fig. 113. — Mire à coulisse des parcs.

on retourne la mire bout pour bout, de manière que le voyant soit en haut, et l'aide fait glisser la réglette sur la règle comme précédemment. Il la fixe au moyen de la vis de pression p_2.

Les deux côtés de la mire sont divisés en décimètres, et la réglette porte, à chacune de ses deux extrémités, une languette de laiton divisée en 100 millimètres. Pour faire la lecture d'une hauteur de mire, on prend pour le chiffre des décimètres celui qui est marqué sur la règle vis-à-vis de la partie graduée de la languette, et on y ajoute le nombre de centimètres et de millimètres indiqué par la languette vis-à-vis du trait de la règle correspondant au chiffre des décimètres.

204. — Une troisième graduation marquée sur le dos de la règle permet de prendre des hauteurs de mire en contre-bas des points, en renversant la mire. Ces hauteurs sont alors comptées négativement (fig. 112).

205. — 3° **Mire à coulisse des parcs.** — Cette mire est analogue à la précédente, mais n'a que $1^m,50$ de hauteur. La règle est divisée en centimètres et les lectures se font vis-à-vis un index marqué sur la réglette. Les millimètres s'estiment à vue (fig. 113).

206. — Les lectures sur les mires à coulisse sont faites par le porte-mire qui énonce successivement les quatre chiffres qui composent les hauteurs de mire, sans omettre les zéros qui remplacent les unités manquantes. Il est bon que l'opérateur contrôle les lectures toutes les fois que la chose est possible.

207. — **Mires parlantes.** — Avec ces mires l'observateur fait lui-même les lectures. Il évite ainsi les

Fig. 114. — Mire parlante.

Noir et Jaune. Rouge et Blanc. Noir et Jaune.

erreurs de lecture que pourrait faire le porte-mire et les pertes de temps qu'occasionne le déplacement du voyant.

La fig. 114 représente la mire parlante le plus générale-ment employée avec les ni-veaux qui ne comportent pas de lunette. Les divisions re-présentent des décimètres; elles ne portent aucune chif-fraison, mais leur couleur et leur groupement facilitent les lectures des mètres et des décimètres. Les centimètres s'estiment à vue.

Les mires des niveaux à lunette sont divisées en cen-timètres.

II. — NIVEAUX.

1. — NIVEAU D'EAU.

208. — **Description**. — Le niveau d'eau est fondé sur ce principe que, *lorsqu'un li-quide homogène est contenu dans des vases ouverts com-muniquant entre eux, tous les points de sa surface dans les divers vases sont au même niveau.*

L'instrument se compose d'un tube cylindrique en fer blanc ou en cuivre recourbé à angle droit à ses deux ex-trémités et terminé à chaque bout par une fiole en verre. Ce tube est muni, en son milieu, d'une douille permettant de le placer sur un trépied et autour de laquelle il peut tour-ner librement (fig. 115).

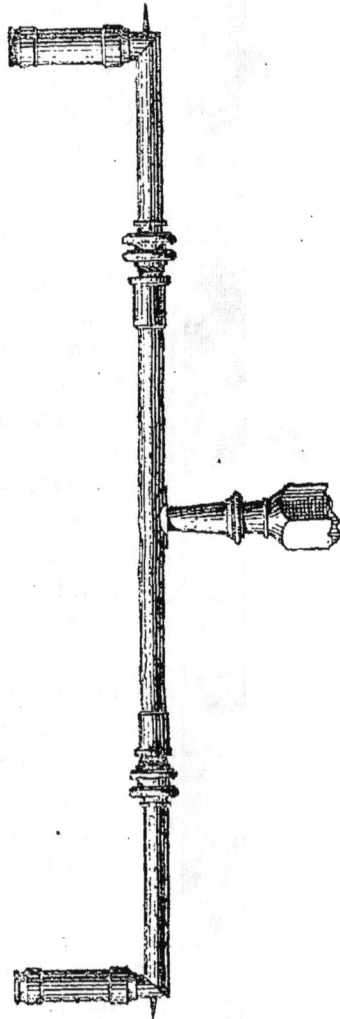

Fig. 115. — Niveau d'eau.

209. — **Mise en station du niveau d'eau.** — On verse de l'eau en quantité suffisante dans le tube pour que, lorsque celui-ci est sensiblement horizontal, le niveau du liquide s'élève dans les deux fioles jusqu'à moitié ou aux $\frac{2}{3}$ de leur hauteur ; puis on incline fortement l'instrument, en ayant soin de boucher la fiole inférieure avec le pouce et de frapper à petits coups sur le tube, afin de chasser les bulles d'air qui pourraient adhérer aux parois et qui, en se dégageant pendant les opérations, feraient varier le plan de niveau.

On dispose ensuite le niveau sur un trépied et on rend son axe de rotation sensiblement vertical, en agissant sur les branches du trépied ou sur le genou à coquille de la douille.

En faisant faire à l'instrument un tour complet autour de son axe, la surface de l'eau doit rester constamment visible dans les fioles et celles-ci ne doivent pas laisser échapper de liquide.

210. — **Emploi du niveau d'eau.** — La surface de l'eau dans chaque fiole n'est pas complètement plane, mais elle se termine le long des parois par une partie annulaire s'élevant un peu au-dessus du niveau général du liquide. La ligne de visée est déterminée par les circonférences qui limitent la surface de l'eau contre les parois des deux fioles.

211. — Habituellement la visée se fait en diagonale, c'est-à-dire suivant la tangente intérieure aux deux circon-

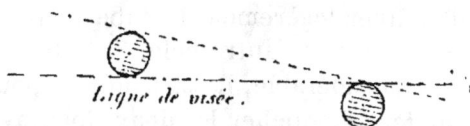

ligne de visée.

Fig. 116.

férences (fig. 116). Le voyant de la mire se projette alors entre les deux fioles et, malgré les oscillations inévitables de la tête, on ne cesse pas de voir à la fois les fioles et la mire.

Il est bon de placer l'œil à 1 mètre environ de la première fiole, pour faire la visée, et de l'élever ou de l'abaisser jusqu'à ce que le rayon visuel se trouve dans la ligne de visée définie ci-dessus.

212. — La hauteur à laquelle le liquide s'élève contre les parois des fioles, au-dessus du niveau général, varie avec le diamètre de ces fioles ; aussi est-il nécessaire que celles-ci soient bien exactement du même calibre.

213. — Lorsque les fioles ne sont pas verticales, la visée faite en diagonale peut donner lieu à une petite erreur, qui tient à ce que la hauteur de la partie mouillée de la fiole, au-dessus du niveau général du liquide, est plus considérable du côté de la paroi qui fait un angle aigu avec ce niveau, que du côté de celle qui fait un angle obtus. On corrige cette erreur en faisant deux visées suivant les deux diagonales et en prenant la moyenne des résultats obtenus dans les deux cas.

214. — **Obscurateurs.** — Dans les instruments soignés, on rend le plan de visée plus net en garnissant les fioles d'*obscurateurs*. On nomme ainsi des enveloppes cylindriques, échancrées latéralement de manière à laisser apparente une portion de la surface du liquide. Ces obscurateurs sont noircis à l'intérieur et donnent à l'eau un reflet noirâtre qui la fait mieux trancher sur le fond de l'atmosphère.

215. — Lorsqu'on transporte le niveau d'eau d'une station à une autre, on porte le trépied d'une main et on bouche, avec le pouce de l'autre main, l'une des fioles, en ayant soin d'incliner légèrement le tube pour empêcher le liquide de s'écouler par l'autre fiole. Si le trajet à parcourir est un peu considérable, il est prudent, pour éviter les pertes de liquide, de boucher les deux fioles avec des bouchons de liège ; il faut avoir soin d'enlever ces bouchons ou au moins de les desserrer complètement avant de faire les visées, afin de rétablir la communication avec l'air extérieur.

216. — **Limite d'emploi et précision de l'instrument.** — La portée extrême du niveau d'eau est de 30 ou 40 mètres avec les mires ordinaires. Cet instrument ne permet d'ailleurs d'obtenir les hauteurs de mire qu'avec une approximation de 1 à 2 centimètres.

217. — Inconvénients du niveau d'eau. — Outre son peu d'exactitude, le niveau d'eau présente l'inconvénient d'être peu portatif et d'exiger qu'on emporte un vase plein d'eau pour réparer les pertes de liquide. L'action du vent produit, en outre, des oscillations de la surface de l'eau qui rendent les visées souvent incertaines et même quelquefois complètement impossibles.

2. — NIVEAU BUREL.

218. — Description de l'instrument. — Le niveau Burel (fig. 117) se compose essentiellement d'un pendule librement suspendu, auquel est fixée une petite glace qui est verticale lorsque le pendule a pris sa position d'équilibre. Si un opérateur se place à quelque distance en avant de cet instrument, la ligne de visée passant par son œil et l'image de cet œil dans la glace est donc horizontale, et il suffit, pour obtenir la hauteur de mire d'un point situé en avant, d'amener sur cette ligne le voyant de la mire placée au point considéré.

Pour amortir les oscillations du pendule sous l'action du vent, on fait plonger la masse pesante M qui le termine dans une boîte cylindrique en cuivre remplie d'eau; le couvercle de cette boîte est percé d'une ouverture D pour laisser passer librement la tige du pendule. Pendant les transports, on peut fermer hermétiquement cette ouverture au moyen d'un bouchon b' porté par la tige du pendule, qu'il suffit d'abaisser à cet effet; l'extrémité inférieure du pendule s'engage alors dans un logement pratiqué dans le fond de la boîte et l'instrument se trouve parfaitement garanti. La tige du pendule est enfermée dans un étui en cuivre fixé au-dessus de la boîte à eau; cet étui est percé, à hauteur de la glace, d'une fenêtre F que l'on démasque lorsqu'on veut faire usage de l'instrument. La tige est reliée au bouchon de cet étui au moyen d'une suspension qui lui permet d'osciller dans tous les sens. Ce bouchon porte un bouton t mobile dans une rainure hélicoïdale pratiquée dans les parois de l'étui, et, grâce à cette disposition, on peut, en tournant le bouchon d'un côté ou de l'autre, dégager le pendule et rendre la suspension complètement libre, ou bien fermer la boîte à eau et fixer le pendule pour les transports.

Lorsque le bouton t est au haut de sa course, il s'appuie sur le rebord de l'étui; on peut alors faire tourner librement le pendule.

La partie inférieure de la boîte à eau porte une virole permettant de fixer l'instrument sur un trépied (fig. 119).

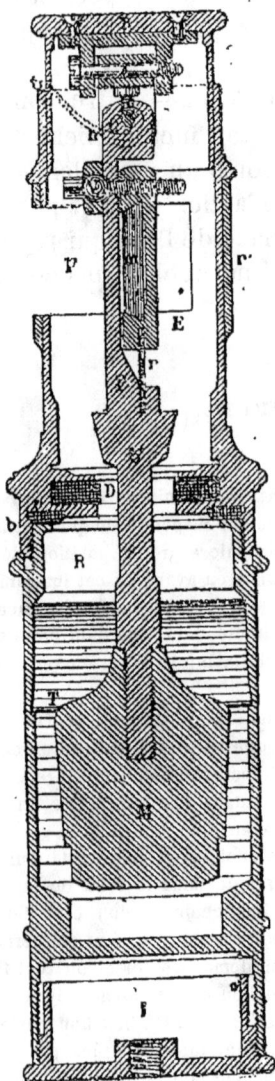

Légende.

B, bouchon supérieur.

A, double articulation.

C, couteau de suspension du pendule.

P, pendule.

M, masse pesante qui plonge dans l'eau.

b, bouchon conique qui ferme le diaphragme D dans les transports.

m, miroir enchâssé dans une chape métallique.

r, ressort qui lie le miroir au pendule.

V, vis de rectification du miroir.

E, enveloppe supérieure.

F, ouverture pratiquée dans cette enveloppe.

p', recouvrement de l'ouverture F.

h, rainure hélicoïdale dans laquelle glisse le bouton t.

t, bouton sur lequel repose le bouchon B pendant les opérations.

R, réservoir à eau.

T, trait d'arrêt de l'eau, avant l'introduction de la masse M.

D, diaphragme garni de cuir.

b, bague dans laquelle se visse le réservoir R.

c, garniture de cuir.

I, boîte inférieure contenant l'œilleton.

Fig. 117. — Niveau Burel à réservoir d'eau.

Pour faciliter les visées, on fait usage d'un œilleton (fig. 118 et 121) formé
d'une plaque circulaire d'ivoire percée en son centre d'un trou de visée Œ.
Cette plaque porte sur l'une des faces une ligne noire *f*, tracée suivant un

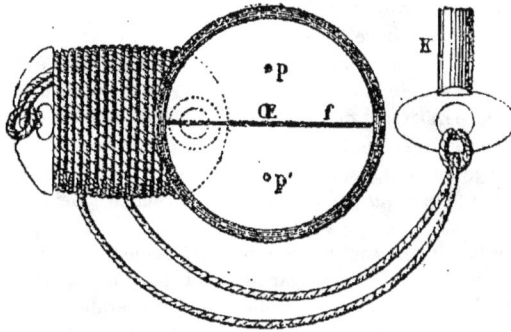

Fig. 118. — Œilleton en ivoire.

Œ, trou central ; — f, ligne de foi noire ; — p p', points noirs dont l'écartement est un peu moindre que la hauteur du miroir m (fig. 117) ; — K, clef
de rectification pour la vis V du miroir m (fig. 117).

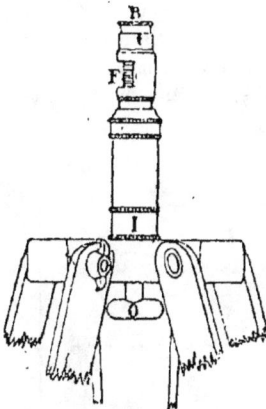

Fig. 119.
Niveau Burel sur son pied.

o, vis qui traverse la tête du
pied et se visse
dans l'écrou de la boîte I.

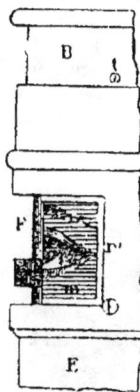

Fig. 120.

Visée faite
au
moyen
de l'œil.

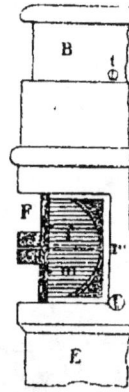

Fig. 121.

Visée faite
en se
servant
de l'œilleton

diamètre, et deux points noirs *pp'*, marqués sur le diamètre perpendiculaire, à
égale distance de la raie noire. L'intervalle de ces deux points est un peu
plus faible que la hauteur de la glace du niveau.

219. — Usage de l'instrument. — L'instrument étant fixé sur son trépied dans une position suffisamment rapprochée de la verticale pour que le pendule puisse osciller librement, l'opérateur se place à 30 centimètres environ du niveau, met l'œilleton devant l'œil, la face blanche en avant, et dirige son rayon visuel, à travers le trou de visée, sur l'image de l'œilleton dans la glace; sans perdre cette image de vue, il s'éloigne ensuite jusqu'à 0ᵐ,80 ou 1 mètre de l'instrument; il tourne l'œilleton de manière que l'image de la ligne diamétrale noire soit à peu près au milieu de la glace et que les deux points noirs paraissent tout près et à égale distance du bord vertical; puis il fait amener la ligne de foi du voyant de la mire dans le plan de visée passant par l'image de la ligne diamétrale noire. Il a soin, dans cette opération, de tourner le niveau jusqu'à ce que la mire semble toucher le bord de la glace.

Pour que le plan de niveau reste à peu près constant, il importe que la visée se fasse toujours sensiblement par le même point de la glace. Cette condition se trouve suffisamment bien remplie quand l'opérateur voit simultanément les deux points p et p' au-dessus et au-dessous de l'image de la ligne noire f.

220. — Vérification et rectification du niveau. — La glace n'est pas maintenue dans sa monture d'une manière invariable, mais elle est liée à la tige du pendule par l'intermédiaire d'une lame de ressort r et par une vis v. La verticalité de la glace dans la position d'équilibre du pendule n'est donc pas parfaitement assurée et, les variations de température pouvant suffire pour la détruire, il est nécessaire de pouvoir la vérifier et la rectifier au besoin.

A cet effet, les faces de la glace sont étamées toutes deux sur leur moitié de droite seulement, afin que l'on puisse faire les visées indifféremment par la partie gauche de l'un ou l'autre côté.

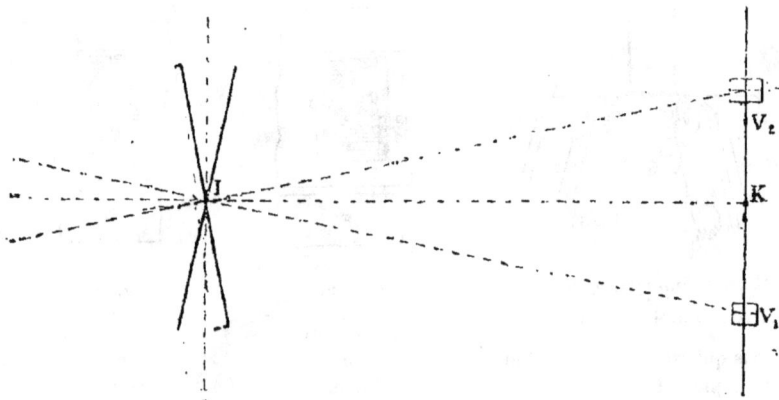

Fig. 122.

Pour vérifier l'instrument, on le met en station et on fait une première visée sur une mire distante de 30 mètres environ, en notant la hauteur de mire obtenue V₁ (fig. 122); on fait faire ensuite au pendule une demi-révolution

autour de la verticale et on recommence la visée en se servant de l'autre face
de la glace. Si la hauteur de mire V_2 obtenue dans la deuxième visée est différente de la première, on peut en conclure que la glace n'est pas verticale. Il
est facile de se rendre compte, d'ailleurs, que dans les deux visées la glace a
occupé deux positions symétriques par rapport à la verticale, et que les lignes
de visée IV_1 et IV_2 sont également inclinées, mais en sens contraire, sur l'horizon. En donnant au voyant la position moyenne K, cette hauteur de mire
est celle que l'on eût obtenue si la glace avait été verticale. Il suffit donc, pour
rectifier l'instrument, d'agir sur la vis V (fig. 117) pour amener le plan de
visée dans la direction de la ligne de foi du voyant K. Il est indispensable de
faire une contre-épreuve, car la rectification se fait rarement d'une façon
complète du premier coup.

Ce mode de rectification fait voir que, pour compenser l'erreur due à un
défaut de réglage, il suffit de prendre la moyenne des hauteurs de mire obtenues en visant successivement par les deux faces de la glace.

221. — Si les deux faces de la glace n'étaient pas parfaitement parallèles,
la ligne de visée ainsi rectifiée ne serait pas horizontale. On peut constater,
dans ce cas, le défaut d'horizontalité en opérant par visées réciproques, comme
il sera dit n° 226.

222. — **Portée limite et précision du niveau Burel.** — La portée
du niveau Burel est d'environ 30 mètres; à cette distance, un observateur un
peu exercé peut obtenir une hauteur de mire à 1 centimètre près.

3. — NIVEAU A COLLIMATEUR.

223. — **Description de l'instrument.** — Le niveau à collimateur (fig. 123) se compose essentiellement d'un pendule P
oscillant librement autour d'une suspension et muni d'un
collimateur invariablement fixé sur sa tige.

Le collimateur consiste en un petit tube de laiton fermé
à l'une de ses extrémités par une lentille convergente L et
à l'autre par un verre dépoli V; un fil de cocon de soie teint
en noir est fixé sur un diaphragme K, un peu en deçà du
foyer principal de la lentille. L'instrument est construit de
façon que le plan qui passe par le fil et le centre optique
de la lentille est horizontal lorsque le pendule occupe sa
position d'équilibre. Un bouton b, placé à la partie supérieure, permet, à l'aide d'une légère pression, d'arrêter assez
rapidement les oscillations.

Le niveau à collimateur se monte sur un trépied comme
le niveau Burel. Pendant les transports, la tige du pendule

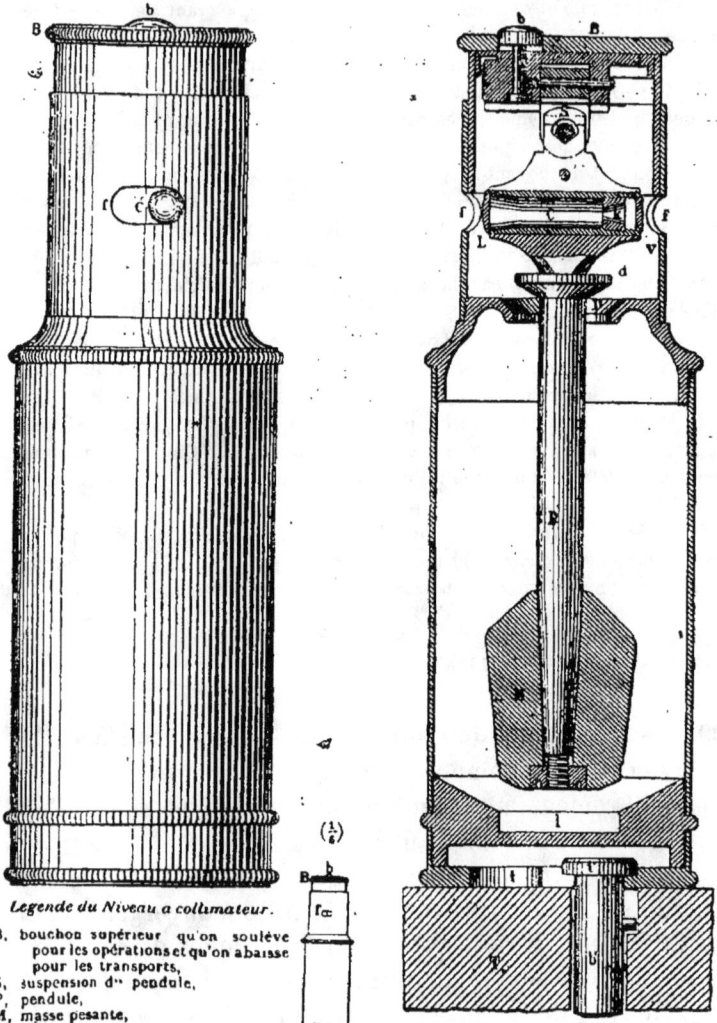

Legende du Niveau a collimateur.

B, bouchon supérieur qu'on soulève pour les opérations et qu'on abaisse pour les transports,
S, suspension d** pendule,
P, pendule,
M, masse pesante,
C, collimateur,
L, lentille du collimateur,
V, verre dépoli,
R, diaphragme portant un fil horizontal,
b, bouton qui agit sur une lame de ressort, pour modérer les oscillations du pendule,
D, diaphragme dans lequel entre le bouchon d, dans les transports,
l, logement dans lequel s'appuie la masse M, dans les transports,

f, f, fenêtres pratiquées dans l'enveloppe.

— Instrument sur son pied.

T, tête du trépied,
t, ouverture dans le fond de l'enveloppe, pour introduire la tête t du boulon b',
b', boulon qui traverse la tête T,
t, tête du boulon,
e, écrou qui sert à fixer l'instrument.

Fig. 123. — Niveau à collimateur.

9

est protégée contre les effets des chocs qui pourraient la fausser, au moyen d'une disposition analogue à celle de ce dernier instrument.

224. — **Emploi du niveau à collimateur.** — Lorsqu'on met l'instrument en station, il faut avoir soin de soulever le bouchon supérieur et de s'assurer que le pendule oscille librement sans toucher l'enveloppe. Dans cette position, le collimateur se présente en regard de deux fenêtres assez larges, et, en approchant l'œil de la lentille, le fil de cocon se détache nettement comme une ligne située à une grande distance. Cette ligne et l'œil déterminent un plan de visée horizontal, dans lequel on amène la ligne de foi du voyant de la mire. A cet effet, on oriente le collimateur, de manière que l'on puisse voir à la fois et du même œil le fil de cocon dans la lentille et la mire, par vision directe, à travers les fenêtres de l'instrument. Le fil de cocon doit sembler toucher la mire.

Vérification de l'instrument. — Avant de se servir d'un niveau à collimateur il faut vérifier :

225. — 1° *L'horizontalité du fil du collimateur.* — Il suffit pour cela de tourner l'instrument sur son pied de manière à viser successivement par les deux extrémités du fil. On doit obtenir dans les deux cas la même hauteur de mire.

226. — 2° *L'horizontalité de la ligne de visée.* — A cet effet, on marque sur le terrain deux points A et B distants de 30 mètres environ (fig. 124); on se

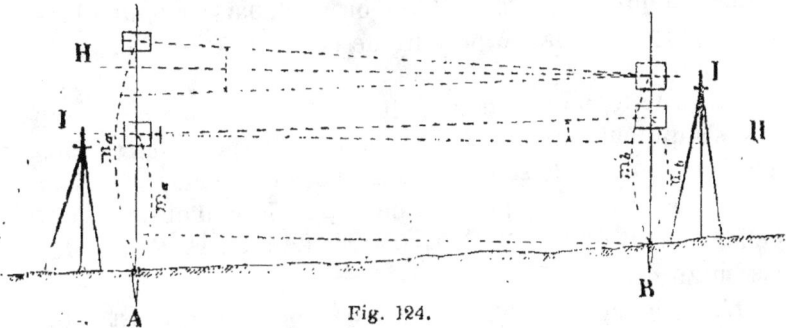

Fig. 124.

met en station à une petite distance en arrière du point A et on note la différence des lectures faites sur une mire placée successivement en A et en B. On se met ensuite en station en arrière du point B et on note de même la différence des lectures faites sur une mire placée en B et en A. Si les deux différences ainsi observées ne sont pas égales, on en conclut que la ligne de visée n'est pas horizontale. Une divergence de 2 centimètres est toutefois admissible dans la pratique. On peut compenser l'erreur due au défaut d'horizontalité de la ligne de visée en se plaçant toujours à égale distance des points dont on cherche la différence de niveau.

227. — Portée limite et précision de l'instrument. — La portée limite est de 30 mètres. A cette distance, les hauteurs de mire peuvent être obtenues à un centimètre près.

4. — NIVEAUX A LUNETTE.

228. — Un *niveau à lunette* se compose essentiellement d'une lunette mobile autour d'un axe de rotation perpendiculaire à son axe optique. On rend l'axe de rotation parfaitement vertical, en se guidant à cet effet sur les indications d'un niveau à bulle d'air ; l'axe optique décrit alors un plan horizontal qui constitue le plan de visée.

229. — Description sommaire de l'instrument. — Les niveaux à lunette habituellement en usage dans le service du génie (fig. 125 et 126) se composent d'un axe de rotation autour duquel se meut une traverse perpendiculaire, terminée par deux fourches sur lesquelles repose la lunette. L'une de ces fourches est fixe et l'autre est mobile au moyen d'une vis qui permet de l'élever ou de l'abaisser pour obtenir la perpendicularité parfaite de l'axe optique à l'axe de rotation.

La lunette porte deux colliers rigoureusement égaux, qui s'appuient sur les fourches, et elle peut faire dans celles-ci, autour de son axe de figure, une demi-révolution exacte, de manière à prendre deux positions d'observation. Celles-ci sont déterminées par l'arrêt de butoirs contre des vis butantes.

L'instrument est porté par un trépied auquel il est relié par une tige à ressort. Il s'appuie sur le plateau de ce trépied par l'intermédiaire de trois vis calantes qui permettent de caler l'axe de rotation dans une direction verticale, en servant, à cet effet, des indications d'un niveau à bulle

d'air fixé sur la traverse (niveau à fiole fixe, fig. 125) ou re-
posant librement sur les colliers de la lunette (niveau à fiole
indépendante, fig. 126).

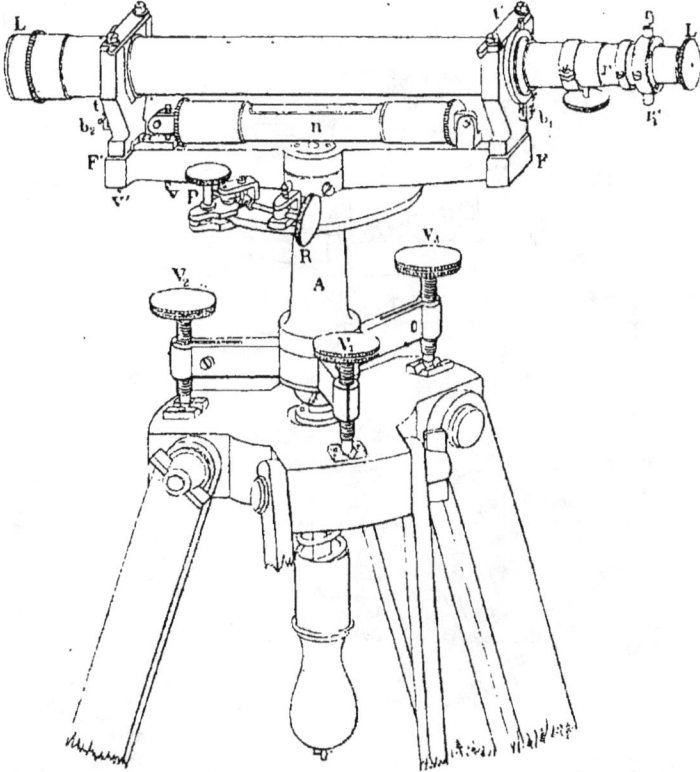

Fig. 125. — Niveau à lunette à fiole fixe.

V_1, V_2 V_3, vis calantes du trépied ; — A, enveloppe de l'axe vertical ; —
P, pince qui fixe la lunette L dans une direction quelconque ; — R, vis de
rappel ; — b_1, b_2, vis d'arrêt portées par les fourches F et F'; t, t', gou-
pilles d'arrêt portées par les colliers de la lunette; r, vis qui permet de
faire tourner le coulant porte-fils ; — r, r_1 ', vis servant à centrer la lunette
par rapport au fil horizontal ; — v, vis de rectification de la fiole ; — v', vis
de rectification de l'axe optique.

La directrice de ce niveau à bulle d'air (on appelle ainsi
la direction à laquelle se rapportent les indications de la
bulle, et qui est horizontale lorsque celle-ci est comprise

entre ses repères) doit être perpendiculaire à l'axe de rotation de l'instrument.

230. — **Mise en station.** — La mise en station consiste à

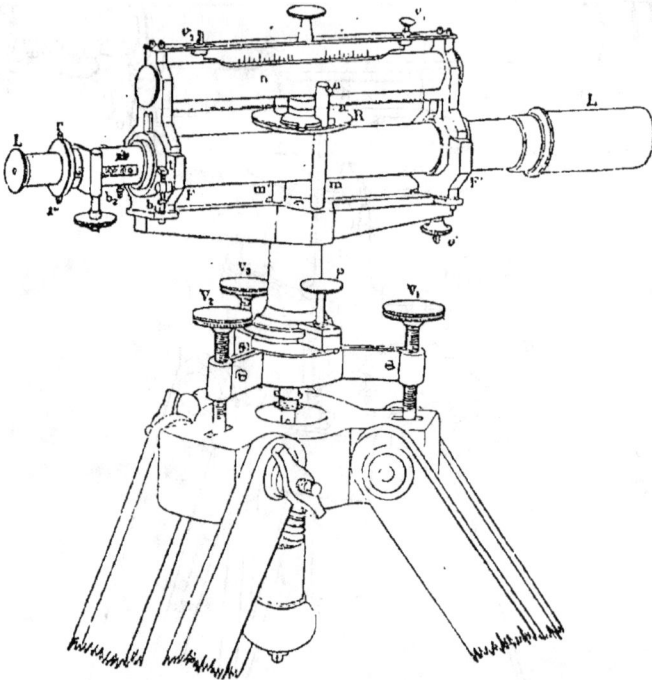

Fig. 126. — Niveau à lunette à fiole indépendante.

V_1, V_2, V_3, vis calantes de rappel ; — P, vis de pression qui arrête le mouvement de rotation autour de l'axe vertical ; — R, rondelle qui sert à fixer
la fiole n sur la lunette, par l'intermédiaire des montants m et m', munis
d'arrêts a, a' ; — b_1, b_2, vis butantes portées par la fourche F ; elles déterminent les positions d'observation de la lunette ; t, taquet d'arrêt porté par
le collier de la lunette ; il vient buter contre la vis b_1 ou b_2 ; — r, r', vis
de rectification du réticule ; v_1, v_2, vis qui servent à régler la position de la
réglette, pour rendre la directrice de la fiole parallèle à l'axe de la lunette ;
v', vis de rectification de la fourche F'.

caler l'axe de rotation dans une direction parfaitement verticale. A cet effet, on fait tourner l'instrument autour de
son axe de manière à rendre le niveau parallèle à la ligne

qui passe par deux vis calantes, et on manœuvre celles-ci
en sens contraire l'une de l'autre, pour amener la bulle entre
ses repères. Ce résultat obtenu, l'axe de rotation se trouve
dans un plan vertical perpendiculaire à la directrice.

On fait ensuite mouvoir l'instrument autour de son axe,
jusqu'à ce que le niveau se trouve dans la direction de la
troisième vis calante, et on agit sur celle-ci pour ramener
la bulle entre ces repères. Cette opération a pour effet de
placer l'axe dans un deuxième plan vertical à peu près perpendiculaire au premier. Cet axe serait donc parfaitement
vertical si la manœuvre de la troisième vis ne l'avait pas fait
sortir du premier plan vertical.

On complète le calage en répétant les mêmes opérations
jusqu'à ce que la bulle reste immobile entre ses repères, dans
les deux positions à angle droit que l'on donne au niveau.

Vérifications et rectifications. — Les conditions principales que doit
remplir l'instrument sont les suivantes :

231. — 1° *Le fil horizontal du réticule doit être perpendiculaire à l'axe de
l'instrument.*

Cette condition n'est pas indispensable ; toutefois on cherche généralement à la
réaliser, afin de ne pas être astreint à faire toutes les visées par la croisée des fils.

On bissecte avec le fil du réticule, en agissant sur une des vis calantes, un
objet blanc, bien net et fixe, se détachant sur un fond obscur ; puis on fait
tourner lentement l'instrument autour de son axe ; l'image de l'objet doit suivre
le fil. S'il n'en est point ainsi, on rectifie l'instrument en tournant dans un sens
convenable la vis butoir qui arrête les mouvements de la lunette autour de son
axe de figure. Il faut faire la vérification pour les quatre positions d'observation que peut prendre la lunette, lorsqu'on la fait tourner autour de son axe
de figure et qu'on la retourne bout à bout sur les fourches.

232. — 2° *La lunette doit être centrée par rapport au fil horizontal*, c'est-
à-dire que, dans les deux positions d'observation qu'elle peut prendre autour
de son axe de figure, le plan de visée doit être absolument le même.

La lunette étant dans une de ses positions d'observation, on agit sur une
des vis calantes pour bissecter la ligne de foi d'une mire placée à 80 mètres
environ de distance ; on passe ensuite à la deuxième position d'observation et,
sans toucher à l'instrument ou à la mire, on doit de nouveau bissecter la ligne
de foi. S'il n'en est pas ainsi, on détermine les hauteurs de mire correspondant aux deux visées, on fixe le voyant à la hauteur moyenne et on agit sur la
vis de rectification du réticule pour amener le fil horizontal à bissecter la ligne
de foi du voyant.

Dans les deux visées, le plan optique a occupé, en effet, deux positions
symétriques par rapport à l'axe de figure de la lunette et, par suite, celui-ci

prolongé rencontre la mire à la hauteur moyenne à laquelle on a fixé le voyant.

On recommence les opérations jusqu'à satisfaction complète.

3° *La directrice du niveau à bulle d'air doit être perpendiculaire à l'axe de rotation de l'instrument.* (La directrice du niveau est la direction qu'on rend horizontale en amenant la bulle entre ses repères.)

Cette vérification se fait différemment, suivant que l'instrument est à *fiole fixe* ou à *fiole indépendante.*

233. — *Niveau à fiole fixe.* — L'instrument étant calé le mieux possible, on amène, dans une des deux positions de calage, la bulle exactement entre ses repères, puis on fait faire à l'instrument une demi-révolution autour de son axe. La bulle doit revenir entre les repères.

Si cette condition n'est pas remplie, on agit sur la vis de rectification du niveau pour faire rétrograder la bulle de la moitié de son déplacement [1]; on recommence ensuite le calage de l'axe, puis la rectification de la fiole, et on continue ainsi jusqu'à satisfaction complète.

Avant de faire cette rectification, il faut s'assurer qu'il ne se produit pas de ballottements de la fiole dans son enveloppe ou de celle-ci par rapport à la traverse qui porte le niveau.

234. — *Niveau à fiole indépendante.* — On vérifie et on rectifie successivement le parallélisme de la directrice de la fiole et de l'axe de figure de la lunette, puis la perpendicularité de celui-ci à l'axe de rotation de l'instrument (voir 4°, n° 236).

Vérification du parallélisme de la directrice de la fiole et de l'axe de la lunette.

L'instrument étant à peu près calé, on amène la lunette dans la direction d'une vis calante et on la fixe dans cette position en serrant la pince; on

1. Dans la première position, la directrice N1 (fig. 127) de la fiole est horizontale, mais fait un certain angle avec la projection AX de l'axe; après la

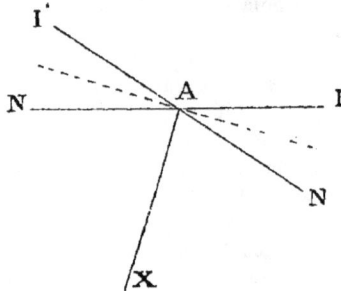

Fig. 127.

demi-révolution autour de cet axe, elle prend une position N'1' symétrique de N1 par rapport à AX. Le déplacement de la bulle correspond donc au double du défaut de perpendicularité.

amène ensuite la bulle exactement au milieu de la graduation en agissant sur la vis calante, puis on retourne le niveau à bulle d'air bout pour bout sur la lunette. Après ce retournement, la bulle doit revenir de nouveau au milieu de la graduation.

S'il en était autrement, on ferait la rectification en agissant sur la vis calante pour faire rétrograder la bulle de la moitié de son écart et en déplaçant ensuite la réglette qui porte la graduation de la fiole pour faire coïncider le milieu de cette graduation avec le centre de la bulle. On réitère cette opération jusqu'à satisfaction. Cette rectification suppose que les deux colliers de la lunette sont rigoureusement égaux.

4° *L'axe optique de la lunette doit être perpendiculaire à l'axe de rotation de l'instrument.*

Cette vérification se fait différemment suivant que le niveau est à fiole fixe ou à fiole indépendante.

235. — *Niveau à fiole fixe.* — On agit sur une vis calante pour bissecter avec le fil horizontal la ligne de foi du voyant d'une mire placée à 100 mètres environ, puis on fait faire à l'instrument une demi-révolution autour de son axe de rotation et on retourne la lunette bout pour bout et sens dessus dessous. En visant la mire, le fil horizontal doit toujours bissecter la ligne de foi.

S'il n'en est pas ainsi, on rectifie l'instrument de la manière suivante :

On note les hauteurs de mire correspondant aux deux visées, on fixe le voyant à la hauteur moyenne et on agit sur la vis de rectification de la fourche mobile jusqu'à ce que le fil horizontal bissecte la ligne de foi du voyant.

Dans les deux visées, le plan optique occupe en effet deux positions symétriques par rapport à l'axe de rotation ou à sa perpendiculaire et, par suite, celle-ci prolongée rencontre la mire à la hauteur moyenne à laquelle on a fixé le voyant.

Cette vérification ne donne de bons résultats que si les deux colliers de la lunette sont rigoureusement égaux.

236. — *Niveau à fiole indépendante.* — Le parallélisme de la directrice de la fiole et de l'axe de la lunette étant vérifié (voy. 3°, n° 234), on cale approximativement l'axe de l'instrument, et, dans la dernière position de calage, on amène exactement la bulle au milieu du tube en agissant sur la vis calante correspondante. On fait ensuite faire à l'instrument une demi-révolution autour de son axe de rotation. Si celui-ci est perpendiculaire à l'axe de la lunette (ou au plan optique si la deuxième rectification a été faite), la bulle doit se retrouver au milieu du tube.

Dans le cas contraire, on agit sur la vis calante pour faire rétrograder la bulle de la moitié de son déplacement et on achève de la ramener au milieu de la graduation en agissant sur la vis de rectification de la fourche mobile. On réitère cette opération jusqu'à satisfaction.

5° *Les deux colliers de la lunette doivent être rigoureusement égaux.*

237. — *Niveau à fiole fixe.* — Si les colliers ne sont pas rigoureusement égaux, l'axe optique de la lunette n'est pas perpendiculaire à l'axe de rotation après la quatrième vérification, et, par suite, lorsque l'instrument est calé, la ligne de visée est inclinée sur l'horizon.

On constate ce défaut par la méthode des visées réciproques, indiquées n° 226.

238. — *Niveau à fiole indépendante.* — Cette vérification se fait plus simplement pour ce niveau que pour le précédent.

On cale approximativement l'axe de rotation et on fixe l'instrument à l'aide de la pince dans la deuxième position de calage ; on amène ensuite exactement la bulle au milieu de la graduation, en agissant sur la vis calante; puis on retourne la lunette bout pour bout sous la fiole de manière à substituer un collier à l'autre. Si la bulle ne revient pas à sa première position, on peut en conclure l'inégalité des colliers.

Tout instrument qui présente un défaut notable de ce genre doit être rejeté.

Si l'inégalité des colliers est faible, on compense les erreurs qui peuvent en résulter pour les opérations en se mettant toujours en station à égale distance des deux points dont on cherche la différence de niveau.

239. — **Usage du niveau à lunette.** — La plupart des rectifications qui viennent d'être indiquées ne sont pas stables et l'instrument est sujet à se dérégler pendant les opérations. Il faut donc chercher à compenser, par le mode d'observation, les erreurs pouvant résulter d'un petit défaut de réglage.

Les pieds du trépied étant solidement assujettis sur le sol, on cale l'axe en amenant la bulle au milieu du tube, à deux ou trois divisions près; puis on dirige la lunette sur la mire. On amène ensuite la bulle exactement au milieu du tube, en agissant sur une vis calante convenable, et on prend la hauteur de mire.

Après cette première observation, si l'on opère avec un niveau à fiole fixe, on retourne la lunette bout pour bout et sens dessus dessous sur ses fourches, on fait faire une demi-révolution à l'instrument autour de l'axe de rotation et, après avoir amené exactement, dans cette nouvelle position, la bulle au milieu du tube, on prend une deuxième hauteur de mire. La moyenne des deux lectures donnera la hauteur de mire définitive, corrigée de toute erreur.

240. — Si l'on fait usage d'un niveau à fiole indépendante, on prendra la première hauteur de mire comme précédemment; puis on fera faire à la lunette une demi-révolution autour de son axe de figure, on retournera la fiole bout pour bout sur les colliers; enfin, après avoir ramené la bulle au milieu de la fiole, on fera la deuxième lecture.

La hauteur de mire définitive sera encore donnée par la moyenne des deux lectures.

241. — Il est bon, afin de se rendre compte des fautes que l'on peut commettre, de n'opérer qu'avec des instruments à peu près réglés et de faire les deux lectures en suivant toujours le même ordre pour les positions relatives de la lunette et du niveau. A cet effet, la plupart des instruments portent, gravés à la fois sur le corps de la lunette et sur les fourches ou sur le tube qui enveloppe la fiole, les chiffres 1,1 et 2,2 que l'on doit respectivement mettre en regard pour la première et la deuxième visée. Si l'on ne commet pas de fautes d'observation, les premières visées seront alors toujours plus fortes ou toujours plus faibles que les deuxièmes.

242. — Précision de l'instrument. — En opérant avec soin, comme il vient d'être indiqué, l'erreur à craindre sur la différence de niveau de deux points distants de 200 mètres ne dépasse pas 3 millimètres. Il faut avoir soin toutefois de se mettre en station à peu près à égale distance dès deux points.

243. — Carnet du nivellement par cheminement. — Les opérations du nivellement par cheminement, avec le niveau à lunette, s'enregistrent dans un carnet spécial dont le modèle est donné page 139. Ce carnet contient deux colonnes pour les coups d'arrière et deux pour les coups d'avant. Dans la première colonne de chaque couple, on inscrit les deux hauteurs de mire prises sur chaque point, avant et après les retournements prescrits; dans la deuxième, on inscrit les moyennes.

244. — Observation. — Les instruments de nivellement direct ne permettent pas de déterminer, d'une même station, des différences de niveau dépassant $3^m,50$, lorsqu'on fait usage des mires ordinaires de 4 mètres. Dans les terrains à forte pente, on est donc obligé de multiplier les stations.

Modèle du carnet du nivellement par cheminement.

POLYGONE A, PARTANT DU POINT 1 ET SE FERMANT AU MÊME POINT

INDICATION DES POINTS.	HAUTEURS DU VOYANT. COUPS D'ARRIÈRE + Multiples.	Moyens.	COUPS D'AVANT — Multiples.	Moyens.	DIFFÉRENCES DE NIVEAU Additives.	Soustractives.	ALTITUDES DES POINTS Déduites.	Compensées.	REMARQUES.
1	1m,275 / 1,271	1m,273	—1m,548 / 1,551	—1m,550	2m,823	»	41m,527	41m,527	Cote donnée. La mire est en contre-bas du point 2.
2	3,826 / 3,824	3,825	0,947 / 0,945	0,946	2,879	»	44,350	44,349	
3	0,446 / 0,439	0,443	3,308 / 3,298	3,303	»	2m,860	47,229	47,226	
4	»	»	»	»	»	»	44,369	44,365	
»	»	»	»	»	»	»	»	»	
10	2,893 / 2,887	2,890	0,424 / 0,419	0,422	2,468	»	41,607	41,596	
11	0,236 / 0,233	0,235	2,772 / 2,766	2,769	»	2,534	44,075	44,062	
1					»	»	41,541	41,527	Cotes d'arrivée.
							41,527	41,527	Cote de départ.
SOMMES...	40m,483	20m,243	40m,456	20m,229	10m,548	10m,534	+ 0m,014	0m,000	Erreur de fermeture + 0m,014.
DIFFÉRENCES ÉGALES.		+ 0m,014			+ 0m,014				

CHAPITRE III

INSTRUMENTS DE NIVELLEMENT INDIRECT

---

§ 1ᵉʳ. — ÉCLIMÈTRES.

245. — Lorsqu'on connaît la distance D de deux points A et B (fig. 128), et l'inclinaison i sur l'horizon de la ligne qui les joint, on peut calculer leur différence de niveau Bb' par la formule : $Bb' = D \times \sin i$.

Si la distance des points A et B a été mesurée horizontalement, la différence de niveau s'obtient par la formule :

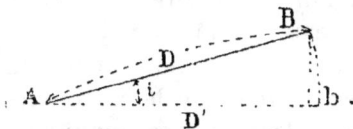

Fig. 128.

$$Bb' = D' \tang i.$$

Des tables de sinus ou de tangentes facilitent les calculs. (Voy. les tables IV et V à la fin du volume.)

246. — **Éclimètres.** — Les éclimètres sont des instruments qui servent à déterminer l'inclinaison sur l'horizon d'une ligne telle que AB. Ils se composent essentiellement d'une portion de limbe divisé et d'un viseur mobile autour de son centre. Ce viseur porte un vernier dont le zéro se trouve sur le diamètre parallèle à la ligne de visée.

La mise en station de l'instrument consiste à rendre le plan du limbe vertical et à assurer l'horizontalité du diamètre qui aboutit au zéro des divisions.

Pour déterminer l'inclinaison sur l'horizon de la ligne qui joint deux points A et B, à l'aide d'un instrument de ce genre, on met l'éclimètre en station à l'un de ces points, en A par exemple, et on fixe la ligne de foi du voyant d'une mire à la hauteur à laquelle le centre du limbe se trouve au-dessus de ce point. On envoie ensuite cette mire au deuxième point B et on dirige le viseur sur la ligne de foi du voyant.

L'inclinaison cherchée i sera donnée par une lecture faite sur le limbe, vis-à-vis du zéro du vernier.

BOUSSOLE A ÉCLIMÈTRE OU BOUSSOLE NIVELANTE.

247. — Description. — L'éclimètre est généralement annexé à la boussole, qui devient alors une boussole nivelante ou boussole à éclimètre. Il existe divers modèles de ce genre d'instruments; celui qui est le plus fréquemment employé est la boussole nivelante en cuivre du colonel Goulier (fig. 129 et 130).

L'instrument est mobile autour d'un axe vertical, qui repose sur la tête d'un trépied, par l'intermédiaire d'un genou à trois vis calantes, comme le niveau à lunette.

L'éclimètre, fixé sur le côté de la boussole et dans un plan perpendiculaire à celle-ci, se compose de deux secteurs divisés en demi-grades (ou en demi-degrés). Il est muni d'un niveau à bulle d'air rectifiable, dont la directrice est parallèle au diamètre qui aboutit au zéro des divisions.

Le viseur est constitué par une lunette mobile autour du centre de l'éclimètre et portant deux verniers en arc de cercle correspondant aux deux arcs de l'éclimètre. Les zéros de ces verniers sont situés aux extrémités du diamètre parallèle à la ligne de visée. Les lectures des pentes ascendantes ou descendantes de la ligne de visée avec l'horizon se font toujours du côté de l'oculaire; les divisions qui sont du côté de l'objectif donnent les distances zénithales, c'est-à-dire les angles avec la verticale. Une goupille permet de fixer invariablement la lunette à l'éclimètre, lorsque les zéros du vernier et du limbe se trouvent en coïncidence;

on peut alors se servir de l'instrument comme d'un niveau
à lunette.

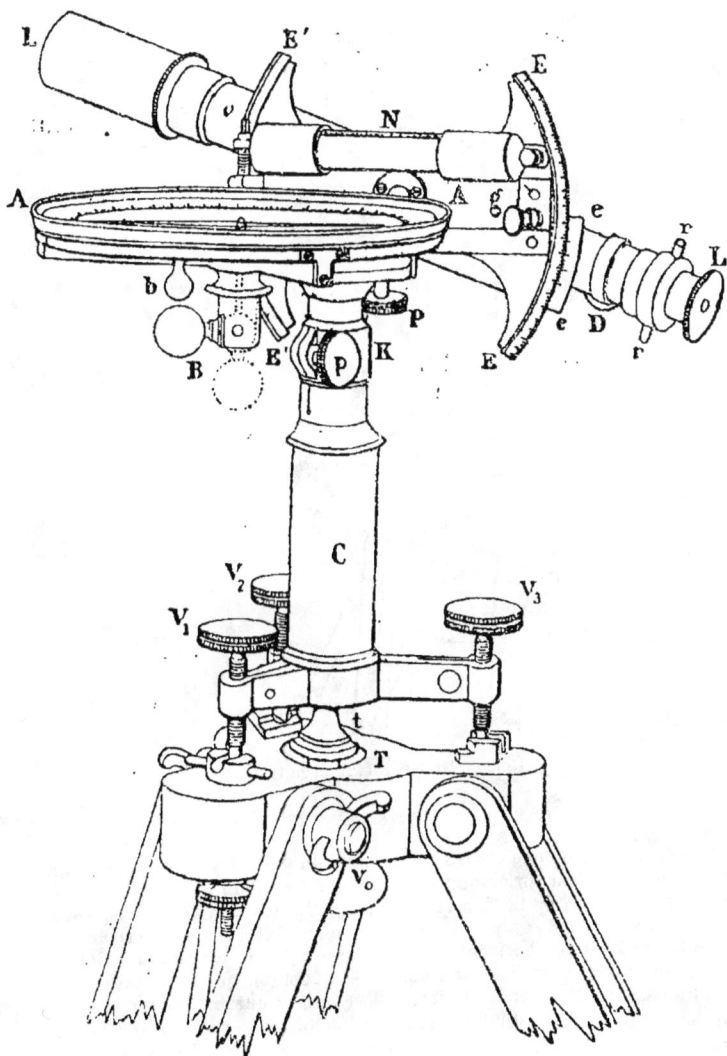

Fig. 129. — Boussole à éclimètre.

Pour ce dernier usage, on fait reposer un niveau à bulle
d'air à jambes sur deux colliers égaux que porte la lunette,

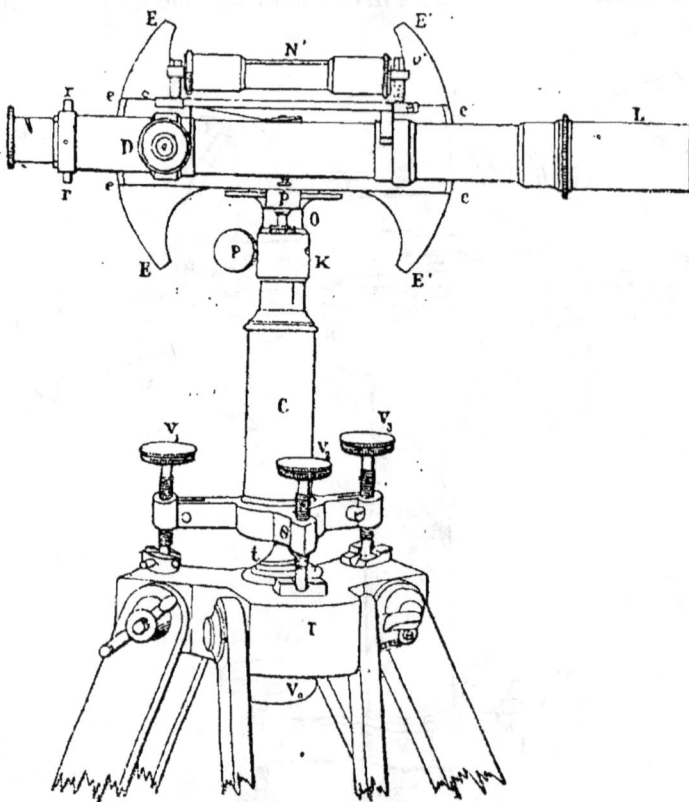

Fig. 130. — Boussole à éclimètre.

Légende des figures 129 et 130.

T, tête du trépied ; C, colonne creuse qui contient un ressort à boudin ; — t, tige
à pompe terminée par un écrou ; — V_0, vis, prisonnière dans la tête T, qui
se visse dans l'écrou de la tige t ; — V_1, V_2, V_3, vis calantes ; — O, enveloppe de l'axe vertical ; — p, vis de pression qui fixe l'enveloppe O dans la
douille K ; — A, limbe horizontal de la boussole ; — B, bascule automotrice
qui soulève l'aiguille pour le transport ; — b, bouton qui sert à faire tourner le limbe pour décliner la boussole ; — P, pince qui sert à fixer le limbe
de la boussole ; — E E', limbe vertical ou éclimètre ; e e', alidade mobile
autour de l'axe horizontal ; — g, goupille qui sert à fixer l'alidade à zéro ;
N, niveau fixe ; — v, vis de rectification du niveau fixe ; — L, lunette ; —
D, bouton qui donne un mouvement lent pour la mise au point ; — r, r, vis
tirantes, permettant de déplacer le réticule ; N', niveau à jambes, qui repose
sur les colliers égaux de la lunette ; — v', vis de rectification du niveau à
jambes.

ÉCOLE DE LEVERS.

et on transforme de la sorte l'instrument en niveau à fiole
indépendante.

Enfin, le réticule de la lunette porte des fils stadimé-
triques permettant de mesurer les distances avec la stadia.
(Voy. nᵒˢ 62 à 68.)

248. — Mise en station. — La mise en station de l'instrument consiste à caler l'axe de rotation dans deux directions
perpendiculaires, en se servant des indications de la fiole
fixe, comme il a été dit pour le niveau à lunette (nᵒ 230).
L'axe de rotation étant devenu vertical, le plan du limbe de
l'éclimètre se trouve également vertical et, si l'instrument
est bien réglé, le diamètre aboutissant à la division zéro est
horizontal. Le plan de la boussole, qui est perpendiculaire à
celui de l'éclimètre, est aussi horizontal.

249. — Vérifications et rectifications. — 1ᵒ *La directrice de la
fiole doit être perpendiculaire à l'axe de rotation de l'instrument.* — Pour faire
cette vérification, on cale l'axe dans deux directions perpendiculaires, et, dans
la deuxième position de calage, on amène exactement la bulle entre ses repères. On fait faire ensuite une demi-révolution à l'instrument, autour de son
axe, et, si la bulle ne revient pas à sa position primitive, son déplacement correspond au double du défaut de perpendicularité. Il faut alors ramener la bulle
de la moitié de son écart, puis en agissant sur la vis de rectification du niveau,
recommencer le calage. On répète ces deux opérations jusqu'à satisfaction.

250. — 2ᵒ *L'axe optique doit être perpendiculaire à l'axe de l'instrument*

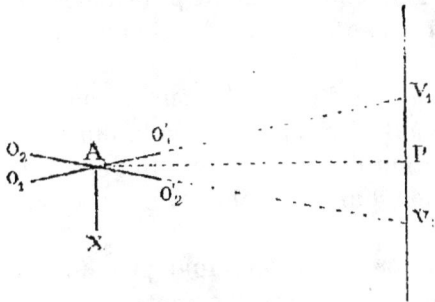

Fig. 131.

quand les zéros du limbe et du vernier de la lunette sont en coïncidence, afin
que, lorsque l'instrument est calé et que le vernier indique une pente nulle, la
ligne de visée soit horizontale. — Pour vérifier cette condition, on met les

zéros en coïncidence, la lunette étant à droite, et l'on fait une lecture sur une mire placée à 50 mètres environ. On fait faire ensuite une demi-révolution à l'instrument, autour de l'axe de rotation, on fait basculer la lunette autour de son axe pour diriger la ligne de visée vers la mire, et, après avoir mis les zéros en coïncidence, on fait une deuxième lecture. Si la perpendiculaire existe, les hauteurs de mire obtenues dans les deux cas doivent être exactement les mêmes. S'il en était autrement, comme dans les deux visées l'axe optique de la lunette a occupé deux positions symétriques $O_1 O'_1$ et $O_2 O'_2$ (fig. 131) par rapport à l'axe de rotation AX, la perpendiculaire AP à cet axe rencontrerait la mire en un point P milieu de la distance $V_1 V_2$ comprise entre les positions de la ligne de foi du voyant dans les deux visées.

Pour rectifier l'instrument, il suffit donc de fixer le voyant en P, à la hauteur moyenne de celles qui ont été lues dans les deux visées, et de déplacer le réticule de la lunette, à l'aide de sa vis de rectification, jusqu'à ce que l'axe optique bissecte la ligne de foi.

251. — 3° Vérification et rectification du niveau mobile. Lorsqu'on veut employer l'instrument comme niveau à lunette, il faut rendre la directrice de la fiole mobile parallèle à l'axe optique de la lunette, lorsque celle-ci est fixée à zéro.

A cet effet, après avoir fait les rectifications précédentes et calé l'instrument, on détermine, par une double visée avec retournement, effectuée comme ci-dessus avec la lunette à zéro, la hauteur de mire moyenne qui correspond à l'horizontalité de l'axe optique.

On amène ensuite la ligne de visée sur la ligne de foi du voyant fixée à cette hauteur moyenne, en manœuvrant une vis calante convenable; enfin on agit sur la vis de rectification de la fiole mobile pour amener la bulle entre ses repères.

252. — Emploi de la boussole à éclimètre. — Les rectifications de cet instrument n'étant pas stables, on compense les défauts de réglage par l'un des deux modes d'observation suivants :

253. — 1° On fait deux visées sur un même point, l'une avec la lunette à droite, l'autre avec la lunette à gauche, en ayant la précaution de caler chaque fois exactement la bulle du niveau à l'aide d'une vis calante. La moyenne des pentes lues est exacte.

Ce mode d'observation s'applique principalement au procédé de nivellement par rayonnement.

254. — 2° On prend pour chaque côté AB (fig. 132) deux pentes, l'une directe en visant de A sur B, l'autre inverse, en visant de B sur A, et on a soin de tenir toujours la lunette à droite et de caler chaque fois la bulle du niveau à l'aide d'une vis calante. La moyenne des pentes lues est exacte. Ce mode d'observation s'applique au procédé de nivellement par cheminement.

255. — En opérant comme il vient d'être indiqué, il suffit de caler l'instrument à deux divisions près du niveau;

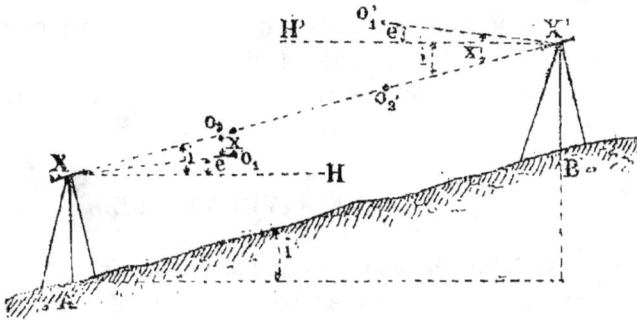

Fig. 132.

mais il faut avoir soin, au moment de chaque visée, d'amener la bulle exactement au milieu du tube en agissant sur une vis calante.

256. — Lorsqu'on emploie l'instrument comme niveau, on pose sur les colliers de la lunette le niveau mobile à jambes et on fait deux visées sur le même point, avec la lunette alternativement à droite et à gauche. Il faut avoir soin, pour chaque observation, d'agir sur une vis calante pour amener la bulle de la fiole mobile entre ses repères. On prend pour hauteur de mire la moyenne des lectures faites dans les deux visées.

257. — **Précision du nivellement par les pentes.** — Quand on lit les minutes à l'estime sur le vernier de l'éclimètre et qu'on compense les défauts de rectification comme il a été dit, on ne commet guère qu'une erreur d'une demi-minute sur la valeur de chaque pente, ou de 15 millimètres environ sur la différence de niveau de deux points distants de 100 mètres.

Cette erreur est encore 6 fois plus grande que celle que donnerait le niveau à lunette, si une seule station entre les points considérés pouvait suffire. Mais il faut remarquer que, dans les pentes raides, la boussole à éclimètre permet de prendre d'un seul coup une différence de niveau considérable, qui exigerait avec le niveau à lunette un grand nombre de stations intermédiaires, ce qui augmenterait les chances d'erreur.

A cause du peu de précision de l'éclimètre, il convient d'employer surtout le procédé de cheminement, qui donne une vérification par fermeture et permet de répartir les erreurs admissibles sur les divers points.

§ 2. — ALIDADE NIVELATRICE.

258. — **L'alidade nivelatrice** (fig. 133 et 133 *bis*) est un instrument qui permet de tracer les directions des lignes du terrain sur une planchette horizontale et de mesurer les pentes de ces lignes.

Elle se compose essentiellement d'une règle en buis RR′,

Fig. 133. — Alidade nivelatrice.

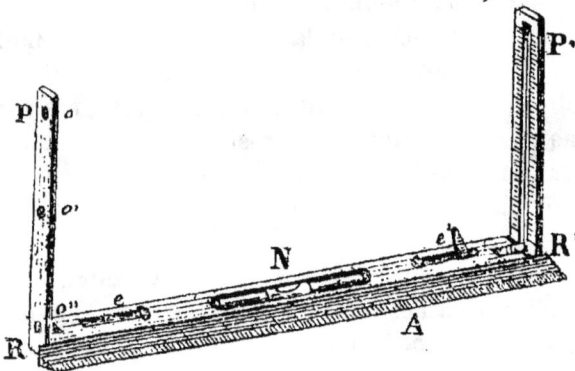

Vue perspective.

de 20 à 25 centimètres de longueur, portant en son milieu un petit niveau à bulle d'air N dont la directrice est parallèle à sa face inférieure. Cette règle terminée à chacune de ses extrémités par une pinnule RP, R'P' perpendiculaire à sa direction.

L'une des pinnules est percée de 3 œilletons (fig. 133), l'un o' au milieu et les autres o et o'' aux extrémités ; la 2ᵉ pinnule est constituée par une fenêtre rectangulaire dans

Fig. 133 *bis*. — Alidade nivelatrice.

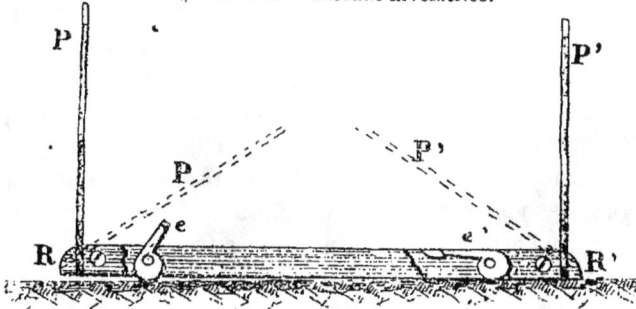

Coupe longitudinale.

laquelle est tendu un crin. Chacun des longs côtés de cette fenêtre est divisé en centièmes de la distance qui sépare les deux pinnules. Ces divisions sont chiffrées de 0 à 40 ; celle de droite est ascendante et celle de gauche descendante.

Les lignes qui joignent respectivement les œilletons supérieur et inférieur de l'une des pinnules aux zéros des graduations de gauche et de droite de l'autre sont parallèles à la face inférieure de la règle.

Entre les deux pinnules et le niveau se trouvent deux petits excentriques de calage e, e', permettant de relever l'une des extrémités de l'alidade.

L'un des bords A de la règle est taillé en biseau et porte une échelle en millimètres et une échelle des cotangentes.

259. — Emploi de l'alidade. — L'alidade est posée sur une planchette qu'on rend à peu près horizontale, soit à vue, soit à l'aide du niveau de l'alidade.

Pour tracer les directions des diverses lignes de la planimétrie, on se sert du bord de la règle taillé en biseau et on fait les visées correspondantes par l'œilleton o' du milieu de la pinnule oculaire et le crin vertical de l'autre pinnule. Il faut avoir soin de placer l'œil à quelques centimètres en arrière de l'œilleton.

Pour mesurer les pentes, on se sert soit de l'œilleton inférieur o″ et de la graduation de droite, soit de l'œilleton supérieur o et de la graduation de gauche, suivant que la pente est ascendante ou descendante. On oriente l'alidade de manière que l'objet visé se trouve dans le plan qui passe par l'œilleton et le bord de la fenêtre sur lequel on doit faire la lecture, puis on cale exactement le niveau dans cette direction au moyen des excentriques e et e′.

Le nombre de divisions lu sur la graduation en regard de la ligne de visée indique le nombre de centimètres par mètre dont cette ligne est inclinée sur l'horizon.

La différence de niveau du point visé et de la planchette, exprimée en mètres, est donc égale au produit de la distance horizontale qui sépare ce point de la station par le nombre de divisions lu sur la graduation, le tout divisé par 100 (fig. 134).

$$dN = D \times \frac{n}{100}$$

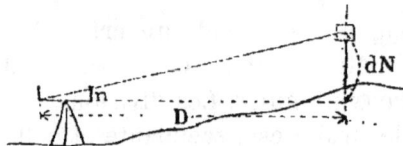

Fig. 134.

Cette différence est ad-
ditive ou soustractive, suivant que la pente est ascendante ou descendante.

Pour déterminer la différence de niveau de deux points du terrain, on met l'instrument en station en l'un de ces points et on fait tenir la mire verticalement à l'autre point après avoir préalablement fixé le voyant à la hauteur à laquelle la planchette se trouve au-dessus de la station. On fait la visée sur la ligne de foi du voyant en opérant comme il vient d'être dit.

260. — Alidade à coulisse. — L'alidade qui vient d'être décrite ne permet pas de faire de visées inclinées à plus de $\frac{40}{100}$ sur l'horizon. Afin de pouvoir mesurer des pentes plus raides, les œilletons sont généralement portés par une réglette qui glisse dans la pinnule oculaire. Pour la détermination des pentes descendantes supérieures à $\frac{35}{200}$, on fait sortir cette réglette jusqu'à un arrêt dont elle est munie, et on fait les visées par l'œilleton supérieur et une graduation chiffrée de 35 à 70 sur l'autre pinnule. Pour les pentes ascendantes, la graduation est portée par la réglette mobile qu'on tire à fond, et la visée se fait par un œilleton percé à la partie inférieure de l'autre pinnule.

Vérification de l'alidade.

261. — 1º Lorsque la bulle du niveau est comprise entre les repères, la face inférieure de la règle doit être horizontale.

La vérification et, s'il y a lieu, la rectification de l'instrument se font comme il a été dit nº 198.

262. — 2º Lorsque la bulle est entre ses repères, les lignes de visée passant respectivement par les œilletons supérieur et inférieur et les zéros des graduations correspondantes doivent être horizontales.

On s'assure d'abord, à l'aide d'un compas, que la distance qui sépare les deux œilletons extrêmes de la pinnule oculaire est bien égale à celle qui est comprise entre les zéros des deux graduations de l'autre pinnule, puis on fait des visées directes et inverses entre plusieurs points (nº 226). Si pour chaque direction, les pentes ascendante ou descendante ne sont pas égales, leur différence accuse le double de l'erreur constante dont sont affectées les lectures.

On peut compenser cette erreur en prenant pour chaque direction la moyenne des pentes obtenues dans les visées directe et inverse, ou bien la déterminer une fois pour toutes et en corriger les lectures.

263. — **Précision de l'instrument.** — Avec l'alidade on peut obtenir les pentes à $\frac{1}{10}$ de division près, ce qui équivaut à une erreur de 0,10 sur la différence de niveau entre la planchette et un point distant de 100 mètres.

TROISIÈME PARTIE

CHAPITRE PREMIER

REPRÉSENTATION GÉOMÉTRIQUE DU RELIEF DU TERRAIN

264. — On peut déterminer le relief d'un terrain en inscrivant sur la carte qui le représente les cotes d'un grand nombre de points de ce terrain suffisamment rapprochés ; mais ce procédé, lent et pénible, surcharge beaucoup la carte et ne permet que fort difficilement de se rendre compte des ondulations et des formes générales de la surface du sol.

265. — On représente d'une manière bien plus claire la configuration du terrain, surtout en pays accidenté, en traçant sur la carte les lignes successives d'intersection de la surface du sol par des plans horizontaux[1] situés à diverses hauteurs. Ces lignes portent le nom de *sections horizontales* ou de *courbes de niveau*.

Pour définir complètement la surface du sol dans l'étendue d'un lever, on emploie une série de sections horizontales faites par des plans équidistants, c'est-à-dire laissant

---

1. Ou plus exactement des surfaces de niveau.

entre eux une même distance verticale, et étagés depuis le point le plus bas jusqu'au point le plus élevé du terrain. Les altitudes de ces sections sont inscrites de distance en distance sur les courbes.

On se représente parfaitement la nature de ces lignes et l'effet que leur ensemble doit produire, en imaginant que, les eaux, après avoir submergé le terrain, se sont abaissées graduellement de quantités égales à l'équidistance; les sections horizontales représentent les rivages qui correspondraient aux divers niveaux successifs.

Propriétés principales des courbes horizontales.

266. — 1° Ces courbes permettent de découvrir d'un seul coup d'œil sur le plan tous les points du terrain qui sont au même niveau.

267. — 2° Les plans des sections horizontales étant équidistants, les projections de ces sections sur la carte

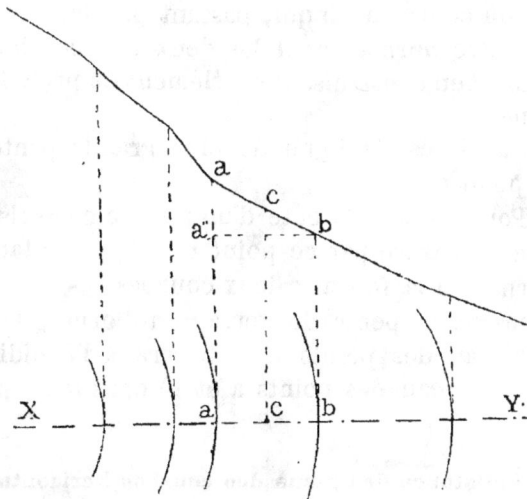

Fig. 135.

sont d'autant plus rapprochées que la pente du terrain est plus raide (fig. 135).

268. — 3° Les sections horizontales permettent de construire très facilement des profils ou coupes verticales du terrain suivant une direction quelconque, XY, par exemple.

Pour obtenir un élément a′b′ de ce profil, compris entre deux sections horizontales consécutives, il suffit en effet de construire le triangle rectangle a′b′a″, dont la base horizontale a″b′ = ab se mesure sur le plan entre les deux courbes considérées, et dont la hauteur a′a″ est égale à l'équidistance.

269. — 4° On peut déterminer la pente du terrain en un point donné c (fig. 136), en traçant sur le plan la plus courte

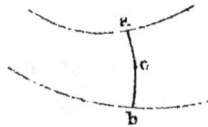

Fig. 136.

ligne droite ou courbe a c b qui, passant par le point considéré, rencontre normalement les deux courbes horizontales voisines, et en construisant un élément de profil le long de cette ligne.

La ligne a c b est la ligne de plus grande pente passant par le point c.

270. — Pour obtenir la cote d'un point c compris entre deux courbes, on trace par ce point une ligne autant que possible normale à la fois aux deux courbes.

En supposant la pente du terrain uniforme, la différence de niveau des points c et b sera à l'équidistance (différence de niveau des points a et b) dans le rapport de c b à a b.

271. — **Équidistance des plans des courbes horizontales.** On appelle *équidistance métrique* ou simplement équidistance, la distance verticale qui sépare les plans de deux sections horizontales consécutives, et *équidistance graphique* la grandeur qui représente cette distance à l'échelle du terrain.

L'équidistance métrique varie habituellement avec l'é-

chelle du plan; elle a ordinairement les valeurs suivantes
pour les diverses échelles en usage :

Échelles.	Équidistances.
$\frac{1}{1000}$ $\cdots\cdots\cdots\cdots\cdots\cdots\cdots\cdots$	1 mètre.
$\frac{1}{2000}$ et $\frac{1}{5000}$ $\cdots\cdots\cdots\cdots\cdots\cdots$	2 mètres.
$\frac{1}{10000}$ $\cdots\cdots\cdots\cdots\cdots\cdots\cdots$	5 mètres.
$\frac{1}{20000}$ $\cdots\cdots\cdots\cdots\cdots\cdots\cdots$	5 ou 10 m.

Les cotes des horizontales sont toujours des nombres
ronds.

Lorsque les pentes du terrain sont très faibles et que,
par suite, les courbes s'écartent trop les unes des autres
pour déterminer suffisamment la surface du sol, on inter-
cale des courbes intermédiaires qui réduisent alors l'équidistance à la moitié ou au quart de celle qui a été indiquée.

**272. — Principe de la détermination des sections horizon-
tales.** — Supposons qu'on parte d'un point de repère coté
$182^m,37$, et qu'on veuille déterminer sur le terrain la courbe
à l'altitude 183 mètres :

On met le niveau en station à portée du repère et on
fait une visée sur ce point. Soit $1^m,42$ la hauteur de mire ;
on en conclura que la cote du plan du niveau est $182^m,37$
$+ 1^m,42 = 183^m,79$. Si on fixe alors le voyant de la mire à la
hauteur de $0^m,79$, et si on déplace cette mire sur le terrain
jusqu'à ce que la ligne de foi se trouve dans le plan du
niveau, le pied se trouvera $0^m,79$ plus bas, à l'altitude
183 mètres, c'est-à-dire sur la courbe cherchée. On pourra
de cette manière déterminer autant de points de la courbe
qu'on voudra dans l'étendue de la portée du niveau.

En donnant au voyant de la mire les hauteurs de $1^m,79$,
$2^m,79$, $3^m,79$, on pourra de même déterminer les courbes
182, 181 et 180 mètres, sans changer le niveau de place.
D'une même station, on peut donc filer 4 courbes à l'équidistance de 1 mètre.

273. — En général, pour trouver les divers points d'une courbe de niveau, on met l'instrument en station à portée d'un repère convenablement choisi, dont l'altitude a été déterminée préalablement, et on prend une hauteur de mire sur ce point; cette hauteur, ajoutée à l'altitude du repère, donne l'altitude du plan du niveau. On fixe ensuite le voyant à une hauteur égale à la différence entre la cote de ce plan et celle de la courbe cherchée, et on détermine en tâtonnant les divers points du terrain pour lesquels le voyant de la mire se trouve dans le plan du niveau[1].

Lever des sections horizontales.

274. — Généralement on lève les divers points des sections horizontales en même temps qu'on les détermine sur le terrain. Les méthodes le plus généralement employées pour faire ce lever sont les suivantes :

275. — 1° **Méthode des profils.** — On trace sur le terrain, au moyen de 3 jalons, une série de profils assez rapprochés pour que les diverses courbes de niveau puissent être suffisamment déterminées par un point pris sur chacun d'eux.

Afin de faciliter le report de ces profils sur le dessin, on peut, soit les mener perpendiculairement à une des lignes du canevas (fig. 137) à des distances connues du point A, soit les déterminer par la mesure des segments qu'ils interceptent sur des lignes du canevas ABCDEF... (fig. 138), soit encore les rattacher à une ligne AB du canevas (fig. 139)

Fig. 137.

---

1. L'altitude du repère ne doit être ni inférieure ni supérieure de plus de 4 mètres à celle de la courbe cherchée.

La station doit aussi être choisie de manière que l'opération soit possible avec les mires ordinaires de 4 mètres.

par les distances qu'ils interceptent sur cette ligne et leurs orientements mesurés avec la boussole.

Les profils étant tracés sur le terrain et reportés sur le plan, on cale le niveau à un point central N et on met une planchette en station en un point du terrain qu'on rattache au canevas (fig. 140). Un aide, porteur d'une mire, dont le voyant a été fixé à la hauteur convenable pour la courbe qu'il s'agit de déterminer (273), parcourt successivement les divers profils en s'alignant sur

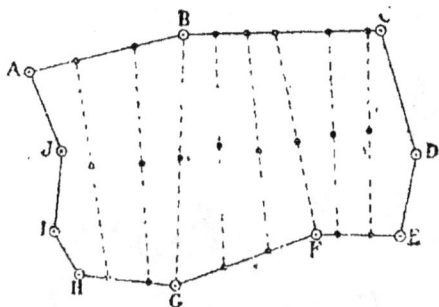

Fig. 138.

les jalons. Il est arrêté par le niveleur sur chaque profil, lorsque le voyant se trouve dans le plan du niveau. A ce moment, l'opérateur chargé de la planchette vise avec l'alidade le pied de la mire, et détermine sur le plan la position de ce pied par l'intersection de la ligne de visée avec le profil correspondant.

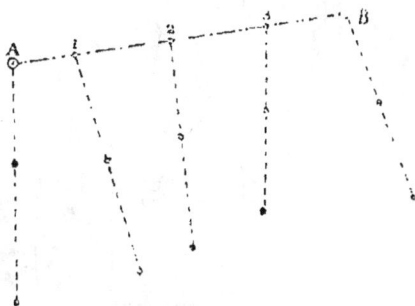

Fig. 139.

276. — Au lieu de la planchette, on peut faire usage d'une boussole qu'on met en station en un point rattaché au canevas. Pour chaque point de la courbe déterminé sur le terrain, on note l'orientement de la ligne de visée qui aboutit à ce point, et, en construisant cet orientement sur le dessin, son intersection avec le profil correspondant donne la position du point cherché de la courbe.

277. — Avec une boussole à éclimètre, un seul observateur suffit. On fixe la lunette à zéro et on s'en sert comme d'un niveau. La boussole donne, en outre, les orientements

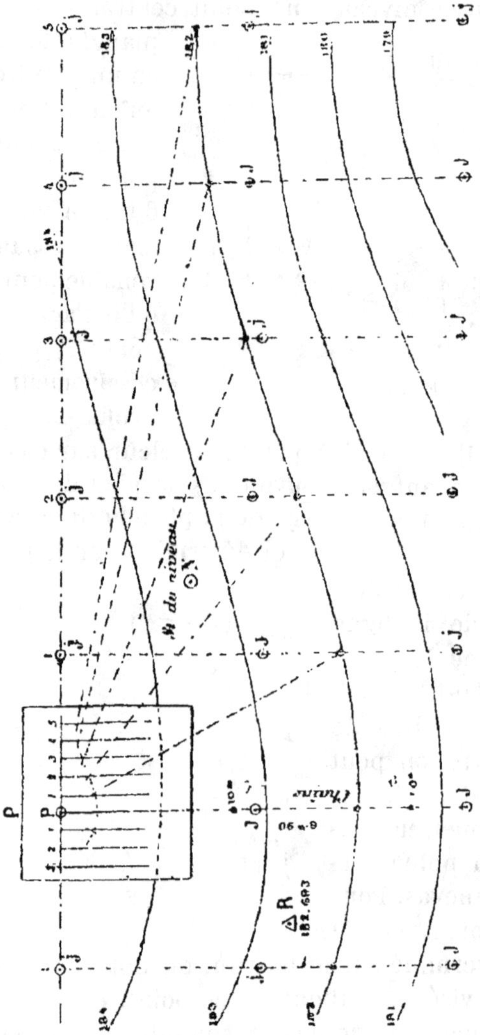

Fig. 140.

des lignes de visée qui déterminent, par leurs intersections avec les profils, les points correspondants de la courbe.

Le procédé des profils est simple et toujours applicable, mais il a l'inconvénient d'exiger un matériel considérable de jalons et une opération préliminaire pour tracer et lever les profils.

278. — 2° Méthode de la chaîne traînante. — La planchette étant en station en un point P du terrain (fig. 141) et le niveau calé dans son voisinage en N, on règle la hauteur de mire pour la courbe qu'il s'agit de déterminer. On établit ensuite, à droite et à gauche de la station P et à 200 mètres de distance [1], deux profils a et b, que l'on marque chacun par trois jalons et qu'on rapporte sur la planchette. C'est entre ces profils que l'on opérera.

Ces dispositions prises, on commence par déterminer, comme dans la méthode précédente, un point de la courbe m_a sur l'un des profils extrêmes (a);

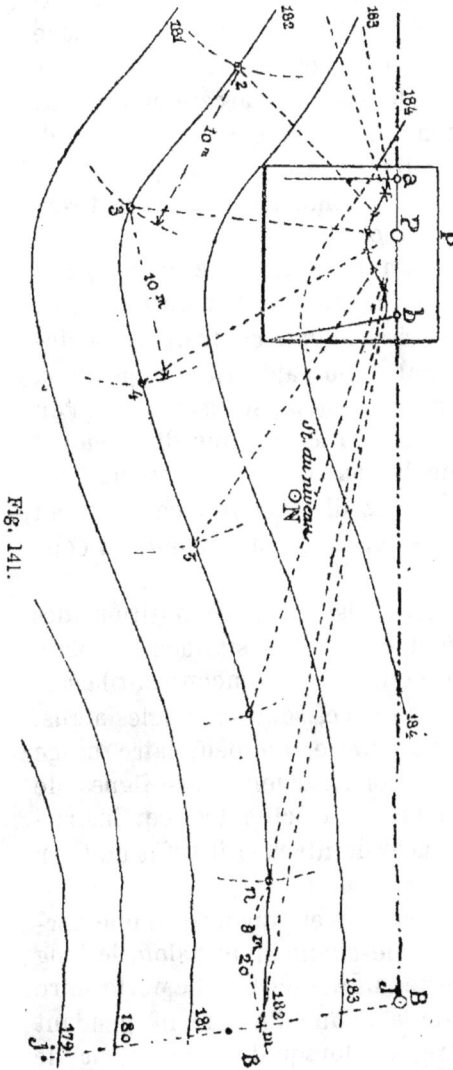

Fig. 141.

1. Lorsqu'on fait usage d'un instrument de nivellement autre que le niveau à lunette, il convient de réduire cette distance de manière qu'elle n'excède pas la portée de l'instrument employé.

puis le porte-mire plante une fiche en ce point, attache une
des poignées d'une chaîne d'arpenteur au pied de sa mire,
et s'éloigne pendant qu'un aide vient appuyer l'autre poignée de la chaîne contre la fiche. Le porte-mire se déplace
suivant les indications du niveleur, en ayant soin de tenir
la chaîne toujours tendue, et, lorsqu'il est arrêté au point 1,
c'est-à-dire lorsque le voyant se trouve dans le plan du
niveau, il plante une nouvelle fiche contre le pied de la
mire, tandis que l'opérateur de la planchette trace la direction de la ligne de visée qui aboutit à ce point. Ce dernier
est déterminé par l'intersection de cette ligne avec un arc
de cercle de 10 mètres de rayon tracé autour du point m_a,
précédemment déterminé, pris comme centre. Le porte-
mire s'éloigne alors du point 1 où l'aide vient appuyer la
poignée de sa chaîne, et on continue ainsi jusqu'à ce qu'on
arrive sur le deuxième profil B. On détermine directement
la position du point m_b de la courbe qui appartient à ce
profil, et, comme vérification, la distance de ce point au
précédent, trouvée sur le dessin, doit correspondre à celle
qu'on mesure directement.

Afin qu'il n'y ait pas d'indécision sur la position des
points d'intersection, il faut choisir les stations de planchette de manière que les rayons visuels rencontrent la section horizontale, autant que possible, sous des angles aigus.

279. — Au lieu de la planchette, on peut faire usage
d'une boussole qui donne les orientements des lignes de
visée. Si l'on emploie la boussole à éclimètre, cet instrument peut également remplacer le niveau ; il suffit de fixer
la lunette à zéro.

280. — Quand le terrain est couvert d'herbes d'une certaine hauteur, on donne à l'aide-chaîneur un jalon, le long
duquel il élève la chaîne au-dessus des herbes. Le porte-mire
tient la deuxième poignée de la chaîne d'une main, pendant
qu'il porte la mire de l'autre, et, lorsqu'il est arrêté par le
niveleur, il rectifie sa distance avant qu'on prenne direction
sur lui.

Le procédé de la chaîne traînante est expéditif, mais

il ne peut être appliqué qu'en terrain sensiblement découvert.

281. — Observations. — Après avoir déterminé les points
d'une courbe, on doit toujours vérifier si la hauteur de mire
n'a pas varié pendant les opérations.

Lorsqu'à l'endroit où doit être posée la mire il se rencontre des bosses ou des dépressions accidentelles, il faut
avoir soin de tenir le pied de cette mire à la hauteur
moyenne du terrain environnant, de manière à obtenir la
représentation générale du relief du terrain et non celle
des petites irrégularités locales.

**282. — 3° Détermination indirecte des sections horizon-
tales, par interpolation sur des profils nivelés par les pentes.** —
On lève par cheminement et on nivelle par les pentes un
réseau de lignes polygonales, dont les divers éléments compris entre deux sommets consécutifs reposent sur le terrain
suivant toute leur longueur. Les cotes des sommets étant
connues, on marque sur les lignes les points à cotes rondes,
qu'il suffit de joindre ensuite pour obtenir les sections horizontales.

283. — Un des moyens les plus simples pour déterminer
les points à cotes rondes d'une ligne a b, dont les deux ex-

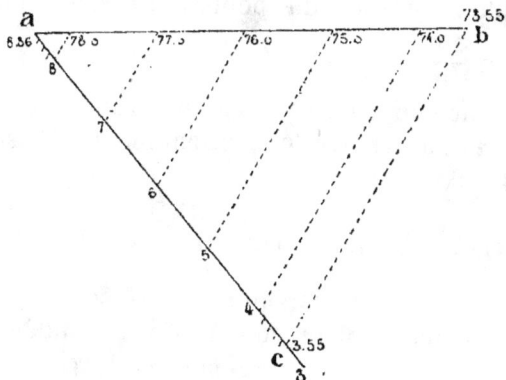

Fig. 142.

trémités sont cotées (fig. 142), consiste à mener par une de
ces extrémités, a, par exemple, une droite quelconque a c,

sur laquelle on porte des longueurs a 8, a 7, a 6... a c, respectivement proportionnelles aux différences de cote entre le point a d'une part, les points à cote ronde cherchés et le point b de l'autre. On joint le point c au point b; puis, par les points 4, 5, 6, 7 et 8, on mène des parallèles à c b. Ces lignes déterminent sur a b les points à cote ronde.

La division de la droite a c peut se faire très simplement en appliquant un double décimètre contre cette ligne, de manière que le point a se trouve en regard de la division qui correspond au nombre des unités et fractions d'unité de sa cote ($8^m,36$ dans l'exemple choisi). Il suffit alors de marquer le point c et les points intermédiaires vis-à-vis de la division correspondant à la cote du point b et des divisions principales du double décimètre.

284. — Lorsqu'on connaît la cote d'un point a de la ligne a b et la pente de cette ligne exprimée en centièmes de la longueur (alidade nivelatrice), on peut calculer la distance de ce point au point à cote ronde le plus voisin, en multipliant la différence de niveau de ces deux points par 100 et divisant le produit par l'indice de la pente. Il suffit de porter cette distance sur le dessin, en la réduisant à l'échelle du plan.

Exemple : Distance du point a ($78^m,36$) au point 78

$$= 0^m,36 \times \frac{100}{n}.$$

La distance de deux points à cote ronde consécutifs est exprimée en mètres par le quotient de la division de 100 par l'indice de la pente.

NIVELLEMENT DES TERRAINS PLATS.

285. — Il peut arriver que la surface du terrain, sans être complètement plate, soit trop peu ondulée pour qu'on puisse en saisir les formes au moyen de courbes horizontales. Dans ce cas, on se borne à déterminer les cotes de points également répartis sur la surface, et plus ou moins rapprochés les uns des autres, selon le but du nivellement.

11

Pour faciliter le report de ces points sur le plan, on les choisit habituellement aux sommets d'un quadrillage régulier, formé par les intersections de profils parallèles et perpendiculaires entre eux.

286. — Pour établir ce quadrillage, on plante des jalons sur une ligne AI du canevas (fig. 143), à des intervalles

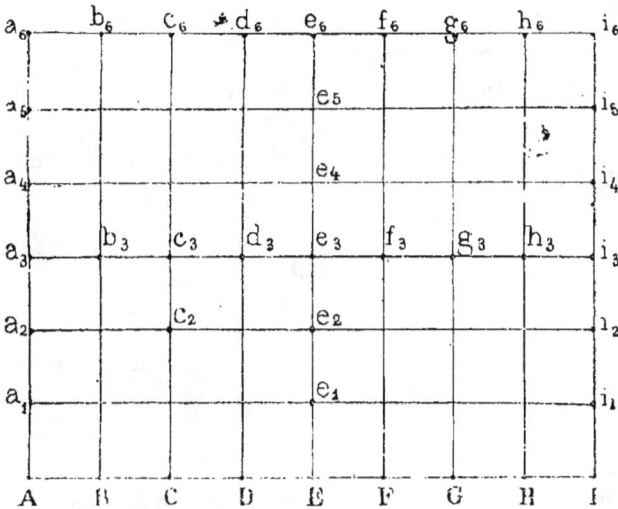

Fig. 143.

égaux AB, BC, CD,... Aux extrémités A et I, ainsi qu'au point moyen E, on élève des perpendiculaires sur lesquelles on plante des jalons équidistants, dont les intervalles sont égaux à ceux des jalons de la ligne AI. On jalonne de même deux parallèles à AI, la plus éloignée de cette ligne a_6 i_6 et une de celles du milieu a_3 i_3. Le porte-mire pourra alors facilement placer sa mire sur un sommet quelconque c_2 de ce quadrillage, en s'alignant à la fois sur les deux profils correspondants Cc_3 c_6, a_2 e_2 i_2, déterminés chacun par 3 jalons.

287. — **Attachement des déblais.** — La méthode précédente est employée pour prendre l'attachement d'un terrain qui doit être déblayé. En prenant, avant et après l'exécution du déblai, les cotes des sommets du quadrillage formé par les intersections des profils, et en retranchant les deux cotes de chaque point l'une de l'autre, on obtient la longueur des arêtes des troncs de prismes triangulaires qui composent le volume du déblai.

288. — Nivellement des profils en travers d'une étude de route, de chemin de fer, de canal, etc. — Ces profils étant généralement menés perpendiculairement à une ligne déterminée, il suffit, pour les rapporter sur le plan, de mesurer sur cette ligne la distance qui les sépare d'un point connu. On prend sur chacun d'eux les cotes des points tels que 1, 2, 3 (fig. 144) qui correspondent aux change-

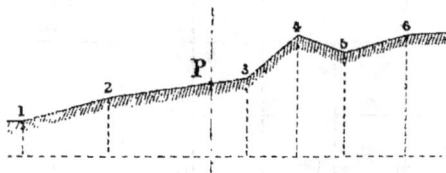

Fig. 144.

ments de pente du terrain, et on détermine la position des points ainsi nivelés en mesurant leur distance à l'origine P du profil sur la ligne connue.

289. — Nivellement du lit d'une rivière. — On cherche d'abord la cote du niveau de l'eau. A cet effet, on plante 3 forts piquets R, R′, R″ (fig. 145), à une certaine distance du bord et on détermine avec soin les cotes de leurs sommets. On retranche de ces cotes la quantité dont les piquets émergent de l'eau et la moyenne des trois altitudes ainsi obtenues est prise pour cote du niveau de la nappe d'eau.

Pour obtenir l'altitude d'un point du lit, il suffit de retrancher de la cote de la superficie, ainsi déterminée, la hauteur de l'eau en ce point, hauteur qu'on obtient par un sondage effectué, par exemple, avec une chaîne chargée d'un poids à l'une de ses extrémités.

Pour rapporter les points de sondage sur le plan, on commence par tracer sur le terrain une série de profils perpendiculaires à une ligne du canevas, telle que AB (fig. 145). Chacun de ces profils est déterminé par deux jalons, l'un placé sur AB et l'autre à une certaine distance en arrière.

On tend ensuite un cordeau divisé dans le prolongement de chaque profil et on sonde vis-à-vis des points de divi-

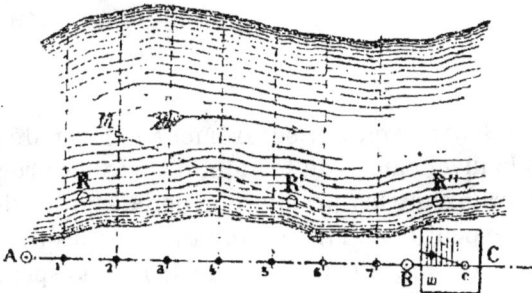

Fig. 145.

sion. Les profils étant construits sur le plan, il suffit, pour déterminer la position d'un point de sondage, de porter la longueur mesurée avec les cordeaux sur le prolongement du profil correspondant, à partir de la ligne AB.

290. — Si la rivière est trop large pour que ce procédé puisse être facilement appliqué, on sonde en s'alignant sur l'un des profils, et, au moment où l'on détermine la profondeur de l'eau, un opérateur recoupe la position de la sonde à l'aide d'une planchette mise en station en un point connu c. L'intersection de la ligne de visée et du profil détermine la position du point de sondage M.

CHAPITRE II

LEVERS NIVELÉS

---

291. — Souvent on fait séparément le lever de la planimétrie et le nivellement du terrain, d'après les procédés qui ont été décrits dans les première et deuxième parties ; mais il est plus expéditif de faire simultanément les deux opérations, en se servant, à cet effet, d'instruments spéciaux tels que la boussole à éclimètre, la planchette déclinée avec l'alidade nivelatrice, etc.

§ I. LEVER A LA BOUSSOLE A ÉCLIMÈTRE.

(Voir planches III et IV.)

292. — **Description et usage de l'instrument.** — (Voir nos 247 à 257.)

293. — **Échelles.** — Les échelles ordinairement adoptées pour les levers à la boussole à éclimètre sont le $\frac{1}{1000}$ ou le $\frac{1}{2000}$.

294. — **Personnel.** — Les opérations sur le terrain exigent deux opérateurs et deux aides.

295. — **Matériel.** — Le matériel nécessaire au lever comprend : 1 boussole à éclimètre avec son pied ; 1 stadia ; 1 mire ; 1 décamètre en ressort ou une chaîne de 10 mètres ; 10 fiches ordinaires et 1 fiche à plomb ; 1 petite planchette avec son pied ; 1 équerre d'arpenteur avec son pied ; 2 jalons ferrés ; 1 marteau à pointe ; piquets de 25 à 30 centimètres ; 2 carnets des opérations (voir le modèle, p. 167) ; tables des sinus et des tangentes naturels (voir à la fin du volume) ; 1 rapporteur complémentaire ; 1 échelle de réduction à l'horizon (no 57) ; 1 échelle de projection (no 64) ;

1 compas à pointe sèche; 1 canif; 1 règle; 1 équerre; des crayons n°s 3 et 4; 1 gomme élastique.

296. — Organisation du canevas. — Le canevas comprend un certain nombre de polygones dont l'objet principal est d'assurer l'exactitude de l'ensemble du lever. Les sommets de ce polygone sont reliés par des traverses et des profils destinés à faciliter le lever des détails de la planimétrie et le tracé des sections horizontales.

Les sommets du canevas doivent être choisis de manière à satisfaire, autant que possible, aux conditions suivantes :

1° Les polygones doivent diviser le terrain à lever en enceintes fermées, composées de 12 à 20 côtés et ayant un développement total inférieur à 1,000 mètres, lorsqu'on fait usage de l'échelle au $\frac{1}{2000}$ et à 600 mètres dans les levers au $\frac{1}{1000}$.

2° Les côtés doivent reposer sur le terrain et la pente de celui-ci être sensiblement uniforme entre deux points consécutifs du canevas.

3° La longueur des côtés doit, autant que possible, être comprise entre 35 et 85 mètres, au $\frac{1}{2000}$ et 25 et 60 au $\frac{1}{1000}$.

Habituellement les côtés des polygones suivent les routes, les chemins ou les sentiers bien alignés, ou bien ils reposent sur des prairies, friches ou autres parties du terrain faciles à parcourir et à mesurer.

Les traverses doivent serrer de près les détails; on leur fait généralement suivre les chemins, les ruisseaux, les clôtures, les limites de masses de cultures, etc. Leurs côtés ne sont pas assujettis à un minimum de longueur, mais à un maximum de 140 mètres au $\frac{1}{2000}$ et 70 au $\frac{1}{1000}$.

Deux lignes de canevas ne doivent jamais se croiser sans avoir un sommet commun bien repéré, et deux traverses qui se rapprochent doivent, autant que possible, être reliées entre elles.

297. Marche générale du lever. — Le canevas est levé par cheminement et nivelé avec l'éclimètre. Toutes les opérations de ce lever sont enregistrées dans un carnet spécial dont le modèle est donné page 467.

Modèle du carnet des opérations du lever à la boussole à éclimètre

NUMÉROS DES POINTS.	ORIENTEMENTS directs et inverses.	SOMMES des lectures et hauteur de la boussole.	LECTURES sur la stadia.	DIFFÉRENCE des lectures ou distances par la stadia	DISTANCES chaînées suivant la pente.	INCLINAISONS directes et inverses.	DIFFÉRENCES DE NIVEAU additives.	DIFFÉRENCES DE NIVEAU soustractives.	COTES DES POINTS déduites.	COTES DES POINTS compensées.	REMARQUES.
1	2	3	4	5	6	7	8	9	10	11	12
POLYGONE A, PARTANT DU POINT 1 ET SE FERMANT AU MÊME POINT											
1	299°30'ᶜ / 98 40 / (99 25)	136 / 1,36	91ᵈ 75 / 44 50	47m,25	47m,20	− 0ᶜ94ᶜ / + 0 96	»	0m,70	103m,20	103m,20	
2	293 50 / (294 35) / 94 30	139 / 1,39	92 95 / 46 00	46,95	46,95	+ 0 20 / − 0 18	0m,14	»	102,50	102,50	Déviation moyenne de −45' au point2.
3	20 35 / 220 45	171 / 1,41	114 15 / 57 25	56,90	56,15	+10 24 / −10 22	8,98	»	102,64	102,64	
4	22 30 / »	»	» / »	»	»	» / »	»	»	111,62	111,61	Le point de mire sur la stadia a été relevé de 0m,30.
»	»	»	»	»	»	»	»	»	»	»	
18	267 10	138 / 1,38	95 50 / 42 40	53,10	52,40	− 7 41	»	»	102,68	102,59	Cotes du point de fermeture.
1	38 45 / 238 40	137 / 1,37	78 25 / 59 05	19,20	19,20	+ 2 06 / − 2 04	0,61	»	103,29 / 103,20	102,59 / 103,20	Cote de départ.
Sommes des différences.....							52m,90	52m,81	+ 0m,09	0m,00	Erreur de fermeture = + 0m,09.
Différences égales.....							+ 0m,09				

Dans la septième colonne de ce carnet on inscrit, l'une au-dessous de l'autre, les inclinaisons directe et inverse observées pour chaque côté. Pour distinguer le sens de ces pentes, on donne le signe $+$ aux pentes ascendantes et le signe $—$ aux pentes descendantes. Ce sont les signes qui, dans les deux cas, doivent affecter les différences de niveau correspondantes.

Toutes les constructions sont faites immédiatement sur la planchette, qui est recouverte à cet effet d'une feuille de papier divisée avec soin en carreaux de 5 centimètres de côtés (voir n° 141). Pendant que l'un des opérateurs prend les mesures et les enregistre sur son carnet, l'autre les enregistre également sur le deuxième carnet pour vérification, fait les constructions et calcule les différences de niveau.

Les distances sont généralement mesurées suivant la pente, à la chaîne ou au décamètre en ressort; elles sont construites sur le plan à l'aide d'une échelle de réduction à l'horizon, l'angle étant donné par l'éclimètre.

Il est bon, mais seulement comme vérification, de faire en même temps la lecture des distances à la stadia. On évite de cette façon les erreurs de 10 mètres qui peuvent se présenter dans les chaînages.

Dans les terrains couverts, où le chaînage ne donnerait pas de bons résultats, on se contente de mesurer les distances à la stadia. Les longueurs à porter sur le plan sont données, dans ce cas, par l'échelle de projection (n° 64) et les différences de niveau se calculent comme il sera dit n° 301.

298. — Détail des opérations du lever. — 1° *Lever des cheminements principaux.* — L'un des opérateurs met la boussole en station (n° 248) à l'un des sommets du polygone, puis il fixe la ligne de foi de la mire à la hauteur de l'axe de rotation de la lunette et note cette hauteur de mire sur son carnet (colonne 3). L'un des aides se rend ensuite avec la mire et un jalon au sommet suivant, tandis que le deuxième aide tient la stadia verticale au sommet précédent. L'opérateur dirige la ligne de visée sur la stadia, la lunette étant à droite, amène la bulle du niveau fixe au milieu du tube, puis pointe la croisée des fils du réticule sur une division de la stadia à même hauteur que l'instrument. Les résultats de cette visée, c'est-à-dire les deux lectures sur la stadia, l'orientement inverse et l'inclinaison inverse sont inscrits dans les 4°, 2° et 7° colonnes du carnet.

Les orientements sont toujours lus sur le vernier voisin de l'oculaire. L'orientement inverse doit différer de 200 grades de l'orientement direct pris de la station précédente, à 5 ou 10 décigrades près.

Les inclinaisons se lisent du côté de l'oculaire.

Le deuxième opérateur, qui a achevé de construire le côté précédent sur la planchette, a rejoint pendant ce temps la station où se trouve l'instrument. Il fait à son tour sur la boussole, mais sans recommencer le pointé, les lectures de l'orientement et de l'inclinaison inverses, les note sur son carnet et les compare à celles faites par le premier opérateur. Il inscrit, en outre, d'après le carnet de celui-ci et sans les vérifier, les distances chaînées et mesurées à la stadia.

Ceci fait, le premier opérateur vise la mire placée au sommet suivant, ramène la bulle du niveau fixe au milieu du tube, pointe la lunette sur la ligne de foi du voyant, puis lit et enregistre les orientements et les inclinaisons directs.

Le deuxième opérateur fait à son tour les mêmes lectures, les enregistre et les compare à celles du premier opérateur. Il commence ensuite la construction sur la planchette du côté précédent. Pendant ce temps les deux aides ont rejoint la station et commencent, sous la surveillance du premier opérateur, le chaînage suivant la pente du côté dont on vient de prendre l'orientement direct.

A la station suivante les opérations recommencent dans le même ordre.

299. — **Lever des cheminements secondaires.** — 2° Dans ces cheminements, on se contente généralement d'une seule mesure pour chacun des éléments du lever. On ne se met en station que de deux en deux sommets et l'on prend pour l'un des côtés aboutissant à la station les orientements et les inclinaisons inverses, et pour l'autre les orientements et les inclinaisons directs. En opérant ainsi par simples visées, on ne compense plus les défauts de rectification de l'instrument ; aussi faut-il rectifier celui-ci avec beaucoup de soin, comme il a été dit n°s 249 à 251.

300. — 3° **Construction des cheminements.** (Voir n° 145.)

301. — 4° **Calcul des cotes.** — ¡Pour les cheminements dont les côtés ont été chaînés suivant la pente du terrain, la différence de niveau de deux sommets consécutifs est le produit de la distance mesurée par le sinus de la moyenne des inclinaisons directe et inverse. (Voir n° 245.)

Pour les cheminements levés seulement avec la stadia, la différence de niveau est égale à $S \sin i \cos i$ ou $\frac{1}{2} S \sin 2i$, S étant la différence des lectures sur la stadia et i la moyenne des inclinaisons directe et inverse.

Des tables spéciales (voir à la fin du volume) donnent les valeurs de $\sin i$.

Les différences de niveau sont additives ou soustractives suivant que l'on monte ou que l'on descend pour aller du point connu au point inconnu ; elles sont donc du même signe que les inclinaisons directes et de signe contraire aux inclinaisons inverses.

Comme vérification, on fait pour chaque cheminement la somme des différences de niveau additives et celle des différences soustractives ; si l'on n'a pas commis d'erreur, la différence de ces deux sommes doit être égale à celle des cotes du point de départ et du point d'arrivée.

302. — Habituellement il n'en est pas ainsi et on trouve une petite *erreur de fermeture*. Cette dernière ne doit toutefois pas dépasser 10 à 15 centimètres pour un cheminement de 1,000 mètres de développement.

Si l'on reconnaît, après la vérification qui vient d'être indiquée, que l'erreur de fermeture est admissible, on procède au calcul des cotes déduites (colonne 10 du carnet) en augmentant ou en diminuant, pour chaque sommet, l'altitude du sommet précédent de la différence de niveau, suivant que celle-ci est additive ou soustractive. La différence des cotes déduites des points de départ et d'arrivée doit être rigoureusement égale à celle des sommes des nombres inscrits dans les colonnes 8 et 9.

303. — Enfin, on compense l'erreur de fermeture en la répartissant sur les différents sommets *proportionnellement à leurs différences de niveau.*

A cet effet (fig. 146) on porte consécutivement sur une droite, des longueurs égales aux différences de niveau 1-2, 2-3, 3-4,... réduites à l'échelle du $\frac{1}{1000}$ ou du $\frac{1}{2000}$, sans avoir égard à leurs signes; on divise la longueur totale

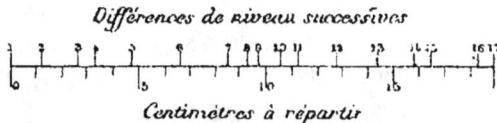

Fig. 146.

en autant de parties qu'il y a de centimètres à répartir, on chiffre ces divisions à partir du point de départ marqué o et on lit sur cette double échelle, en regard du point qui correspond à chaque sommet, le nombre de centimètres dont sa cote doit être modifiée.

304. — Lorsque deux cheminements de même espèce se croisent, on prend pour cote du sommet commun la moyenne des cotes compensées données par les deux cheminements; puis on considère ce point comme point de fermeture pour répartir, sur les quatre demi-cheminements qui y aboutissent, les erreurs de fermeture que l'on constate sur chacun d'eux.

305. — Si l'erreur de fermeture d'un cheminement qui se ferme en plan n'est pas admissible, on vérifie d'abord les calculs et ce n'est qu'après qu'on les a reconnus exacts qu'on recommence, s'il y a lieu, les opérations sur le terrain.

306. — **Lever des détails.** — Les détails sont généralement rapportés par abscisses et par ordonnées (n° 29) aux lignes du canevas et on fait le nivellement par rayonnement (n° 185), en se servant de l'instrument comme d'un niveau à lunette.

307. — **Détermination des sections horizontales.** — On marque d'abord sur les lignes du canevas qui s'appliquent parfaitement sur le terrain, les points à cote ronde appartenant aux courbes à déterminer. On lève ensuite par cheminement et on nivelle par les pentes une série de profils polygonaux, dont les divers éléments ont une pente uniforme entre deux sommets consécutifs, et sur ces profils on marque également les points à cote ronde ; enfin, on joint par des courbes les points à même cote ainsi déterminés, en s'inspirant de la vue du terrain. On peut aussi obtenir, par interpolation, des points des courbes sur les lignes qui joignent les sommets de deux cheminements distincts, lorsque ces lignes s'appuient complètement sur le sol.

Un certain nombre de profils suivent les lignes caractéristiques des formes du terrain, tels que les thalwegs, les faîtes, les arêtes. Entre ceux-ci, on en trace d'autres dirigés généralement suivant les lignes de plus grande pente. Ces profils sont plus ou moins espacés suivant que les ondulations du sol sont plus ou moins accentuées ; ils doivent toutefois être suffisamment rapprochés pour que les points des courbes, déterminés comme il vient d'être dit, ne soient pas distants de plus de 30 mètres dans les levers au $\frac{1}{1000}$ ou de 60 mètres dans les levers au $\frac{1}{2000}$.

308. — Sur les parties du terrain qui présentent des ondulations multipliées ou sur les terrains peu inclinés, il est souvent avantageux de déterminer directement un certain nombre de points des courbes. On règle alors l'instrument comme niveau et on opère, soit par le procédé de la chaîne traînante (nᵒˢ 278 à 281) lorsque le terrain est nu, soit par la méthode des profils (nᵒˢ 275 à 277) lorsque le sol est couvert d'obstacles.

§ 2. — LEVER A LA PLANCHETTE DÉCLINÉE ET A L'ALIDADE NIVELATRICE.

DESCRIPTION ET USAGE DES INSTRUMENTS

Planchette déclinée. (Voir n° 166.)

Alidade. (N°ˢ 258 à 263.)

309. — **Échelles.** — Avec la planchette déclinée et l'alidade on ne peut obtenir une exactitude suffisante qu'à la condition d'opérer à une échelle inférieure au $\frac{1}{5000}$.

310. — **Personnel.** — 1 opérateur, 4 aides (2 porte-mire[1], 2 chaîneurs).

311. — **Matériel.** — Une petite planchette avec son pied, 1 grand déclinatoire, 1 alidade nivelatrice, 2 mires ordinaires[2], 1 chaîne et ses fiches, 2 jalons, piquets, 1 masse carrée, 1 carnet des opérations, crayons, canif, gomme, etc.

312. — **Lever du canevas général.** — Le canevas général, destiné à assurer l'exactitude de la planimétrie et du nivellement, se compose de points remarquables répartis sur tout le terrain du lever et décomposant la surface de ce terrain en polygones accolés dont les côtés ont moins de 100 mètres de longueur. Chacun de ces polygones ne doit pas avoir plus de 1,000 à 1,500 mètres de développement.

Le lever de ce canevas se fait par cheminement, et les polygones se vérifient par fermeture, tant pour la planimétrie que pour le nivellement.

Les diverses opérations du lever sont consignées dans un carnet spécial établi conformément au modèle de la page 174.

313. — **Détail des opérations.** — L'opérateur marque arbitrairement sur la feuille du lever l'un des sommets du canevas pris pour point de départ, en ayant soin seulement que le terrain à lever puisse être contenu tout entier sur la feuille de dessin; puis il se met en station avec la planchette au-dessus du point correspondant du terrain, en ren-

---

1-2. Lorsqu'on n'opère pas par visées directes et inverses, 1 seul porte-mire et une mire suffisent.

Modèle du carnet des cheminements

POLYGONE A, PARTANT DU POINT 1 ET SE FERMANT AU MÊME POINT

NUMÉROS des STATIONS.	DISTANCES en DOUBLES PAS.	DISTANCES en MÈTRES.	PENTES DES CÔTÉS. TANGENTES ET SIGNE.	PENTES DES CÔTÉS. COMMENT PRISES.	DIFFÉRENCES DE NIVEAU. ADDITIVES CALCULÉES.	DIFFÉRENCES DE NIVEAU. ADDITIVES PLANCHETTE.	DIFFÉRENCES DE NIVEAU. SOUSTRACTIVES CALCULÉS.	DIFFÉRENCES DE NIVEAU. SOUSTRACTIVES PLANCHETTE.	ALTITUDES DES STATIONS. CALCULÉES.	ALTITUDES DES STATIONS. COMPENSÉES.	REPÈRES et REMARQUES.
1	44p,7	72m,4	+ 84 35	d	6m,0	»	»	»	138m,6	138m,6	Les altitudes sont rattachées au pied de la croix du clocher de Chazelles, coté 239m,4.
2	58,2	94,2	— 8 30	i	»	»	»	»	144,6	144,5	
3	»	»	+ 3 80	d	3,5	»	»	»	148,2	148,1	
»	»	»	»	i	»	»	»	»	»	»	
18	28,0	45,3	— 6 40	d	»	»	2m,9	»	141,5	141,2	
19	23,8	38,6	+ 6 45	i	»	»	»	»	138,6	138,6	
1	»	»	+ 1 20	d	0,4	»	»	»	139,0	138,6	Long. moyenne du double pas = 1m,62.
Sommes..	522p,0	846m,5	— 1 10		34m,6	»	34m,2	»			Erreur de fermeture = + 0m,4.
Différences égales............	*Différences égales.*				+ 0m,4	»	+ 0m,4	»	+ 0m,4	0m,0	

dant la tablette horizontale à vue et en l'orientant de manière que tout le lever tienne sur la feuille de papier. Il fixe
ensuite le déclinatoire dans un des angles de la planchette,
en le tournant de manière que la pointe bleue de l'aiguille
se trouve vis-à-vis du trait de repère, et il trace un trait au
crayon autour de son pourtour, afin d'en bien repérer la
position.

Il complète alors, s'il y a lieu, l'orientement de la planchette en amenant l'aiguille du déclinatoire exactement
vis-à-vis du trait de repère et fixe la tablette dans cette position en agissant sur la vis de pression.

314. — La planchette étant en station et orientée
comme il vient d'être dit, l'opérateur, après avoir fixé le
voyant de la mire à la hauteur à laquelle la tablette se
trouve au-dessus de la station, envoie un aide tenir cette
mire verticalement au sommet suivant du polygone à lever,
fait une visée sur la mire avec l'alidade et trace la direction
ainsi obtenue sur la feuille du lever.

Pour faire la visée, il fait pivoter l'alidade autour d'une
épingle plantée verticalement dans la tablette, au point du
plan qui correspond à la station. Il lit ensuite la pente directe
de la ligne de visée et la note sur le carnet des cheminements.

Ceci fait, les deux chaîneurs mesurent *horizontalement*
la distance qui sépare la station du point visé; puis, à l'aide
de cette distance, l'opérateur détermine la position de ce
point sur le plan. Il inscrit en outre les résultats du chaînage sur son carnet, après les avoir contrôlés par un mesurage au double pas.

315. — La planchette est ensuite transportée successivement aux divers sommets du polygone à lever et on l'oriente
à chaque station en la tournant de manière à amener la
pointe bleue du déclinatoire vis-à-vis du trait de repère.

316. — Pour éviter les erreurs dues aux déviations de
l'aiguille par suite d'influences locales, on vérifie toujours
l'orientement au moyen d'une visée faite avec l'alidade sur
le côté précédemment déterminé, et, si l'on constatait ainsi
une désorientation sensible, on orienterait uniquement la

planchette sur le point de départ ou sur un point éloigné précédemment déterminé, sans tenir compte des indications du déclinatoire.

317. — A chaque station, on détermine la position du sommet suivant et on inscrit sur le carnet la pente du côté correspondant, ainsi que sa longueur, en opérant exactement comme au point de départ.

318. — Pour compenser, dans la mesure des pentes, les erreurs dues à un défaut de l'alidade, il est bon de faire à chaque station, outre la visée directe sur le côté à déterminer, une visée inverse sur le côté précédent. On calcule alors les cotes en prenant pour pente définitive de chaque côté la moyenne des pentes directe et inverse.

Pour opérer avec rapidité, le deuxième porte-mire, après avoir réglé la hauteur de son voyant comme il a été dit, se transporte avec sa mire sur le sommet précédent, aussitôt que la planchette se trouve en station, et la visée inverse se fait sur cette mire pendant le chaînage.

319. — En opérant comme il vient d'être dit, l'erreur de fermeture du nivellement ne doit pas dépasser $0^m,60$ pour un polygone de 1,500 mètres de développement.

320. — La méthode des cheminements donne d'excellents résultats, mais elle a l'inconvénient d'être assez lente. On peut accélérer le travail, mais aux dépens de l'exactitude du lever, en opérant par intersections (voir nos 18 à 22), au moyen d'une base polygonale de 1,000 à 1,500 mètres de développement. Cette base est levée très exactement par cheminement.

Les cotes des points obtenus par intersections se déduisent des altitudes des stations qui ont servi à déterminer ces points, en calculant les différences de niveau comme il a été dit n° 259. On mesure les distances horizontales sur le plan, et les pentes sont données par l'alidade. On fait le calcul pour chaque point, en partant des trois stations d'où on a pris direction sur lui, et la cote définitive de ce point est la moyenne des trois cotes ainsi obtenues.

321. — **Lever des détails.** — **Canevas de détail.** — On rapporte les détails, par abscisses et par ordonnées, à des lignes de canevas les serrant d'aussi près que possible. Les sommets de ce canevas de détail sont levés, soit par des cheminements, soit par intersections au moyen de visées faites des divers sommets du canevas général.

On peut aussi opérer par relèvement. A cet effet, on se transporte au point à déterminer et on oriente la planchette à l'aide du déclinatoire. On vise ensuite successivement deux sommets du canevas et on trace les directions correspondantes en faisant pivoter l'alidade autour d'une épingle plantée au point du plan qui représente le sommet visé. L'intersection des directions tracées donnera la position du point cherché.

Les différences de niveau des points obtenus par relèvement et des points visés se calculeront, comme il a été dit ci-dessus, au moyen des distances mesurées sur le plan et des pentes lues sur l'alidade ; seulement, dans ce cas, les différences seront additives, si la pente est descendante et soustractives, si la pente est ascendante.

322. — Détermination des sections horizontales. — On marque par interpolation sur les lignes du canevas et sur une série de profils tracés comme il a été dit n° 307, les points à cote ronde qui appartiennent aux sections horizontales, et on réunit les points à même cote ainsi déterminés par des courbes continues, en s'inspirant de la vue du terrain.

Pour faciliter ce travail, on a eu soin, en outre, de faire à chaque station des visées parallèles au terrain dans plusieurs directions et de marquer, sur ces amorces de pentes reportées sur le plan, les points de passage des sections horizontales.

Les profils qui servent à la détermination des courbes horizontales sont dirigés, autant que possible, suivant les lignes caractéristiques du terrain et les lignes de plus grande pente ; ils sont levés par cheminement, mais on ne fait de station que de deux en deux sommets.

12

CHAPITRE III

DESSIN TOPOGRAPHIQUE

---

§ 1. — DÉFINITIONS.

323. — La représentation géométrique d'un terrain sur une feuille de dessin se nomme *carte topographique*.

324. — La première carte établie pour un terrain déterminé, d'après les opérations d'un lever, porte le nom de *carte minute*. Les cartes *orométriques* sont celles sur lesquelles les formes du terrain sont exprimées par des sections horizontales équidistantes.

325. — D'après les minutes, on fait, pour les besoins du service, des copies ou des *réductions,* en ayant égard à la déformation qu'a pu subir l'échelle du dessin par suite du retrait du papier. (Voir n° 347.)

326. — Le dessin des cartes orométriques comprend :

1° L'exécution du trait ;

2° Les teintes conventionnelles qui expriment les cultures ou l'état habituel de la surface du sol ;

3° Les écritures qui indiquent les noms des divers détails figurés sur la carte.

§ 2. — TRAIT.

I. — CONVENTIONS RELATIVES A L'EXÉCUTION DU TRAIT DE LA PLANIMÉTRIE.

327. — **Couleur des traits.** — On trace en *noir* (*encre de Chine*) les chemins, les clôtures en bois, les limites de culture et les voies ferrées lorsque l'échelle du dessin est plus petite que le $\frac{1}{5000}$;

En *carmin,* les maçonneries (contour de maisons, murs, ponts, bordures de trottoirs);

En *bleu,* les limites des eaux et les rails de chemins de fer sur les cartes au $\frac{1}{5000}$ ou à une échelle plus grande ;

En *vermillon,* les limites des communes.

328. — **Nature des traits.** — On fait usage, en général, de traits pleins ; toutefois :

1º Les limites mal définies sont figurées en pointillé à traits forts ;

2º Les objets souterrains sont tracés en pointillé à traits forts et serrés ;

3º Certaines voies de communication sont marquées en pointillé dans les cartes dont l'échelle est inférieure au $\frac{1}{5000}$. (Voir nº 330.)

329. — **Grosseur des traits.** — On emploie, en général, trois grosseurs de traits : la plus faible pour les limites de cultures; la moyenne pour les sentiers, les chemins ordinaires, les limites des maisons et des eaux; la plus forte pour les bords intérieurs des routes principales.

On donne une grosseur plus grande encore aux traits qui représentent des objets de trop faible épaisseur pour être figurés par deux traits à l'échelle du dessin (murs, ruisseaux, clôtures en planches, fossés, etc.).

330. — **Voies de communication.** — Sur les cartes à échelle plus grande que le $\frac{1}{5000}$, toutes les voies de communication sont représentées à leur largeur réelle, réduite à l'échelle, avec tous les détails qui les accompagnent (trottoirs, gares, fossés, etc.); au $\frac{1}{5000}$, on augmente ces largeurs de $\frac{1}{5}$ de millimètre; enfin, lorsque l'échelle du dessin est plus petite que le $\frac{1}{5000}$, on représente les voies de communication par des signes conventionnels conformément aux indications du tableau ci-après (p. 184 et 185).

Dans la traversée des villages, les voies de communication sont toujours représentées à leur largeur réelle.

331. — Talus. — Les talus non dressés sont représentés par des hachures en *ocre* brune, dirigées suivant la ligne de plus grande pente et produisant une teinte dégradée du sommet au pied du talus. Les ressauts de roc s'expriment par des hachures horizontales, discontinues, avec des crevasses perpendiculaires. Les talus dressés sont représentés par leur pied et leur sommet, ce dernier fortement accentué.

332. — Constructions. — Les maisons sont indiquées par leur contour hors œuvre, avec traits de force du côté opposé à la lumière qu'on suppose venir de l'angle supérieur gauche de la feuille de dessin. Le trait est rouge pour les maisons en maçonnerie et noir pour les constructions en bois ou en pisé.

Les hangars sont représentés par des lignes pointillées rouges ou noires, suivant la nature des piliers.

Les massifs de maisons particulières sont indiqués par leur contour général, sans distinction de propriétés.

Pour les édifices publics, on détaille le contour hors œuvre des divers bâtiments, et, dans les cartes à grande échelle (jusques et y compris le $\frac{1}{5000}$), on indique par un trait fin noir les arêtes des toits.

333. — Détails divers. — *Haies.* — Aux grandes échelles, jusques et y compris le $\frac{1}{2000}$, feuillé en vert pré, renforcé du côté de l'ombre; aux échelles plus petites, ronds complets ou incomplets en vert pré, séparés par deux ou trois points de même couleur.

Arbres isolés. — Cercles en vert pré pour les échelles

du $\frac{1}{5000}$ et les échelles plus grandes, points de même couleur pour les échelles plus petites.

Vergers. — Les vergers sont représentés par des arbres placés aux sommets d'un quadrillage régulier.

Broussailles. — S'indiquent par un feuillé formé de ronds complets et incomplets disposés en touffes.

Le tableau suivant indique la manière de représenter divers autres détails.

ÉCHELLES DE	$\frac{1}{10\,000}$	$\frac{1}{20\,000}$	$\frac{1}{50\,000}$	$\frac{1}{100\,000}$
Bâtiments isolés } Trait rouge et teinte de carmin.......				
Bâtiments isolés } Trait noir et teinte d'encre de Chine pâle. en bois.......				
Églises. } Trait rouge et teinte de gris bleu; le clocher reste				
Chapelles.} blanc.......				
Calvaire, croix en pierre (rouge).......				
Croix. } en bois (noir). } en fer (bleu).......				
Château, terrasse (rouge).......				
Phare, tout (rouge).......				
Manufacture (rouge).......				
Moulin à vent (les ailes, noir).......				
Moulin à eau (la roue, noir).......				
Forge, usine à fer (la roue, noir).......				
Fonderie (la roue, noir).......				

	$\frac{1}{10\,000}$	$\frac{1}{20\,000}$	$\frac{1}{50\,000}$	$\frac{1}{100\,000}$
Four à chaux (rouge).......				
Four à plâtre (rouge).......				
Point trigonométrique (noir).......				
Clocher servant de point trigonométrique.				
Fontaine, puits (rouge et bleu).......				
Ruines (pointillé rouge).......				
Murs (gros trait rouge).......				
Murs en pierres sèches (pointillé rouge).......				
Clôtures en bois (noir).......				
Clôtures en levées (ocre brune).......				
Haies (vert pré).......				
Fossés secs (trait de sépia).......				
Fossés pleins d'eau (bleu léger).......				
Ruisseau (trait bleu).......				
Ruisseau sec en été (pointillé bleu).......				
Limites de culture (trait fin).......				

Les traits des routes et des chemins se font en noir, à la grosseur et avec l'espacement indiqués dans ce tableau.
On représente toutefois les voies avec leurs largeurs réelles, lorsque celles-ci, réduites à l'échelle, dépassent les dimensions ci-contre.

ÉCHELLES DE	$\frac{1}{100\,000}$	$\frac{1}{80\,000}$	$\frac{1}{20\,000}$	$\frac{1}{10\,000}$

Routes et chemins régulièrement entretenus.

- na- tionales ou de 1re cl. { avec ou sans arbres (tout pré foncé).....
- bornes kilométriques (rouge). bordé de haies (vert pré foncé)....
- ponceaux (rouge)....
- départementales ou de 2e classe....
- départementales auxiliaires ou grandes communications....
- tions principales....
- grandes communications ordinaires....
- chemins vicinaux bien entretenus....

Chemins vicinaux empierrés, mais irrégulièrement entretenus.... { avec ou sans arbres.... bordés de haies....

Chemins d'exploitation non empierrés, impraticables en hiver.... { avec ou sans arbres.... bordés de haies....

Sentiers importants, bordés ou non d'arbres et de haies.. { pour les bêtes de somme.. pour les hommes..

Avenues (les petites se traitent comme des chemins ordinaires).... { grandes.... ordinaires....

Vestiges d'anciennes voies romaines....

Route en remblai : hachures en ocre brune....

Route en déblai : hachures en ocre brune ou roc....

Route en sout. : traits convent. en pointillé....

Trav. d'un village : la rue réduite à l'échelle....

Chemins de fer.

- à une voie : gros trait noir....
- à deux voies : gros traits noirs. Passage à niveau..
- en remblai avec pont en dessous (hachures en ocre brune)....
- en déblai avec pont en dessus (id.)....
- en souterrain; trait conv. en pointillé....

ÉCHELLES.

	$\frac{1}{100\,000}$	$\frac{1}{50\,000}$	$\frac{1}{20\,000}$	$\frac{1}{10\,000}$
Canal de navigation, grand..... { les bords de l'eau en bleu; les autres traits noirs; hachures en ocre brune; teinte bleue sur l'eau.				
ordinaire.....				
Écluses à sas..... { Les sas en rouge, les portes en noir.				
Souterrain : traits pointillés.....				
Canal non navigable : traits et teinte bleus.....				
Aqueduc souterrain : pointillé bleu.....				
Id. aérien : piles rouges, pointillé bleu.....				
Pont en pierre (traits rouges).....				
Pont en bois (traits noirs).....				
Id. avec piles en pierre (piles rouges).....				
Pont en fer (traits bleus).....				
Pont suspendu (chaînes en pointillé bleu).....				
Id. avec pile au milieu (rouge).....				

Id. pour les piétons.....
Pont-levis (traits noirs).....
Pont de pontons (traits noirs).....
Pont de bateaux (id.)
Pont de radeaux (id.)
Pont de chevalets (id.)
Pont volant (id.)
Bac ordinaire (id.)
Bac à traille (id.)
Passage de bateaux (id.)
Gué pour les voitures (id.)
Gué pour les chevaux (id.)
Digue en pierre (trait rouge).....
Id. submersible (pointillé rouge).....
Chute d'eau (hachures bleues).....
Estacades (noir).....

II. — TRACÉ DES COURBES HORIZONTALES.

334. — Les sections horizontales sont tracées en terre de Sienne brûlée. Le trait est fin et continu; toutefois, pour faciliter la lecture du figuré de terrain, on trace en traits plus gros quelques-unes des courbes prises de 4 en 4 ou de 5 en 5, mais en ayant soin que l'équidistance des courbes grosses soit un nombre rentrant dans le système décimal (5, 10, 20, 50 mètres) et que les cotes de ces courbes soient des multiples de leur équidistance.

Quand l'équidistance adoptée pour les sections horizontales est insuffisante pour définir le relief dans certaines parties de la carte, on la subdivise en plusieurs parties par des courbes intercalaires qu'on trace en traits pointillés longs.

335. — Les lignes de changement de pente sont quelquefois tracées en lignes pointillées très fines, de la même couleur que les courbes.

336. — Sur les chaussées, les courbes sont tracées sans tenir compte du bombement. Dans les villes, on ne trace les sections horizontales en traits pleins que dans les rues et sur les places, et on réunit ces amorces par des lignes pointillées très fines.

§ 3. — TEINTES CONVENTIONNELLES.

337. — **Cultures.** — Les cultures sont représentées par les teintes conventionnelles suivantes :

Terres labourables. — Blanc, sans teinte.

Vignes. — Violet sombre, composé de bleu de Prusse, de carmin et de sépia.

Prairies. — Vert bleuâtre, composé de bleu de Prusse et de gomme gutte.

Bois. — Jaune verdâtre, composé de gomme gutte et de bleu de Prusse.

Vergers. — Vert franc, composé de bleu et de gomme gutte.

Sables. — Orangé, composé de carmin et de gomme gutte.

Friches. — Panaché de vert et de la teinte des sables.

Bruyères. — Panaché de vert et de carmin.

Marais. — Panaché par touches horizontales de vert et de bleu, avec touches plus vives sur les bords des flaques d'eau.

Eaux douces. — Bleu pâle renforcé sur les bords par un liséré dégradé.

Bâtiments. — Les bâtiments particuliers sont recouverts d'une teinte plate de carmin, pour les constructions en maçonnerie, et d'encre de Chine pour les constructions en bois. Les toits des édifices sont lavés à l'effet à l'encre de Chine (teinte dégradée et ombrée du côté opposé à la lumière). Ils reçoivent en outre une teinte plate conventionnelle, suivant le service auquel ils appartiennent, savoir :

Édifice appartenant à une administration particulière : carmin foncé.

Édifices civils ou religieux appartenant à l'État, aux départements ou aux communes : vermillon ou rouge orange.

Bâtiments militaires du service du génie : gris bleu ; de l'artillerie : violet.

§ 4. — ÉCRITURES.

338. — Genres d'écritures employés. — On n'emploie pour les cartes topographiques que les écritures moulées à pleins et déliés. Ces écritures sont classées en cinq genres : la capitale droite, la capitale penchée, la romaine droite, la romaine penchée et l'italique. Le genre et la disposition des écritures sont proportionnés à l'importance des objets qu'elles désignent.

339. — Disposition des écritures. — Les écritures sont noires, sauf les chiffres qui expriment les cotes des courbes horizontales, qui sont couleur terre de Sienne brûlée. Elles s'inscrivent à côté des objets qu'elles désignent et parallèle. ment au côté inférieur du cadre, sauf les exceptions sui- vantes :

1° *Voies de communication.* — Les écritures sont placées en dehors des voies et parallèlement à leur direction, les mots étant espacés de manière que l'inscription occupe toute la longueur de la voie, mais les lettres d'un même mot restant réunies. Ces écritures sont disposées de ma- nière qu'on puisse les lire de la gauche à la droite sans re- tourner la feuille de dessin.

2° *Rivières.* — Les noms des cours d'eau s'inscrivent soit entre les deux rives, soit en dehors, suivant que la largeur est supérieure ou inférieure au double de la hauteur des lettres. On indique par une flèche le sens du courant.

3° *Surfaces allongées.* — Les écritures se font ordinaire- ment dans le sens de la plus grande dimension.

Indication des cultures. — Les cultures sont indiquées sur les cartes par leurs initiales écrites en lettres filiformes, parallèlement au bord inférieur du cadre.

§ 5. — INDICATIONS DIVERSES.

340. — **Orientation.** — Toute carte doit porter l'indica- tion de son orientation. Lorsque les côtés du cadre sont dans la direction du méridien, on inscrit le mot *Nord* près du bord supérieur du cadre ; dans le cas contraire, on des- sine une rose d'orientation.

341. — **Carreaux modules.** — Toute carte exacte doit être couverte d'un réseau de carreaux de 10 centimètres de côtés, tracé en lignes rouges fines, orientées du Nord au Sud et de l'Est à l'Ouest. Ces carreaux servent à indiquer à chaque instant les modifications que les variations du papier du dessin produisent sur l'échelle et permettent de rectifier les mesures prises sur le plan.

342. — **Échelle.** — Les cartes portent une échelle tracée parallèlement au bord inférieur du cadre, comme il a été dit n° 7.

§ 6. — REPRODUCTION DES CARTES.

I. — COPIE DES CARTES.

On peut employer divers moyens pour copier les cartes :

343. — 1° On trace des carreaux modules à la fois sur la carte à copier et sur la feuille de la copie, et on rapporte sur celle-ci, au moyen des segments interceptés sur les carreaux, les lignes de la carte et les lignes auxiliaires qui servent à déterminer certains points.

344. — 2° On place la feuille de la copie sous la carte et on pique à travers celle-ci, sur la première, au moyen d'une aiguille fine, un nombre de points suffisant pour que la reproduction des traits soit facile.

345. — 3° On fait un calque de la carte sur papier transparent, et on le place ensuite sur la feuille de la copie, en interposant du papier plombaginé. On suit les lignes du calque avec une pointe à tracer et elles se reproduisent sur la copie.

346. — 4° On se sert d'un calquoir, en plaçant la carte directement sur la glace et en la recouvrant de la feuille de la copie. Le calque se fait par transparence et le trait peut être tracé directement à l'encre.

II. — RÉDUCTION DES CARTES.

347. — La reproduction des cartes à une échelle moindre se fait au moyen de carreaux tracés sur la feuille de la copie et dont les côtés sont à ceux des carreaux de la carte minute dans le rapport de la réduction. Il faut tenir compte, toutefois, des déformations que peut avoir subi l'original (voir n° 341). Dans chaque carreau de la copie on trace les divers détails qui se trouvent dans le carreau correspondant de la carte, en réduisant les dimensions dans le rapport donné, soit avec un compas de réduction, soit avec un compas ordinaire et un angle de réduction

348. — Cet angle se trace de la manière suivante (fig. 147) :
sur une ligne A X on porte une longueur quelconque AB,
10 centimètres, par exemple ; puis, autour du point B comme
centre, on trace un arc de cercle avec un rayon égal à A B

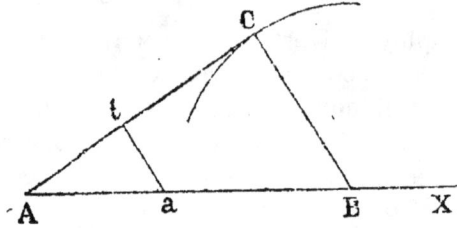

Fig. 147.

multiplié par le rapport de réduction, et par le point A on
mène une tangente à cet arc. Pour avoir la longueur réduite
d'une ligne quelconque, on porte celle-ci en Aa sur AB,
à partir du point A, et on décrit autour du point a comme
centre un arc de cercle tangent A C. Le rayon at de ce
cercle sera la longueur réduite cherchée.

349. — Dans la réduction des cartes, il faut tenir
compte de la variation, avec l'échelle, des signes et des dimensions conventionnels par lesquels on représente certains objets du terrain. Il faut remarquer aussi que
l'équidistance des sections horizontales varie avec l'échelle
du dessin, et que dans la réduction il n'est pas nécessaire
de représenter toutes les courbes de l'original.

III. — AMPLIFICATION DES CARTES.

350. — L'amplification des cartes se fait au moyen de
carreaux par un procédé analogue à celui qui a été indiqué
pour la réduction. Mais cette opération, ne donnant pas de
résultats d'une grande exactitude, n'est guère employée que
pour fournir des indications pour un nouveau lever.

CHAPITRE IV

LEVER DE BATIMENT

---

351. — **Objet du lever.** — Le lever d'un bâtiment a pour objet de déterminer les formes et les dimensions des différentes parties de ce bâtiment et de les représenter à l'aide du dessin. Pour atteindre complètement ce but, on emploie plusieurs projections horizontales et verticales qui font connaître la distribution intérieure, la nature des constructions, la décoration et l'aspect extérieur de l'édifice.

352. — **Plans, profils, coupes et élévations.** — Les projections horizontales, qui se nomment *plans,* sont, pour la plupart, des sections faites à chaque étage ; elles indiquent plus particulièrement la distribution intérieure, les dimensions des maçonneries et celles des baies.

Lorsqu'on veut représenter la disposition relative de plusieurs bâtiments, on emploie des plans à petite échelle, appelés *plans d'ensemble* et tout à fait analogues aux plans topographiques.

353. — Les projections verticales sont de deux sortes : les *coupes* qui passent à travers le bâtiment et les *élévations* qui le laissent entièrement d'un même côté ; les premières contribuent principalement à faire connaître la nature des constructions, et les autres représentent l'aspect de l'édifice. Les plans des élévations sont généralement parallèles aux façades et ceux des coupes perpendiculaires aux murs. On construit quelquefois des coupes suivant des directions brisées.

13

354. — On appelle coupes *transversales* celles dont les plans sont perpendiculaires aux longues faces du bâtiment, et coupes *longitudinales,* celles dont les plans sont parallèles à ces faces.

355. — On complète souvent les coupes et les élévations par des sections de détails, profils exécutés à grande échelle, sur lesquels on ne projette rien qui soit en dehors du plan sécant.

356. — La position et la direction des divers plans de projection sont déterminées par les traces de ces plans les uns sur les autres, traces qui sont figurées sur les dessins.

357. — **Objet à représenter sur les dessins du lever.** — On représente sur chaque plan tous les objets situés au même étage, au-dessous du plan de projection. On figure, en outre, les arêtes d'intersection des voûtes et toutes les marches d'escalier de l'étage.

Toutes les lignes apparentes, situées dans le plan ou au-dessous, sont dessinées en traits pleins et celles qui sont au-dessus sont figurées en pointillés (traits interrompus) ; les lignes cachées sont tracées en traits *ponctués* (points ronds rapprochés les uns des autres). Les parties coupées se distinguent au moyen de hachures sur les dessins au trait ou par une teinte foncée sur les dessins lavés (voir n° 373). Les coupes sont dessinées comme les plans ; on ne représente que les objets situés soit dans le plan sécant, soit entre celui-ci et les murs en avant les plus voisins.

358. — **Nombre des plans, des coupes et des élévations.** — Pour représenter complètement un bâtiment, il est nécessaire de faire les plans des divers étages, des caves, des greniers, des combles ou des chapes. Il convient également de faire autant d'élévations qu'il y a de côtés dissemblables, et un nombre de coupes suffisant pour donner une idée complète de la nature des constructions.

359. — **Détails de construction.** — Les *grands détails,* tels que les détails d'architecture, les appareils de pierre de taille, les travaux de charpente, de menuiserie, de ferronnerie, etc., sont dessinés à part à une échelle quintuple ou décuple de celle des plans. Les *menus détails,* ouvrages délicats de serrurerie ou de mécanique et autres, sont dessinés à de plus grandes échelles encore, quelquefois même à leur véritable grandeur (voir n° 371).

360. — Instruments du lever. — On se sert pour les levers de bâtiment, du quadruple mètre, du double mètre, du mètre, du double décimètre, du niveau de maçon et du fil à plomb.

361. — Croquis. — Les mesures que l'on prend sur le bâtiment sont inscrites immédiatement sur des croquis représentant les plans, coupes et élévations, dessinés à main levée, à une échelle suffisante pour qu'on puisse y inscrire toutes les cotes sans confusion. Ces croquis sont passés à l'encre au fur et à mesure qu'ils sont terminés.

362. — Ordre à suivre dans l'exécution des croquis. — On fait successivement le lever des plans du rez-de-chaussée, des divers étages et des caves; puis on dessine les élévations, dont les dimensions horizontales sont données par les plans; enfin, on construit les coupes, dont la plupart des dimensions sont déjà déterminées par les plans et les élévations.

363. — Hauteur des plans horizontaux. — L'usage est de faire passer les plans horizontaux de projection aux hauteurs suivantes :

1° Dans les caves, à hauteur de la naissance des voûtes, en faisant des ressauts, si c'est nécessaire;

2° Dans les rez-de-chaussée et les étages, à $0^m,10$ au-dessus de l'appui des fenêtres ;

3° Dans les greniers, à $0^m,50$ au-dessus de la sablière, et, dans les faux greniers, à hauteur du plancher;

4° Les plans généraux des combles ou des chapes, au-dessus des parties les plus élevées des bâtiments.

364. — Détail des opérations du lever. — Avant de faire le croquis du plan d'un étage, on parcourt toutes les pièces qui composent cet étage, afin de bien se pénétrer de leurs positions et de leurs dimensions respectives; puis on trace, sur la feuille du croquis, une figure semblable au contour

extérieur du bâtiment, en indiquant légèrement les murs
intérieurs et les cloisons. On dessine ensuite, dans chaque
pièce, les portes, les fenêtres et leurs embrasures, les
chambranles et les souches des cheminées, les alcôves, les
placards, les escaliers, etc. On cote enfin les longueurs des
diverses lignes du plan, d'après les mesures prises sur le
bâtiment.

365. — Plan du rez-de-chaussée et des étages. — Au rez-
de-chaussée, on commence par prendre les dimensions extérieures, en mesurant d'abord les longueurs totales, puis les
distances partielles, comme celle de l'angle du bâtiment au
tableau de la 1ʳᵉ ouverture, la largeur de cette ouverture,
et ainsi de suite jusqu'à l'autre extrémité de la façade.
Comme vérification, la somme des dimensions partielles doit
reproduire la longueur totale. Les dimensions extérieures
du bâtiment, prises au rez-de-chaussée servent généralement pour les plans des étages, avec de légères modifications.

A l'intérieur, le mesurage s'opère successivement dans
chaque pièce. Le plan d'une pièce est déterminé par la mesure des côtés et des diagonales. Pour les pièces quadrangu-
laires, une seule diagonale suffit; mais il est bon de mesurer
la 2ᵉ comme vérification. Dans les pièces polygonales, on mesure également une diagonale de plus qu'il n'est strictement
nécessaire pour faire la construction du polygone. Lorsque
une partie du périmètre de la pièce est courbe, on lève
cette ligne par points, en la rapportant par abscisses et par
ordonnées à une ligne droite convenablement dirigée. Pour
faire ce lever avec précision, on peut tracer la ligne des
abscisses sur le sol, à la craie, et mener les ordonnées en se
servant de l'angle droit du niveau de maçon.

Si un obstacle quelconque empêche de mesurer quelques-unes des diagonales, on détermine les angles opposés
à ces lignes au moyen d'un petit triangle auxiliaire, comme
il a été expliqué à l'occasion du lever au mètre (n° 94).

Lorsque les longueurs des divers côtés d'une pièce ont
été déterminées, on mesure sur chacun d'eux la distance

de l'angle à la 1re ouverture, la largeur de celle-ci, la longueur du trumeau suivant et ainsi de suite jusqu'à l'extrémité du côté. Ces dimensions partielles sont prises directement et on ne les déduit les unes des autres que lorsqu'il
n'est pas possible de faire autrement. Comme vérification,
leur somme doit reproduire la longueur du côté. On cherche
ensuite l'épaisseur des murs ; pour ceux qui sont percés
d'ouvertures, on la mesure directement; mais pour ceux

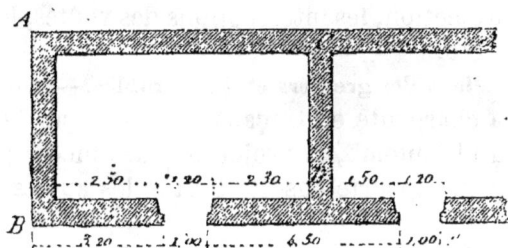

Fig. 148.

qui sont pleins sur toute leur hauteur, on la déduit de
dimensions prises à l'intérieur et à l'extérieur. C'est ainsi
qu'on trouverait 0^m,60 pour l'épaisseur du mur de pignon
AB et 0^m,50 pour le mur de refend CD (fig. 148).

On passe enfin aux détails ; on cote les diverses parties
des baies des murs, savoir : la saillie et la largeur de l'en-
cadrement, la largeur du tableau, la retraite et la largeur
de la feuillure, la largeur de l'ébrasement et son inclinaison ; on mesure toutes les dimensions du plan des cheminées, des fourneaux, des escaliers, etc.; on représente
l'emplacement des lits mobiles, des lits de camp; les râteliers d'armes ; les mangeoires, râteliers et barres d'écu-
rie; les étagères des magasins et, en général, les objets
mobiliers de grandes dimensions qui caractérisent la des-
tination de chaque pièce. Les croisées, portes et autres
objets de menuiserie ne se représentent pas sur les plans
généraux et sont compris au nombre des détails qu'on
dessine à part à une grande échelle.

366. — Plan des caves. — En faisant le plan des caves, on s'attache à établir exactement la correspondance de leurs murs avec ceux du rez-de-chaussée, ce qui se fait au moyen de repères pris sur les façades ou sur d'autres parties du bâtiment et auxquels on rapporte quelques-unes des ouvertures du rez-de-chaussée et des caves. On cherche en outre à représenter ou au moins à circonscrire les emplacements des citernes et des fosses d'aisances; on figure en lignes pointillées les soupiraux qui ne sont pas rencontrés par les plans de projection, les intersections des voûtes, les marches d'escalier, etc.

367. — Plans des greniers et des combles. — On facilite le lever de la charpente en traçant à la craie sur le plancher, à l'aide du fil à plomb, la projection des pièces principales auxquelles on rapporte ensuite toutes les autres parties de la charpente.

368. — Tuyaux de cheminées et conduits. — On doit reconnaître et indiquer, autant que possible, à chaque étage, les tuyaux de cheminées et autres conduits qui peuvent exister dans l'épaisseur des murs. Les dimensions intérieures de ces conduits se déduiront de leurs dimensions extérieures apparentes, particulièrement à leur sortie dans les greniers, et de quelques autres indices, tels que la nature de la maçonnerie, des poteries ou des briques qui entrent dans la construction, etc.

369. — Élévations. — Les dimensions horizontales des élévations sont pour la plupart déjà cotées sur les plans; il ne reste donc plus qu'à les compléter et à prendre les dimensions verticales. On opère pour ces mesures comme pour celles des plans, c'est-à-dire qu'on prend d'abord les longueurs totales, puis les longueurs partielles, indépendamment les unes des autres, afin de se ménager des vérifications. Un moyen simple pour mesurer les grandes dimensions verticales consiste à laisser tomber de l'étage supérieur et, quand on le peut, du bord de la corniche, une chaîne ou au besoin deux chaînes attachées l'une au bout de l'autre.

370. — **Coupes.** — En établissant les croquis des coupes, il faut remarquer que l'épaisseur diminue généralement de bas en haut, soit que le parement extérieur ait une inclinaison, qu'on appelle le *fruit du mur*, et qu'à chaque étage le parement intérieur soit en retraite sur celui de l'étage inférieur, soit que les deux parements présentent des retraites aux divers étages. Pour évaluer le fruit, on fait tomber le fil à plomb de l'une des fenêtres de l'étage supérieur jusqu'au pied du mur, de manière que le plomb touche ce pied ; on mesure la distance du fil au nu du mur, à la partie supérieure, et le rapport de cette distance à la hauteur du point où l'on a pris la mesure est l'inclinaison cherchée.

Les retraites extérieures se mesurent à chaque étage d'une manière analogue, et les retraites intérieures se déduisent des changements d'épaisseur des murs à chaque étage et de l'augmentation de la largeur dans œuvre des pièces correspondantes.

L'épaisseur des planchers s'obtient par différence, en mesurant extérieurement la distance qui sépare deux points d'un mur de face situés sur une même verticale, de part et d'autre du plancher considéré, et en retranchant ensuite de cette quantité la somme des distances verticales des mêmes points au plancher. On choisit habituellement ces deux points sur les ouvertures correspondantes des deux étages séparés par le plancher.

Lorsqu'on peut recueillir des indices suffisants sur la construction des planchers, comme l'épaisseur des poutres et des solives, leur espacement, etc., on représente ces détails sur les coupes.

Lorsqu'on a besoin de représenter la profondeur et l'empâtement des fondations, on mesure ces dimensions en pratiquant des sondages.

371. — **Dessin du lever.** — Échelles : $\frac{1}{5000}$ ou $\frac{1}{1000}$ pour les plans d'ensemble ; $\frac{1}{200}$ ou $\frac{1}{100}$ pour les plans, coupes et élévations ; $\frac{1}{20}$ ou $\frac{1}{10}$ pour les grands détails ; $\frac{1}{5}$, $\frac{1}{2}$ ou $\frac{1}{1}$ pour les menus détails.

372. — **Exécution des dessins.** — On suit pour l'exécution, des dessins absolument le même ordre que pour l'établissement des croquis, c'est-à-dire qu'on trace d'abord les grandes dimensions hors œuvre, puis on passe successivement aux détails.

Les objets coupés, autres que la terre, les maçonneries et l'eau, sont hachés à petits traits à l'encre de Chine, dans toute leur étendue.

373. — Tous les matériaux coupés, hachés ou non, sont recouverts d'une teinte conventionnelle assez intense, destinée à les distinguer. Ces teintes sont les suivantes :

La terre. . . . . Teinte bistre.
La maçonnerie.. . . . . . . — carmin.
L'eau. . . . . — bleu clair.
Le bois de charpente ou de
  menuiserie. . . . . — terre de Sienne brûlée.
Le fer et l'acier . . . . . . — bleu gris.
Le cuivre jaune. . . . . . . — jaune.
Le cuivre rouge. . . . . . . — rouge sombre.
L'étain, le plomb, le zinc, le
  fer-blanc. . . . . — gris bleuâtre.
Les tuiles . . . . — rouge orangé pâle.
Les ardoises. . . . . — bleu noir.
Le pavage posé avec mortier. — carmin pâle.
Le pavage posé sans mortier. — violet pâle.
Le verre. . . . . — vert tendre.

Les parties autres que la maçonnerie, vues en projection, reçoivent une teinte très légère, de la couleur conventionnelle attribuée aux matériaux dont elles sont formées.

Les coupes et les élévations sont lavées à l'effet, à l'encre de Chine, en supposant les rayons lumineux obliques, tombant de haut en bas et de gauche à droite sur chaque plan de projection, suivant la diagonale d'un cube dont une face s'appuierait sur ce plan.

374. — Les dimensions des objets représentés sur les dessins sont cotées à l'encre noire et les lignes suivant lesquelles elles ont été prises sont pointillées en noir et terminées par des crochets. Les dimensions verticales sont inscrites sur une ligne verticale rapprochée de chaque figure et un peu en dehors de celle-ci. Des lignes de repère pointillées font connaître les objets auxquels elles se rapportent.

Les coupes et les élévations portent les cotes de nivellement des parties principales du bâtiment. Elles sont accompagnées, en outre, d'une horizontale supérieure à tous leurs points, cotée en nombre rond. Cette horizontale, tracée en trait noir continu, permet de déterminer, à l'aide d'un compas, les altitudes des parties non cotées.

375. — L'orientation du bâtiment est indiquée par une ligne nord vrai, tracée sur la feuille de dessin, dans une position apparente, voisine de celle des plans.

376. — Les traces des plans sécants sur les plans des divers dessins sont marquées en traits noirs, alternativement longs et ronds, et sont désignées par des lettres. L'ordre de ces lettres sert à indiquer dans les coupes de quel côté sont situés les objets projetés.

On pourra se reporter, d'ailleurs, pour plus de détails, à l'Instruction sur le dessin des bâtiments (mars 1834) et à l'Instruction du 28 février 1859 pour l'exécution de l'atlas des bâtiments militaires.

APPENDICE

LEVERS DE RECONNAISSANCE

1. — Les levers de reconnaissance sont des levers *irreguliers*, qui ne donnent qu'une représentation approximative du terrain et qui sont exécutés en peu de temps avec des instruments simples et très portatifs. Ces levers sont employés dans les cas où l'on est pressé par le temps et où l'on a intérêt à sacrifier, dans une certaine mesure, l'exactitude à la rapidité d'exécution. C'est ainsi qu'on exécute, par exemple, le lever de l'itinéraire d'une troupe en marche, celui d'une position occupée par un corps de troupe, la reconnaissance des environs d'une place forte assiégée, etc.

2. Méthodes de lever. — On emploie dans ce genre de lever les mêmes méthodes que pour la topographie régulière ; seulement l'opérateur doit toujours supposer qu'il ne lui sera pas possible de revenir sur ses pas et s'occuper, en conséquence, à chaque station, du lever du canevas, de celui des détails et du nivellement.

3. Instruments en usage. — Le plus ordinairement on se sert de la planchette déclinée et de l'alidade nivelatrice. La mesure des longueurs se fait au pas, comme il a été dit n° 55.

4. Exécution du lever. — On opère d'une manière analogue à celle qui a été indiquée n°ˢ 312 à 322.

Canevas de la planimétrie. — On choisit ordinairement pour stations des points pris sur les routes ou sur des sentiers faciles à parcourir, et d'où l'on peut embrasser une grande partie du terrain à lever. Ces stations sont levées par cheminement et forment les sommets d'une base brisée, d'où partent les cheminements latéraux du canevas des détails.

Dès les premières stations, on vise des objets éloignés, mais compris dans les limites du terrain à représenter sur la planchette, et qui paraissent propres à servir de signaux naturels ; tels sont la pointe d'un clocher, le faîte d'un pignon ou d'une cheminée, la cime d'un arbre, etc. Ces points, obtenus par intersections, forment ensuite les sommets d'une triangulation dont on se sert pour vérifier ou pour déterminer par recoupement, les positions de nouvelles stations, et pour rectifier, au besoin, l'orientation donnée par le déclinatoire.

Au fur et à mesure que l'on continue à lever la base par cheminement, on détermine d'autres points destinés à jouer le même rôle, et le réseau de ce canevas principal s'étend ainsi de proche en proche, de manière à couvrir tout le lever et à garantir l'exactitude de l'ensemble du travail.

5. — Le canevas des détails se lève, autant que possible, par cheminements qui se forment sur le canevas général ; si, pour une raison quelconque, on est obligé d'arrêter un cheminement avant la fermeture, on a soin de vérifier la position du point d'arrêt en recoupant deux ou trois sommets du canevas général. On opère de même quand on se transporte à une station isolée, c'est-à-dire à laquelle on parvient sans l'avoir reliée aux stations précédentes soit par cheminement, soit par intersections.

6. Si le terrain est complètement nu ou s'il est très couvert, il n'est pas possible de faire un canevas général ; on procède alors par cheminements accolés, qui finissent par recouvrir tout le terrain.

7. Lever des détails. — Le long des côtés de la base et des cheminements latéraux, on lève les détails par rayonnement avec l'alidade ou par la méthode des abscisses et ordonnées, sans le secours d'aucun instrument. Quant aux détails éloignés des lignes du canevas et dont on ne peut pas s'approcher, faute de temps ou pour tout autre motif, on en dessine souvent les masses à *vue*, en s'aidant de tous les indices que l'on peut recueillir à distance et en les groupant autour de points déterminés géométriquement.

8. Nivellement. — On fait le nivellement du terrain en se servant de l'alidade nivelatrice, comme il a été dit n° 259. La mire est généralement remplacée par un aide qui tient une de ses mains à la hauteur de la planchette, en passant un doigt entre deux boutons de son habit. On peut aussi viser directement des points du terrain ; mais il faut alors tenir compte, dans le calcul de la différence de niveau, de la hauteur de la planchette au-dessus de la station.

9. Tracé des sections horizontales. — Pour obtenir les horizontales du terrain avec une certaine approximation, il faut tracer les lignes de changement de pente du terrain, en déterminant, par relèvement sur les sommets du canevas général, les positions et cotes d'un certain nombre de points convenablement choisis sur ces lignes, principalement aux changements de direction ou de pente ; on mesure les pentes du terrain à partir de ces points, dans diverses directions et sur ces directions, on marque les points à cotes rondes. On détermine également les points à cotes rondes des lignes du canevas général et on réunit enfin les points à même cote en s'inspirant de la vue du terrain et du sentiment de ses formes. On commence par modeler les fonds des vallées principales, puis ceux des vallées secondaires, et on raccorde les horizontales des unes et des autres ; on monte ensuite successivement vers les plateaux et les lignes de faîte, en ayant soin de bien représenter les origines des vallées.

10. Cas où l'on possède une carte à petite échelle. — Si l'on possède une carte à petite échelle du terrain à lever, on s'en sert pour dessiner, par amplification sur la feuille du lever, les voies de communication, les cours d'eau, la position des villages, les lignes caractéristiques des formes du terrain, thalwegs, faîtes, etc.

On oriente la planchette à l'aide d'une ligne facilement reconnaissable sur le terrain (direction d'une route rectiligne, ligne qui joint deux clochers) ou bien par relèvement sur trois points du canevas; puis on fixe le déclinatoire de manière que l'aiguille se trouve vis-à-vis de ses repères. On vérifie alors et on complète les lignes reportées sur le terrain, puis on fait le lever des détails.

MODELÉ DU TERRAIN.

1° Par un lavis à l'effet.

11. — Dans les cartes à petite échelle qui embrassent une grande surface et des accidents multipliés, on fait souvent ressortir le relief du terrain figuré par des courbes horizontales, au moyen d'un lavis à l'encre de Chine, en proportionnant l'intensité des teintes à la raideur des pentes. Pour que les cartes lavées par des dessinateurs différents puissent être comparables, il importe que la loi d'intensité des teintes soit la même pour tous, afin que des pentes d'égale inclinaison soient toujours représentées par des teintes de même intensité. On obtient ce résultat au moyen d'un diapason des teintes.

12. Diapason de l'École d'application (fig. 149). — Ce diapason comprend six teintes élémentaires correspondant aux pentes du $\frac{1}{64}$, $\frac{1}{32}$, $\frac{1}{16}$, $\frac{1}{8}$, $\frac{1}{4}$ et $\frac{1}{2}$.

La bande inférieure de la figure 149 donne le moyen d'obtenir ces teintes, et la bande supérieure indique la manière de les superposer pour arriver sans hésitation aux tons qui expriment les diverses pentes.

13. Courbes d'égale teinte. — Avant de faire le modelé, il convient de tracer très légèrement sur la carte, avec un crayon, les lignes successives qui limitent les parties du terrain dont la pente est supérieure au $\frac{1}{64}$, au $\frac{1}{32}$, au $\frac{1}{16}$, au $\frac{1}{8}$, au $\frac{1}{4}$ et au $\frac{1}{2}$. Ces lignes portent le nom de *courbes d'égale teinte*.

Elles peuvent se déterminer de la manière suivante : entre deux horizontales consécutives, on cherche à intercaler une ligne de plus grande pente, dont la longueur soit égale au produit de l'équidistance graphique par le dénominateur de la fraction qui exprime la pente correspondant à la courbe cherchée, et on marque le milieu de cette ligne. (Exemple : Si l'équidistance graphique est de 2 millimètres et qu'il s'agisse de la courbe $\frac{1}{8}$, la longueur à intercaler est 16 millimètres).

On opère de la sorte dans les diverses zones comprises entre deux horizontales consécutives, et en joignant les points ainsi déterminés, on obtiendra la courbe qu'il s'agit de tracer.

14. Lavis. — On étend d'abord une teinte de l'intensité n° 1 du diapason sur toutes les parties à pente plus raide que le $\frac{1}{64}$, et on la dégrade depuis la courbe d'égale teinte $\frac{1}{64}$ jusqu'à la pente o. On recouvre les pentes supérieures au $\frac{1}{32}$ d'une deuxième teinte semblable, en dégradant celle-ci jusqu'à la courbe $\frac{1}{64}$; puis sur les pentes plus raides que le $\frac{1}{16}$, on étend en outre une teinte d'une intensité égale au n° 2 du diapason. Enfin, on continue ainsi, en recouvrant successivement de teintes n° 3, n° 4 et n° 5 les pentes supérieures

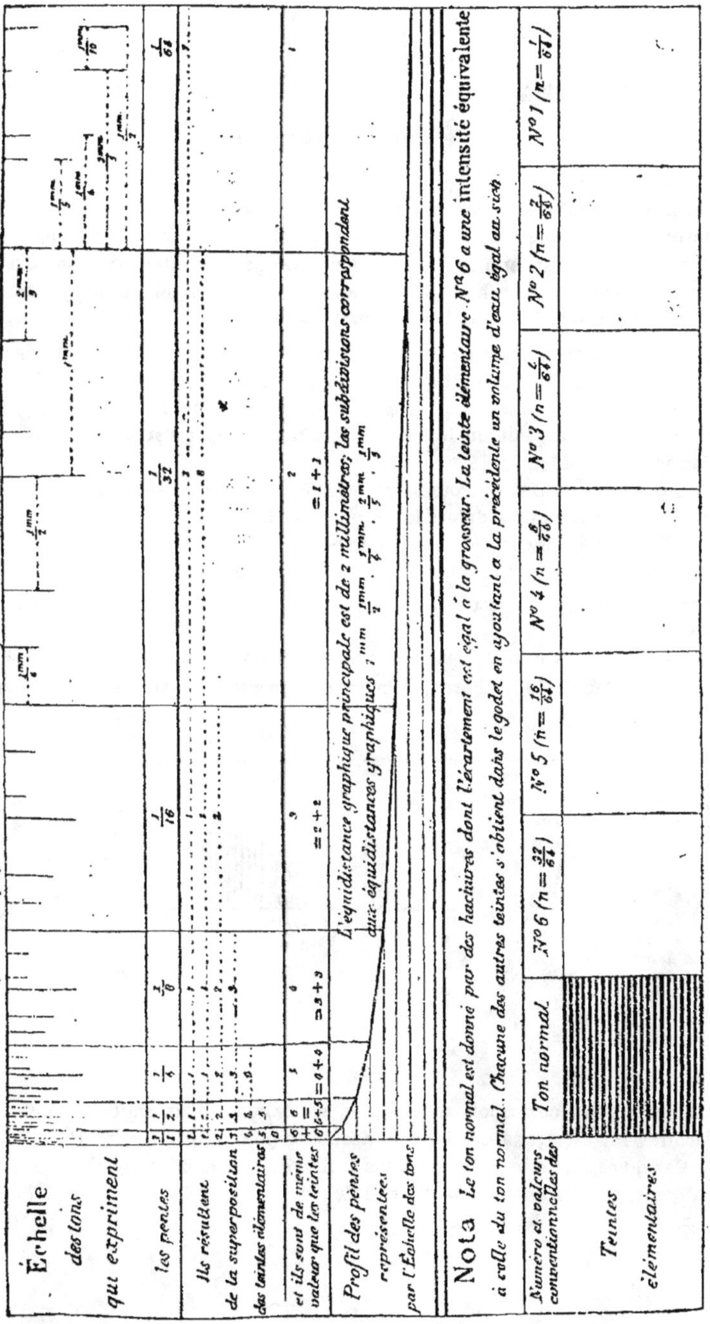

Diapason de teintes
pour le figure du terrain sur les cartes topographiques.

Échelle des tons qui expriment les pentes.

Ils résultent de la superposition des teintes élémentaires

et ils sont de même valeur que les teintes

Profil des pentes représentées par l'Échelle des tons.

L'équidistance graphique principale est de 2 millimètres; les subdivisions graphiques $1^{mm}, \frac{1^{mm}}{2}, \frac{1^{mm}}{4}, \frac{2^{mm}}{7}, \frac{1^{mm}}{7}$ donnent aux équidistances graphiques les subdivisions correspondant.

Nota. Le ton normal est donné par des hachures dont l'écartement est égal à la gravure. La teinte élémentaire N° 6 a une intensité équivalente à celle du ton normal. Chacune des autres teintes s'obtient dans le godet en ajoutant à la précédente un volume d'eau égal au sien.

Numéro et valeurs conventionnelles des	Ton normal	N° 6 (n=$\frac{32}{64}$)	N° 5 (n=$\frac{16}{64}$)	N° 4 (n=$\frac{8}{64}$)	N° 3 (n=$\frac{4}{64}$)	N° 2 (n=$\frac{2}{64}$)	N° 1 (n=$\frac{1}{64}$)
Teintes élémentaires							

Fig. 149.

au $\frac{4}{8}$, au $\frac{4}{4}$, au $\frac{4}{2}$ et en dégradant chacune d'elles jusqu'à la courbe correspondant à la teinte précédente.

2º Par des hachures.

15. — Dans les cartes gravées, on exprime les formes du terrain par des hachures normales aux courbes horizontales, exécutées par zones comprises entre deux courbes consécutives. Les courbes ne restent pas apparentes lorsque la carte est terminée ; mais, comme les hachures des diverses zones ne se sont pas tracées dans le prolongement les unes des autres, on pourrait, à la rigueur, rétablir les courbes si c'était nécessaire.

On donne aux hachures une grosseur constante et un écartement égal au quart de leur longueur, tant que celle-ci est supérieure à 2 millimètres. Pour les hachures plus courtes, on conserve un écartement constant de 1/2 millimètre d'axe en axe, et on les grossit progressivement à mesure que la pente devient plus raide.

16. Diapasons. — Pour le modelé des cartes du Dépôt de la guerre, on fait usage de diapasons déterminant, pour les diverses pentes et les différentes échelles, les épaisseurs et les écartements à donner aux hachures. Dans tous ces diapasons, l'intensité de la teinte est proportionnelle à la pente et le rapport du noir au blanc est égal au produit par $\frac{3}{2}$ de la fraction qui exprime la pente.

Les diapasons portent les indications suivantes (fig. 150) : au-dessus de chaque rectangle de hachures, la valeur de la pente $\left(\frac{4}{12}\right.$ par exemple$\left.\right)$; à gauche

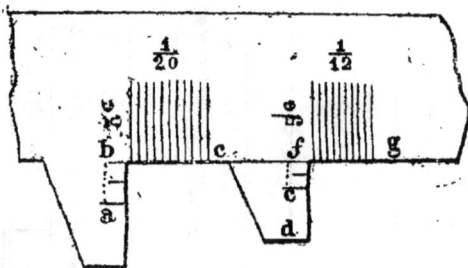

Fig. 150.

l'angle de pente correspondant (5ᴳ), et, en dessous, deux traits c et f, dont l'écartement est égal à celui des horizontales pour la pente considérée.

Ces diapasons sont collés sur une feuille de carton mince que l'on découpe en dents, comme l'indique la figure 150.

I. TABLE DE CONVERSION DES GRADES EN DEGRÉS.

1ˈˈ = 0ˈˈ32	4ˈˈ = 1ˈˈ30	7ˈˈ = 2ˈˈ27
2ˈˈ = 0ˈˈ65	5ˈˈ = 1ˈˈ62	8ˈˈ = 2ˈˈ59
3ˈˈ = 0ˈˈ97	6ˈˈ = 1ˈˈ94	9ˈˈ = 2ˈˈ92

10ˈˈ = 3ˈˈ24	40ˈˈ = 12ˈˈ96	70ˈˈ = 22ˈˈ68
20ˈˈ = 6ˈˈ48	50ˈˈ = 16ˈˈ20	80ˈˈ = 25ˈˈ95
30ˈˈ = 9ˈˈ72	60ˈˈ = 19ˈˈ44	90ˈˈ = 29ˈˈ16

1ˈ = 0ˈ32ˈˈ4	4ˈ = 2ˈ 9ˈˈ6	7ˈ = 3ˈ46ˈˈ8
2ˈ = 1ˈ 4ˈˈ8	5ˈ = 2ˈ42ˈˈ0	8ˈ = 4ˈ19ˈˈ2
3ˈ = 1ˈ37ˈˈ2	6ˈ = 3ˈ14ˈˈ4	9ˈ = 4ˈ51ˈˈ6

10ˈ = 5ˈ24ˈˈ	40ˈ = 21ˈ36ˈˈ	70ˈ = 37ˈ48ˈˈ
20ˈ = 10ˈ48ˈˈ	50ˈ = 27ˈ 0ˈˈ	80ˈ = 43ˈ12ˈˈ
30ˈ = 16ˈ12ˈˈ	60ˈ = 32ˈ24ˈˈ	90ˈ = 48ˈ36ˈˈ

1ᴳ = 0°54ˈ	4ᴳ = 3°36	7ᴳ = 6°18ˈ
2ᴳ = 1°48ˈ	5ᴳ = 4°30ˈ	8ᴳ = 7°12ˈ
3ᴳ = 2°42ˈ	6ᴳ = 5°24ˈ	9ᴳ = 8° 6ˈ

10ᴳ = 9°	40ᴳ = 36°	70ᴳ = 63°
20 = 18°	50 = 45°	80 = 72°
30 = 27°	60 = 54°	90 = 81°

II. — TABLE DE CONVERSION DES DEGRÉS EN GRADES.

1ˈˈ = 3ˈˈ	4ˈˈ = 12ˈˈ	7ˈˈ = 22ˈˈ
2ˈˈ = 6ˈˈ	5ˈˈ = 15ˈˈ	8ˈˈ = 25ˈˈ
3ˈˈ = 9ˈˈ	6ˈˈ = 19ˈˈ	9ˈˈ = 28ˈˈ

10ˈˈ = 31ˈˈ	30ˈˈ = 98ˈˈ	50ˈˈ = 1ˈ54ˈˈ
20ˈˈ = 62ˈˈ	40ˈˈ = 1ˈ23ˈˈ	

1ˈ = 1ˈ85ˈˈ	4ˈ = 7ˈ41ˈˈ	7ˈ = 12ˈ96ˈˈ
2ˈ = 3ˈ70ˈˈ	5ˈ = 9ˈ26ˈˈ	8ˈ = 14ˈ81ˈˈ
3ˈ = 5ˈ56ˈˈ	6ˈ = 11ˈ11ˈˈ	9ˈ = 16ˈ67ˈˈ

10ˈ = 18ˈ52ˈˈ	30ˈ = 55ˈ56ˈˈ	50ˈ = 92ˈ59ˈˈ
20ˈ = 37ˈ 4ˈˈ	40ˈ = 74ˈ 7ˈˈ	

1° = 1ᴳ11ˈ11ˈˈ	4° = 4ᴳ44ˈ44ˈˈ	7° = 7ᴳ77ˈ78ˈˈ
2° = 2ᴳ22ˈ22ˈˈ	5° = 5ᴳ55ˈ56ˈˈ	8° = 8ᴳ88ˈ88ˈˈ
3° = 3ᴳ33ˈ33ˈˈ	6° = 6ᴳ66ˈ67ˈˈ	9° = 10ᴳ00ˈ00ˈˈ

10° = 11ᴳ11ˈ11ˈˈ	40° = 44ᴳ44ˈ44ˈˈ	70° = 77ᴳ77ˈ77ˈˈ
20° = 22ᴳ22ˈ22ˈˈ	50° = 55ᴳ55ˈ55ˈˈ	80° = 88ᴳ88ˈ88ˈˈ
30° = 33ᴳ33ˈ33ˈˈ	60° = 66ᴳ66ˈ67ˈˈ	90° = 100ᴳ00ˈ00ˈˈ

III. — TABLE DES

POUR RÉDUIRE A L'HORIZON LES DISTANCES MESURÉES SUI

COSINUS NATURELS,

VANT LA PENTE DU TERRAIN, PAR LA FORMULE $P = L \cos i$.

GRADES ET CENTIGR.

ANGLES avec le nadir +	INCLI-NAISONS.	0'	10'	20'	30'	40'
100g	0g	1,0000	1,0000	1,0000	1,0000	1,0000
101g	1g	0,9999	0,9999	0,9998	0,9998	0,9998
102g	2g	0,9995	0,9995	0,9994	0,9994	0,9993
103g	3g	0,9989	0,9988	0,9987	0,9987	0,9986
104g	4g	0,9980	0,9979	0,9978	0,9977	0,9976
105g	5g	0,9969	0,9968	0,9967	0,9965	0,9964
106g	6g	0,9956	0,9954	0,9953	0,9951	0,9950
107g	7g	0,9940	0,9938	0,9936	0,9934	0,9933
108g	8g	0,9921	0,9919	0,9917	0,9915	0,9913
109g	9g	0,9900	0,9898	0,9896	0,9894	0,9891
110g	10g	0,9877	0,9874	0,9872	0,9869	0,9867
111g	11g	0,9851	0,9848	0,9846	0,9843	0,9840
112g	12g	0,9823	0,9820	0,9817	0,9814	0,9811
113g	13g	0,9792	0,9789	0,9786	0,9783	0,9779
114g	14g	0,9759	0,9756	0,9752	0,9749	0,9745
115g	15g	0,9724	0,9720	0,9716	0,9713	0,9709
116g	16g	0,9686	0,9682	0,9678	0,9674	0,9670
117g	17g	0,9646	0,9641	0,9637	0,9633	0,9629
118g	18g	0,9603	0,9599	0,9594	0,9590	0,9585
119g	19g	0,9558	0,9553	0,9549	0,9544	0,9539
120g	20g	0,9511	0,9506	0,9501	0,9496	0,9491
121g	21g	0,9461	0,9456	0,9451	0,9446	0,9440
122g	22g	0,9409	0,9404	0,9398	0,9393	0,9387
123g	23g	0,9354	0,9349	0,9343	0,9338	0,9332
124g	24g	0,9298	0,9292	0,9286	0,9280	0,9275
125g	25g	0,9239	0,9233	0,9227	0,9221	0,9215
126g	26g	0,9178	0,9171	0,9165	0,9159	0,9152
127g	27g	0,9114	0,9108	0,9101	0,9095	0,9088
128g	28g	0,9048	0,9042	0,9035	0,9028	0,9021
129g	29g	0,8980	0,8973	0,8966	0,8959	0,8952
130g	30g	0,8910	0,8903	0,8896	0,8889	0,8881
131g	31g	0,8838	0,8830	0,8823	0,8816	0,8808
132g	32g	0,8763	0,8756	0,8748	0,8740	0,8733
133g	33g	0,8686	0,8679	0,8671	0,8663	0,8655
134g	34g	0,8607	0,8599	0,8591	0,8583	0,8575
135g	35g	0,8526	0,8518	0,8510	0,8502	0,8493
136g	36g	0,8443	0,8435	0,8426	0,8418	0,8409
137g	37g	0,8358	0,8349	0,8341	0,8332	0,8323
138g	38g	0,8271	0,8262	0,8253	0,8244	0,8235
139g	39g	0,8182	0,8173	0,8163	0,8154	0,8145
		100'	90'	80'	70'	60'

50'	60'	70'	80'	90'	DIFFÉRENCES pour 10'	
1,0000	1,0000	0,9999	0,9999	0,9999	0 ou 1	99g
0,9997	0,9997	0,9996	0,9996	0,9996	0 ou 1	98g
0,9992	0,9992	0,9991	0,9990	0,9990	0 ou 1	97g
0,9985	0,9984	0,9983	0,9982	0,9981	0 ou 1	96g
0,9975	0,9974	0,9973	0,9972	0,9970	1 ou 2	95g
0,9963	0,9961	0,9960	0,9959	0,9957	1 ou 2	94g
0,9948	0,9946	0,9945	0,9943	0,9941	1 ou 2	93g
0,9931	0,9929	0,9927	0,9925	0,9923	1 ou 2	92g
0,9911	0,9909	0,9907	0,9905	0,9902	2 ou 3	91g
0,9889	0,9887	0,9884	0,9882	0,9879	2 ou 3	90g
0,9864	0,9862	0,9859	0,9856	0,9854	2 ou 3	89g
0,9837	0,9835	0,9832	0,9829	0,9826	2 ou 3	88g
0,9808	0,9805	0,9802	0,9799	0,9795	3 ou 4	87g
0,9776	0,9773	0,9769	0,9766	0,9763	3 ou 4	86g
0,9742	0,9738	0,9735	0,9731	0,9727	3 ou 4	85g
0,9705	0,9701	0,9697	0,9694	0,9690	3 ou 4	84g
0,9666	0,9662	0,9658	0,9654	0,9650	4	83g
0,9625	0,9620	0,9616	0,9612	0,9607	4 ou 5	82g
0,9581	0,9576	0,9572	0,9567	0,9563	4 ou 5	81g
0,9535	0,9530	0,9525	0,9520	0,9515	4 ou 5	80g
0,9486	0,9481	0,9476	0,9471	0,9466	5	79g
0,9435	0,9430	0,9425	0,9419	0,9414	5 ou 6	78g
0,9382	0,9377	0,9371	0,9365	0,9360	5 ou 6	77g
0,9326	0,9321	0,9315	0,9309	0,9304	5 ou 6	76g
0,9269	0,9263	0,9257	0,9251	0,9245	6	75g
0,9209	0,9202	0,9196	0,9190	0,9184	6 ou 7	74g
0,9146	0,9140	0,9133	0,9127	0,9121	6 ou 7	73g
0,9081	0,9075	0,9068	0,9062	0,9055	6 ou 7	72g
0,9015	0,9008	0,9001	0,8994	0,8987	6 ou 7	71g
0,8945	0,8938	0,8931	0,8924	0,8917	7	70g
0,8874	0,8867	0,8860	0,8852	0,8845	7 ou 8	69g
0,8801	0,8793	0,8786	0,8778	0,8771	7 ou 8	68g
0,8725	0,8717	0,8710	0,8702	0,8694	7 ou 8	67g
0,8647	0,8639	0,8631	0,8623	0,8615	7 ou 8	66g
0,8567	0,8559	0,8551	0,8543	0,8535	8	65g
0,8485	0,8477	0,8468	0,8460	0,8452	8 ou 9	64g
0,8401	0,8392	0,8384	0,8375	0,8367	8 ou 9	63g
0,8315	0,8306	0,8297	0,8288	0,8280	8 ou 9	62g
0,8226	0,8218	0,8209	0,8200	0,8191	8 ou 9	61g
0,8136	0,8127	0,8118	0,8109	0,8099	9 ou 10	60g
50'	40'	30'	20'	10'	DIFFÉRENCES pour 10'	ANGLES av. le nadir

14

IV. — TABLE DES **SINUS NATURELS,**

DONNANT LES DIFFÉRENCES DE NIVEAU POUR 1 MÈTRE MESURÉ EN SUIVANT LA PENTE DU TERRAIN.

GRADES ET CENTIGR.

ANGLES avec le nadir +	INCLI-NAISONS.	0'	10'	20'	30'	40'	50'
100g	0g	0,0000	0,0016	0,0031	0,0047	0,0063	0,0079
101g	1g	0,0157	0,0173	0,0188	0,0204	0,0220	0,0236
102g	2g	0,0314	0,0330	0,0346	0,0361	0,0377	0,0393
103g	3g	0,0471	0,0487	0,0502	0,0518	0,0534	0,0550
104g	4g	0,0628	0,0644	0,0659	0,0675	0,0691	0,0706
105g	5g	0,0785	0,0800	0,0816	0,0832	0,0847	0,0863
106g	6g	0,0941	0,0957	0,0973	0,0988	0,1004	0,1019
107g	7g	0,1097	0,1113	0,1129	0,1144	0,1160	0,1175
108g	8g	0,1253	0,1269	0,1285	0,1300	0,1316	0,1331
109g	9g	0,1409	0,1425	0,1440	0,1456	0,1471	0,1487
110g	10g	0,1564	0,1580	0,1595	0,1611	0,1626	0,1642
111g	11g	0,1719	0,1735	0,1750	0,1766	0,1781	0,1797
112g	12g	0,1874	0,1889	0,1905	0,1920	0,1936	0,1951
113g	13g	0,2028	0,2043	0,2059	0,2074	0,2089	0,2105
114g	14g	0,2181	0,2197	0,2212	0,2227	0,2243	0,2258
115g	15g	0,2334	0,2350	0,2365	0,2380	0,2396	0,2411
116g	16g	0,2487	0,2502	0,2517	0,2533	0,2548	0,2563
117g	17g	0,2639	0,2654	0,2669	0,2684	0,2699	0,2714
118g	18g	0,2790	0,2805	0,2820	0,2835	0,2850	0,2865
119g	19g	0,2940	0,2955	0,2970	0,2985	0,3000	0,3015
120g	20g	0,3090	0,3105	0,3120	0,3135	0,3150	0,3165
121g	21g	0,3239	0,3254	0,3269	0,3284	0,3299	0,3313
122g	22g	0,3387	0,3402	0,3417	0,3432	0,3445	0,3461
123g	23g	0,3535	0,3548	0,3564	0,3579	0,3593	0,3608
124g	24g	0,3681	0,3696	0,3710	0,3725	0,3740	0,3754
125g	25g	0,3827	0,3841	0,3855	0,3870	0,3885	0,3899
126g	26g	0,3971	0,3986	0,4000	0,4015	0,4029	0,4043
127g	27g	0,4115	0,4129	0,4144	0,4158	0,4172	0,4187
128g	28g	0,4258	0,4272	0,4286	0,4300	0,4315	0,4329
129g	29g	0,4399	0,4413	0,4428	0,4442	0,4456	0,4470
130g	30g	0,4540	0,4554	0,4568	0,4582	0,4596	0,4610
131g	31g	0,4679	0,4693	0,4707	0,4721	0,4735	0,4749
132g	32g	0,4818	0,4831	0,4845	0,4859	0,4873	0,4886
133g	33g	0,4955	0,4968	0,4982	0,4995	0,5009	0,5023
134g	34g	0,5090	0,5104	0,5117	0,5131	0,5144	0,5158
135g	35g	0,5225	0,5238	0,5252	0,5265	0,5278	0,5292
136g	36g	0,5358	0,5372	0,5385	0,5398	0,5411	0,5494
137g	37g	0,5490	0,5503	0,5516	0,5530	0,5543	0,5556
138g	38g	0,5621	0,5634	0,5647	0,5660	0,5673	0,5686
139g	39g	0,5750	0,5763	0,5776	0,5789	0,5801	0,5814
		100'	90'	80'	70'	60'	50'

GRADES ET CENTIGR.

60'	70'	80'	90'	pour 1'	pour 2'	pour 3'	pour 4'	pour 5	ANGLES
0,0094	0,0110	0,0126	0,0141	2	3	5	6	8	99g
0,0251	0,0267	0,0283	0,0298	2	3	5	6	8	98g
0,0408	0,0424	0,0440	0,0456	2	3	5	6	8	97g
0,0565	0,0581	0,0597	0,0612	2	3	5	6	8	96g
0,0722	0,0738	0,0753	0,0769	2	3	5	6		95g
0,0879	0,0894	0,0910	0,0925	2	3	5	6	8	94g
0,1035	0,1050	0,1066	0,1082	2	3	5	6	8	93g
0,1191	0,1207	0,1222	0,1238	2	3	5	6	8	92g
0,1347	0,1362	0,1378	0,1393	2	3	5	6	8	91g
0,1502	0,1518	0,1533	0,1549	2	3	5	6	8	90g
0,1657	0,1673	0,1688	0,1704	2	3	5	6	8	89g
0,1812	0,1828	0,1843	0,1858	2	3	5	6	8	88g
0,1966	0,1982	0,1997	0,2012	2	3	5	6	8	87g
0,2120	0,2135	0,2151	0,2166	2	3	5	6	8	86g
0,2273	0,2289	0,2304	0,2319	2	3	5	6	8	85g
0,2426	0,2441	0,2456	0,2472	2	3	5	6	8	84g
0,2578	0,2593	0,2608	0,2624	2	3	5	6	8	83g
0,2730	0,2745	0,2760	0,2775	2	3	5	6	8	82g
0,2880	0,2895	0,2910	0,2925	2	3	5	6	8	81g
0,3030	0,3045	0,3060	0,3075	2	3	5	6	8	80g
0,3180	0,3195	0,3209	0,3224	1	3	4	6	7	79g
0,3328	0,3343	0,3358	0,3373	1	3	4	6	7	78g
0,3476	0,3491	0,3505	0,3520	1	3	4	6	7	77g
0,3623	0,3637	0,3652	0,3667	1	3	4	6	7	76g
0,3769	0,3783	0,3798	0,3812	1	3	4	6	7	75g
0,3914	0,3928	0,3943	0,3957	1	3	4	6	7	74g
0,4058	0,4072	0,4086	0,4101	1	3	4	6	7	73g
0,4201	0,4215	0,4229	0,4244	1	3	4	6	7	72g
0,4343	0,4357	0,4371	0,4385	1	3	4	6	7	71g
0,4484	0,4498	0,4512	0,4526	1	3	4	6	7	70g
0,4624	0,4638	0,4652	0,4665	1	3	4	6	7	69g
0,4763	0,4776	0,4790	0,4804	1	3	4	6	7	68g
0,4900	0,4914	0,4927	0,4941	1	3	4	5	7	67g
0,5036	0,5050	0,5063	0,5077	1	3	4	5	7	66g
0,5171	0,5185	0,5198	0,5212	1	3	4	5	7	65g
0,5305	0,5318	0,5332	0,5345	1	3	4	5	7	64g
0,5438	0,5451	0,5464	0,5477	1	3	4	5	7	63g
0,5569	0,5582	0,5595	0,5608	1	3	4	5	6	62g
0,5699	0,5711	0,5724	0,5737	1	3	4	5	6	61g
0,5827	0,5840	0,5852	0,5865	1	3	4	5	6	60g
40'	30'	20'	10'	pour 1'	pour 2'	pour 3'	pour 4'	pour 5	ANGLES av. le nadi −

V. — TABLE DES TANGENTES NATURELLES

DONNANT LES DIFFÉRENCES DE NIVEAU POUR 1 MÈTRE MESURÉ HORIZONTALEMENT.

GRADES ET CENTIGR.

ANGLES avec le nadir. +	INCLINAISONS.	0ᵗ	10ᵗ	20ᵗ	30ᵗ	40ᵗ	50ᵗ
100ᵍ	0ᵍ	0,0000	0,0016	0,0031	0,0047	0,0063	0,0079
101ᵍ	1ᵍ	0,0107	0,0173	0,0189	0,0204	0,0220	0,0236
102ᵍ	2ᵍ	0,0314	0,0330	0,0346	0,0361	0,0377	0,0393
103ᵍ	3ᵍ	0,0472	0,0487	0,0503	0,0519	0,0535	0,0550
104ᵍ	4ᵍ	0,0629	0,0645	0,0661	0,0676	0,0692	0,0708
105ᵍ	5ᵍ	0,0787	0,0803	0,0819	0,0834	0,0850	0,0866
106ᵍ	6ᵍ	0,0945	0,0961	0,0977	0,0993	0,1009	0,1025
107ᵍ	7ᵍ	0,1104	0,1120	0,1136	0,1152	0,1168	0,1184
108ᵍ	8ᵍ	0,1263	0,1279	0,1295	0,1311	0,1327	0,1343
109ᵍ	9ᵍ	0,1423	0,1439	0,1455	0,1471	0,1487	0,1503
110ᵍ	10ᵍ	0,1584	0,1600	0,1616	0,1632	0,1648	0,1664
111ᵍ	11ᵍ	0,1745	0,1761	0,1778	0,1794	0,1810	0,1826
112ᵍ	12ᵍ	0,1908	0,1924	0,1940	0,1956	0,1973	0,1989
113ᵍ	13ᵍ	0,2071	0,2087	0,2104	0,2120	0,2137	0,2153
114ᵍ	14ᵍ	0,2235	0,2252	0,2268	0,2285	0,2301	0,2318
115ᵍ	15ᵍ	0,2401	0,2417	0,2434	0,2451	0,2467	0,2484
116ᵍ	16ᵍ	0,2568	0,2584	0,2601	0,2618	0,2635	0,2651
117ᵍ	17ᵍ	0,2736	0,2753	0,2769	0,2786	0,2803	0,2820
118ᵍ	18ᵍ	0,2905	0,2922	0,2939	0,2956	0,2974	0,2991
119ᵍ	19ᵍ	0,3076	0,3094	0,3111	0,3128	0,3145	0,3163
120ᵍ	20ᵍ	0,3249	0,3267	0,3284	0,3301	0,3319	0,3336
121ᵍ	21ᵍ	0,3424	0,3141	0,3459	0,3476	0,3494	0,3512
122ᵍ	22ᵍ	0,3600	0,3618	0,3636	0,3654	0,3671	0,3689
123ᵍ	23ᵍ	0,3779	0,3797	0,3815	0,3833	0,3851	0,3869
124ᵍ	24ᵍ	0,3959	0,3977	0,3995	0,4014	0,4032	0,4050
125ᵍ	25ᵍ	0,4142	0,4161	0,4179	0,4197	0,4216	0,4234
126ᵍ	26ᵍ	0,4327	0,4345	0,4363	0,4383	0,4402	0,4421
127ᵍ	27ᵍ	0,4515	0,4534	0,4553	0,4572	0,4591	0,4610
128ᵍ	28ᵍ	0,4706	0,4725	0,4744	0,4763	0,4783	0,4802
129ᵍ	29ᵍ	0,4899	0,4918	0,4938	0,4958	0,4977	0,4997
130ᵍ	30ᵍ	0,5095	0,5115	0,5135	0,5155	0,5175	0,5195
131ᵍ	31ᵍ	0,5295	0,5315	0,5335	0,5355	0,5375	0,5396
132ᵍ	32ᵍ	0,5498	0,5518	0,5539	0,5559	0,5580	0,5600
133ᵍ	33ᵍ	0,5704	0,5725	0,5746	0,5767	0,5787	0,5808
134ᵍ	34ᵍ	0,5914	0,5935	0,5956	0,5978	0,5999	0,6020
135ᵍ	35ᵍ	0,6128	0,6150	0,6171	0,6193	0,6215	0,6237
136ᵍ	36ᵍ	0,6346	0,6368	0,6390	0,6412	0,6435	0,6457
137ᵍ	37ᵍ	0,6568	0,6591	0,6614	0,6636	0,6659	0,6682
138ᵍ	38ᵍ	0,6796	0,6819	0,6842	0,6865	0,6888	0,6911
139ᵍ	39ᵍ	0,7028	0,7052	0,7075	0,7099	0,7122	0,7146
		100ᵗ	90ᵗ	80ᵗ	70ᵗ	60ᵗ	50ᵗ

GRADES ET CENTIGR.

60ᵗ	70ᵗ	80ᵗ	90ᵗ	DIFFÉRENCES					
				pour 1ᵗ	pour 2ᵗ	pour 3ᵗ	pour 4ᵗ	pour 5ᵗ	
0,0094	0,0110	0,0126	0,0141	2	3	5	6	8	99ᵍ
0,0251	0,0267	0,0283	0,0299	2	3	5	6	8	98ᵍ
0,0409	0,0424	0,0440	0,0456	2	3	5	6	8	97ᵍ
0,0566	0,0582	0,0598	0,0613	2	3	5	6	8	96ᵍ
0,0724	0,0740	0,0755	0,0771	2	3	5	6	8	95ᵍ
0,0882	0,0898	0,0914	0,0929	2	3	5	6	8	94ᵍ
0,1040	0,1056	0,1072	0,1088	2	3	5	6	8	93ᵍ
0,1200	0,1215	0,1231	0,1247	2	3	5	6	8	92ᵍ
0,1359	0,1375	0,1391	0,1407	2	3	5	6	8	91ᵍ
0,1520	0,1536	0,1552	0,1568	2	3	5	6	8	90ᵍ
0,1681	0,1697	0,1713	0,1729	2	3	5	6	8	89ᵍ
0,1843	0,1859	0,1875	0,1891	2	3	5	6	8	88ᵍ
0,2005	0,2022	0,2038	0,2055	2	3	5	7	8	87ᵍ
0,2169	0,2186	0,2202	0,2219	2	3	5	7	8	86ᵍ
0,2334	0,2351	0,2368	0,2384	2	3	5	7	8	85ᵍ
0,2501	0,2517	0,2534	0,2551	2	3	5	7	8	84ᵍ
0,2668	0,2685	0,2702	0,2719	2	3	5	7	8	83ᵍ
0,2837	0,2854	0,2871	0,2888	2	3	5	7	9	82ᵍ
0,3008	0,3025	0,3042	0,3059	2	3	5	7	9	81ᵍ
0,3180	0,3197	0,3215	0,3232	2	3	5	7	9	80ᵍ
0,3354	0,3371	0,3389	0,3406	2	3	5	7	9	79ᵍ
0,3529	0,3547	0,3565	0,3583	2	4	5	7	9	78ᵍ
0,3707	0,3725	0,3743	0,3761	2	4	5	7	9	77ᵍ
0,3887	0,3905	0,3923	0,3941	2	4	5	7	9	76ᵍ
0,4069	0,4087	0,4105	0,4124	2	4	5	7	9	75ᵍ
0,4253	0,4272	0,4290	0,4309	2	4	6	7	9	74ᵍ
0,4440	0,4459	0,4477	0,4496	2	4	6	7	9	73ᵍ
0,4629	0,4648	0,4667	0,4686	2	4	6	8	10	72ᵍ
0,4821	0,4841	0,4860	0,4879	2	4	6	8	10	71ᵍ
0,5016	0,5036	0,5056	0,5075	2	4	6	8	10	70ᵍ
0,5215	0,5235	0,5255	0,5275	2	4	6	8	10	69ᵍ
0,5416	0,5436	0,5457	0,5477	2	4	6	8	10	68ᵍ
0,5621	0,5642	0,5662	0,5683	2	4	6	8	10	67ᵍ
0,5829	0,5851	0,5872	0,5893	2	4	6	8	11	66ᵍ
0,6042	0,6063	0,6085	0,6106	2	4	6	9	11	65ᵍ
0,6258	0,6280	0,6302	0,6324	2	4	7	9	11	64ᵍ
0,6479	0,6502	0,6524	0,6546	2	4	7	9	11	63ᵍ
0,6705	0,6727	0,6750	0,6773	2	5	7	9	11	62ᵍ
0,6935	0,6958	0,6981	0,7005	2	5	7	9	12	61ᵍ
0,7170	0,7194	0,7218	0,7241	2	5	7	9	12	60ᵍ
40ᵗ	30ᵗ	20ᵗ	10ᵗ	pour 1ᵗ	pour 2ᵗ	pour 3ᵗ	pour 4ᵗ	pour 5ᵗ	ANGLES av. le nadir. —

LEVER A LA PLANCHETTE

Modèle du repèrement du canevas de la planimétrie

Pl. I.

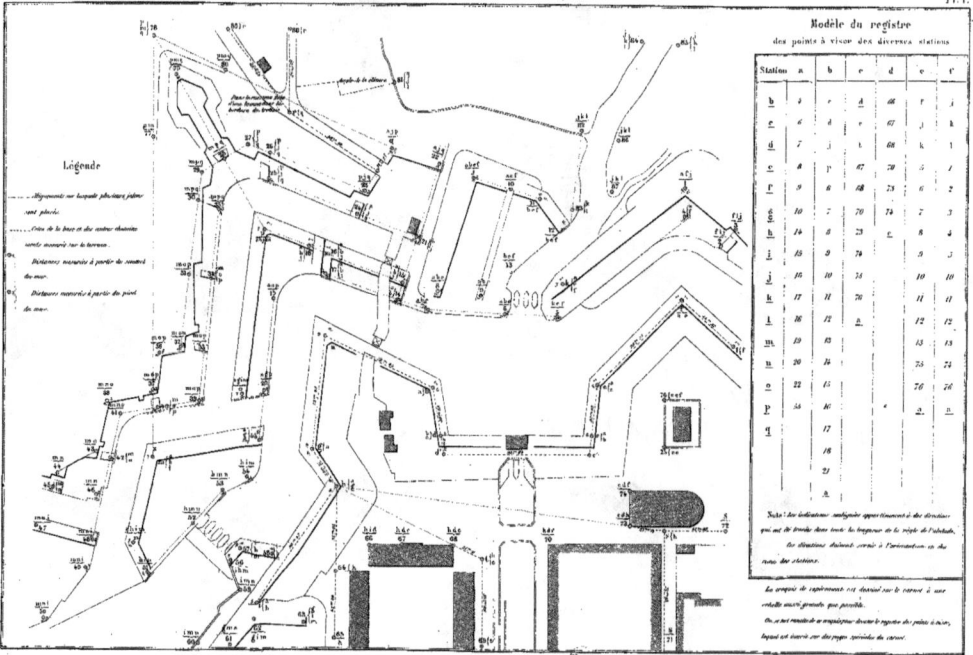

Légende

Modèle du registre
des points à viser des diverses stations

Stations	a	b	c	d	e	f'
b	5	c	4	66	r	5
c	6	d	5	67	s	h
d	7	j	6	68	k	l
e	8	p	67	70	5	i
f	9	6	68	73	6	2
g	10	7	70	74	7	3
h	14	8	23	e	8	4
i	15	9	74		5	5
j	16	10	75		10	10
k	17	11	78		11	11
l	18	12	k		12	12
m	19	13			13	13
n	20	14			75	74
o	22	15			76	76
p	54	16	e		a	n
q		17				
		18				
		23				
		A				

MODÈLE DE MINUTE DU LEVER DE FF^{ON} A LA PLANCHETTE.

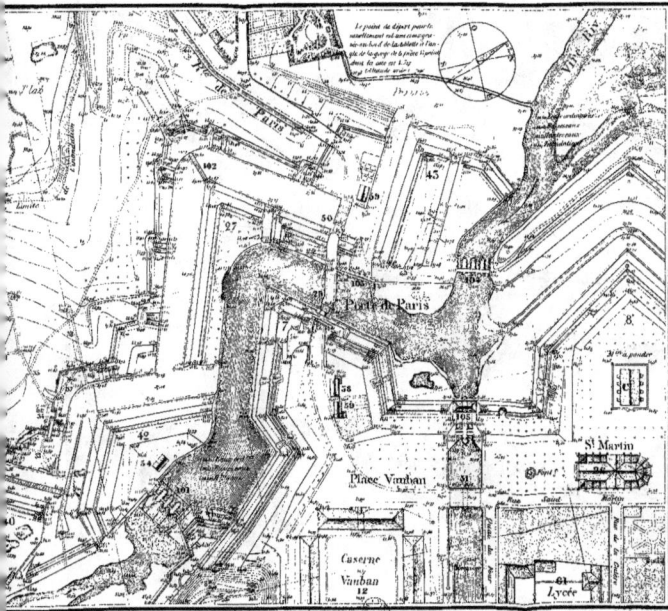

CANEVAS DE LA PLANIMÉTRIE.
Echelle de 1:5000.
Pl. II.

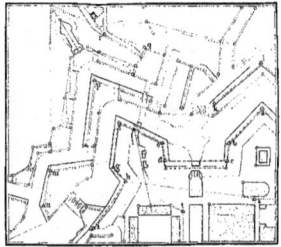

CANEVAS DU NIVELLEMENT
Echelle de 1:5000.

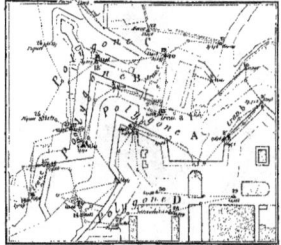

Echelle de $\frac{1}{2000}$

LEVER A LA BOUSSOLE A ÉCLIMÈTRE

Fragment de calque du canevas (Échelle de $\frac{1}{2000}$)

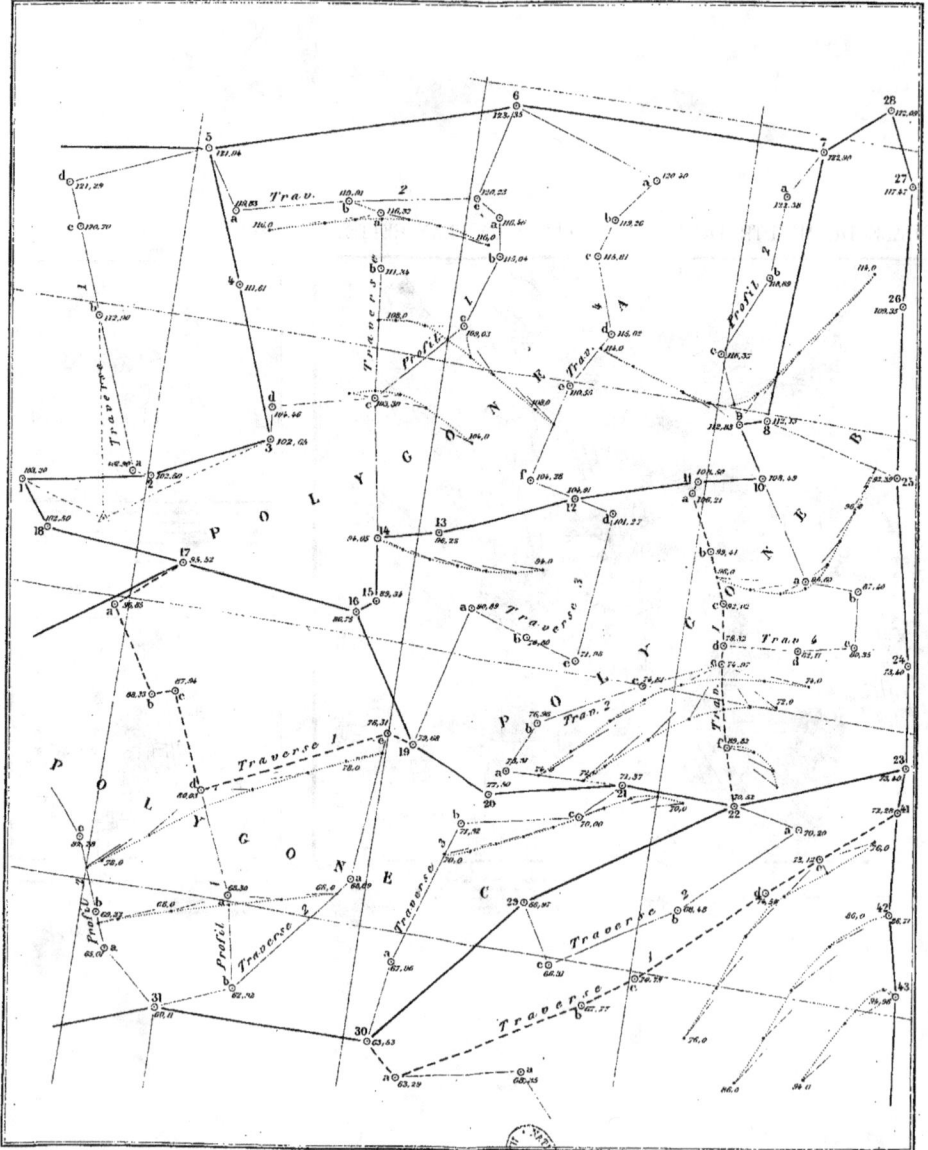

LEVER À LA BOUSSOLE À ÉCLIMÈTRE

Fragment de Carte minute à $\frac{1}{2000}$

PL.IV

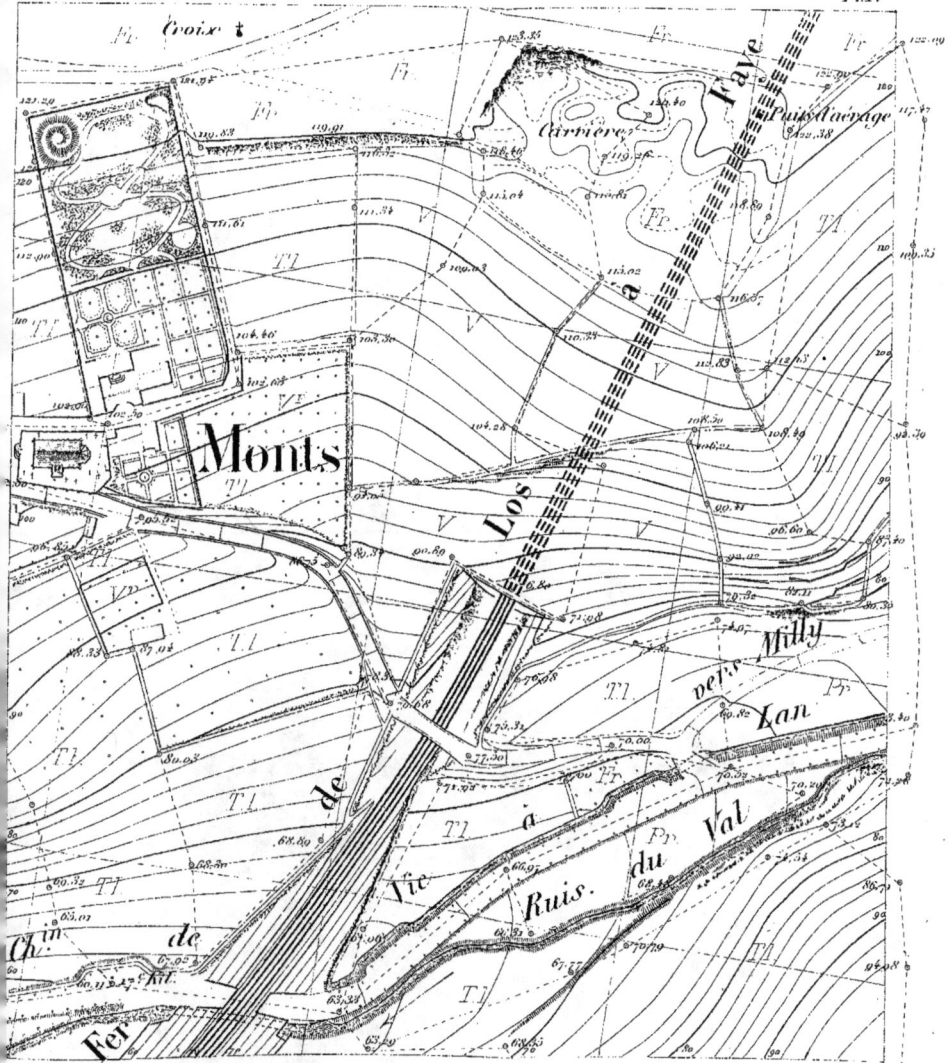

Gravé et Imprimé par Erhard

Les cotes sont déduites de l'altitude 114,87 trouvée par la triangulation
pour le sommet de la boule du clocher de Monts. On a conclu 103ᵐ27 pour
le seuil de la porte de l'église à droite en entrant.

A. Quantin imprimeur
S. Benoît, 7, à Paris